U0111847

大展好書　好書大展
品嘗好書　冠群可期

大展好書　好書大展
品嘗好書　冠群可期

武德文叢 1

台灣白鶴拳
傳 承 錄

賴仲奎　編著

大展出版社有限公司

謹以此書敬獻

中華武術
歷代前賢先哲

永春白鶴拳
方七娘祖師暨歷代祖師

福州白鶴拳
方世培祖師暨歷代祖師

台灣白鶴拳

第一代 張常球宗師

1880 年～1929 年
光緒庚辰 6 年～民國己巳 18 年

第二代 陳春成師祖

1891 年～1972 年
光緒辛卯 17 年～民國壬子 61 年

第三代 蔡秀春長者

1904年～1986年
光緒30甲辰年～民國丙寅75年

第三代 陳炎太長者

1932年～2018年
民國21壬申年～民國戊戌107年

中華文化　博大精深

白鶴拳術　古藝今詮

習武學道　性命雙修

尚文崇德　天人合一

武德學堂／賴仲奎

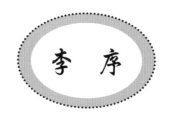

　　福建白鶴拳自清初方七娘以降，三百八十餘年來，開枝散葉，蓬勃發展，它「非剛非柔」、「似剛似柔」的獨特風格，影響整個南派武術。

　　福建白鶴拳以永春為祖庭，逐漸向外繁衍，至清代中葉傳到福州地區，在既有的基礎上融合創新，另成一格，產生了「飛、鳴、宿、食」四種各具風格的白鶴拳。上世紀八十年代，中國大陸進行傳統武術的挖掘整理，為方便管理，把福建白鶴拳分成流行在閩南地區的稱為「永春白鶴拳」，閩北福州地區的稱為「福州白鶴拳」二大系統，兩者實在是「同中有異、異中有同」。

　　台灣白鶴拳於清末民初，由福州籍拳師傳入，現在流行在台灣的福州白鶴拳首推方世培一系，以及劉故一系食鶴拳、謝崇祥系統的鳴鶴拳。

　　本書作者賴仲奎先生以1910年到台灣傳教白鶴拳的一代宗師張常球先生為基點，上溯祖師方七娘創拳、福州白鶴拳一代宗師方世培，再探究台灣白鶴拳的傳承與演變。

　　全書正文分為：「傳承歷史、拳譜論述、鶴拳探究、掇遺合璧」四卷，及卷附「網路聞話」一篇。作者對台灣白鶴拳的「傳承歷史」詳加撰述，資料豐富翔盡，稽古問今，梳理出台灣白鶴拳的源流、發展歷史，廓清紛紜。「拳譜論述」大量搜集各地歷代先賢的著作，加予校勘，列出異同，展顯各種獨特心得；從幾種同源異流的白鶴拳理法中，深入淺出探討互相間的關係。「鶴

拳探究」則論述福州白鶴拳方世培宗師所傳飛鶴拳一脈之拳法特色，及與用現代生理學闡釋呼吸功法，其呼吸變化分口鼻、長短、律動、緩急四項，交互配合行拳，提綱挈領，簡明扼要。

　　本書的出版以其完整性，填補了台灣白鶴拳傳承歷史的空白，是一部難得的台灣白鶴拳研究資料。

　　本人十分欽佩作者不辭辛勞，為台灣白鶴拳傳播歷程的努力和貢獻。相信本書的出版，對台灣白鶴拳的傳承歷史起著積極的意義，其深遠的影響更無庸置疑，無論對前人或後學均是功德無量，故樂為之序。

己亥年葭月

芙蓉　李剛於香港聽濤樓

　　白鶴拳乃明末清初方七娘所創，其因在白蓮寺中見白鶴靈動舞姿，悟而糅合於少林拳法之中也；初謂「鶴法」，因是拳法，故世人亦稱為「白鶴拳」。清初康熙年間，方七娘與其夫永春人曾四叔返回永春傳教，而後世代相傳，形成了獨具永春人文地域特色之技術理論體系。歷代拳家藉貫都在永春，故拳以地名，地以拳顯，世人亦稱為「永春白鶴拳」，它雖具鶴形，但非象形拳。至清中葉，以永春為中心，呈輻射狀向廣東、江西、浙江、台灣等地傳播，一些拳家，致力潛修，加以創新，闡揚發揮，出現衍化變革，逐步形成風格各異，自成體系之新拳種，煥發出頑強之生命力，這是歷史事物前進之必然。

　　清朝同治、光緒年間，有傳入福州地區的永春白鶴拳，發展衍化成「飛、鳴、宿、食」四種風格各異的拳系。

　　1982年開始，我國進行全國性武術挖掘整理，福建省體委相應成立挖掘整理小組，本人有幸參與其事，寫出「永春白鶴拳」和「五獸拳」二個拳種的拳械錄，並參加部分編審工作。至1986年，福建省體委編纂初成的《福建武術拳械錄》送呈參加「全國武術挖掘整理成果展」，獲全國先進單位。至2011年6月，由福建省武術院、福建省武術協會審定的《福建武術拳械錄》在人民體育出版社出版發行。其中第148頁之「福州鶴拳」系列中，介紹福州之「縱鶴拳」始自「福清縣琯口茶山村人方世培（字徽石）」，而後世代相傳。於清末民初，有拳家將縱鶴拳傳到台灣台南、台中等地，其中福清方面方世培宗師之再傳弟子張常球，首於1910年傳入台灣，唯稱屬於福州白鶴拳之飛鶴拳系統，於今在台蔚為一大拳種，世代相傳。

　　2000 年間，《臺灣武林》創刊人劉康毅先生以「鶴法」為專題，多期陸續報導，余因投稿數篇，每於專刊中得閱賴仲奎先生發表文章，主題明確，條理清晰，遂而結識，始悉其為台灣白鶴拳系統張常球宗師「武德堂」之第四代弟子，此後魚雁往返，探討拳理，志趣相投，終成知音。2004 年甲申仲秋嘗撰聯，書以贈之，聯曰：

武尚文修先寶島

德崇道化耀神州

　　今歲孟冬小雪時節，寄來《台灣白鶴拳傳承錄》文稿，索序于余，本書概分「傳承歷史、拳譜論述、鶴拳特色、掇遺合璧」四卷十二篇，暨卷附「網路閒話」一篇，共計十三篇。論述方世培宗師系統白鶴拳，傳入台灣之源流史實、拳譜理法、鶴拳特色、操練功法等等，洋洋大觀。

　　其之有關《白鶴拳譜》則以台灣抄傳諸版本，與李剛先生大著《鶴拳述真》內古譜《白鶴拳總論》、《原傳鶴法訣要》，及余校注《白鶴拳家正法》、《方七娘拳祖》各篇拳訣，羅列比對，證實福州白鶴拳理法，源自永春白鶴拳一脈，再經福州歷代前賢深入研究操練，有所增刪變異爾。

　　諸如福州飛鶴拳、鳴鶴拳、宿鶴拳、食鶴拳之祖師神位，均供奉白鶴仙師及方氏七娘，蓋尊師重道，無念爾祖，源自永春創拳方七娘祖師也。

　　賴仲奎先生習武多年，知識廣博，文思細膩，旁徵博引，脈絡清晰，兼之藏書二萬餘冊，為文皆有出處年代，誠為難能。又貴乎有「老學究」之精神，「老者、老也，學者、學博，究者、究勘」，終其研究數十春秋，于茲成為大家，令人欽佩。故此《台灣白鶴拳傳承錄》，可視為研究台灣的鶴拳之寶笈，常談此書，心中自然洞明其中緣故，蓋亦一大貢獻，故樂為之小序。

己亥孟冬大雪後五日

蘇瀛漢 序於永春怡雲草堂

　　朋友相知，所謂「知己難逢」，而幸遇賴兄仲奎先生則純屬意外，也是緣份的牽引。

　　2003年初，陳明崙宗師告訴我：「有位賴先生要來拜訪他，希望我能陪他受訪。」於是便約在陳鉉翰（正中）師兄台北市仁愛路舊空軍總部對面的咖啡店碰面。

　　原來賴先生即是常在雜誌上發表與「鶴拳」有相關之文章的武學研究先進。早年我也曾經拜讀過他所輯的《佛教氣功拳法》，但素未謀面。

　　當時他正在查訪各界「鶴拳」者宿，因《台灣武林》而得知宗師之種種消息，欲來探索究竟、問個明白。

　　賴先生表明自己是台中二高系統的，其叔公蔡秀春是第三代的傳人，他則是自年少時即受蔡前輩的親炙教導，練過「鶴拳」。因知道宗師也曾承襲過台中二高系統第三代廖木師的傳習，以及阿鳳師親傳的第二代李棟樑大師的薰陶，與第三代林淮渠師的教授再造。乃同屬方世培祖師的「鶴拳」一脈，欲藉此機會再尋求更進一步的口傳歷史典故。

　　賴先生當時也提到：「因虎尾二高系統之種種宣傳，與他所知道的史實有些出入，曾為文澄清，因而得罪『縱鶴拳』派下的知青楊某，並遭其以不堪之穢語謾罵攻擊；心中甚為不平。是以著手蒐集往年史料文獻，將二高系統的來龍去脈交代清楚，免得以訛傳訛、混淆視聽！」記得我當年曾建議他不要樹敵，因別人

為了謀生，而出此下策的自吹自捧，情有可原，就不去計較了事了吧。

不料賴先生還是蠻認真的花了很大的心力，果然集成了這部完整的史料與論述。個人甚是佩服其鍥而不捨、求真護祖的精神。

賴先生曾助我釐清鶴拳拳譜所記「不知所云」的描述，讓我如獲至寶以完成重寫《駿鶴拳法》並介紹宗師的鶴拳。透過許多次的交流，越發瞭解：原來他的修為確實深入。覺得在此功利社會之下，乃是稀有族類，非常值得敬重與珍惜。

之前他的書稿甫成，即要不才寫一篇序，爰就此便，略述兩人交往認識過程，並誌之為念。蓋「知己難逢」也！

　　　　　　　　愚石　鄭元璋　2019年6月11日

　　　　　　　　　　　時年七十有二於環廬燈下

自　序

　　中外武術之起源，乃人類為求生存，引發主動制敵與被動防衛之行為，始於人與獸搏，續之人與人鬥，進而部落與部落群毆，演變大規模國家與國家戰爭，此皆冷兵器時代，拳腳功夫，長短兵器，騎馬射箭諸藝，用來保家衛國，甚至拓展疆域，故出手之重，非死即傷，是以兩軍對陣與平時操練，吾國傳統武術有「八打」及「八不打」之分。

　　武術要求實用，必然面臨死傷實況，故歷代練武者，必學正骨傷科醫術，蓋能死人之技，必有活人之術；武醫合一，打得人倒，救得人起，方為真正傳統武術家。所謂醫者，仁心；武者學醫，適可調節好勝爭鋒之弊也。

　　於今核武太空軍備時代，彈藥猛烈，荼毒生靈，破壞環境，威力巨大。各門派武術諸藝用之於現代戰爭，難與匹敵，望塵莫及。然而網路竟有稱練傳統武術者，及極其至也，具佛門道家之「六神通」特異功能，其背離武術之主旨遠矣！不亦惑乎！

　　1910年清末以前，是冷兵器時代，往昔「你死我活」之打鬥，處於現今全球科技日新月異，陸海空軍備急速升級時代，傳統武術理應重新定位，方能綿延不斷承傳發展。今之練武者，或可分為「自我養生保健」、「突發事件應對」與「職業格鬥搏擊」三層面，選擇一己所追求層面而學習鍛鍊。

　　本書編著之動機，純屬意外，因緣有二：

　　一者、於2002年6月《台灣武林》第10期發表「鶴法」專題文章後，有中華縱鶴拳協會嘉義市委員楊青，在該會會員張智惟（ether乙太）「武德堂」之「白鶴拳法　武術國術」http://home.cityfamily.com.tw網站，連篇發表抨擊、誣蔑言詞。

　　二者、於 2017 年 10 月 29 日參加台灣武道文化交流協會，舉辦「台灣鶴拳文化交流聯誼研討會」，以是撰文發表；事前，因久違「鶴拳網頁」十餘年，故上網探索兩岸三地鶴拳武壇情況，於「永順武德堂」網站，獲悉有心人編造先叔公蔡秀春長者諸多虛構神話，乃特予釐清實情。

　　1967 年 9 月，余跟隨先叔公蔡秀春長者習拳，因長輩世交關係，故於生平知之甚詳。長者乃日治時期台中大肚鄉當地之士紳，身材高大，體型魁偉，為人熱情，處世公正，慷慨好義，信守承諾，尊師重道，習白鶴拳，武醫兼修，精骨傷科，長者乃性情中人，甚為鄉民與同道之所崇敬。爰記生平二事：其一、有許姓弟子，言行不端，將之逐出師門。其二、有黃姓弟子，生活拮据，春節期間，手攜禮盒，前往拜年，長者含笑受之，及其告辭，拿出三紅包送該弟子之兒女。於此可見長者之風範，豈有如鶴拳網頁捏造長者與隔壁庄二十人鬥毆之情事；以及長者一行二十多人，輾轉經過二、三天路途，尋訪歐陽敬予神父參學道功之情節，宛如武俠小說故事，全屬謬妄無稽之談。

　　長者嘗言：「方世培祖師力搏狂牛，一掌斃之；而今人習練白鶴拳無此功力，是否練功口訣隱而未傳？抑或失傳？」雖為陳春成老師傅之首徒，從未妄稱為方世培祖師與張常球宗師一脈之嫡傳弟子，孜孜不倦，畢生探索白鶴拳真相，自謂僅知大概而已，何來具有「凌空勁」及「他心通」之神話故事？此皆多年跟隨長者習拳，親身經歷耳聞目睹之點滴，如實述之而已。再者，鶴拳網頁常有自稱為方世培祖師一脈後代嫡傳弟子，此事果真，則運功打牛，必勝無疑，故此鶴拳網路虛構神話文章，一笑置之，視同天方夜譚，可也！

　　2004 年仲秋，拜謁師叔陳炎太長者，聆聽台中二高張常球宗師暨第二代前輩習武練拳軼事，並承蒙將重抄《陳門白鶴拳要》送給影印本，此係陳春成師祖所傳原譜，彌足珍貴，故略窺方世培祖師傳承白鶴拳理法之精義，據以論述「台灣白鶴拳譜」溯源增補。蓋「白鶴拳譜」由永春傳入福州，再由福州傳入台灣，源遠流長，一脈承傳；自 1949 年兩岸分隔，國民政府遷台，奇人異士大批隨行，佛門道家功法傳入蓬

島，武術學風為之質變，前輩研習靜坐與吐納，藉以增強「定靜」能力及調練「呼吸」綿長，緣是「白鶴拳譜」有所增補者也，絕無網路所稱修練後，具有特異功能之虛構神話。

2016 年 10 月承蒙福清市宗鶴拳協會方長玉會長邀請，參加福清市七屆海峽兩岸（福清）宗鶴拳武術文化節，參觀方世培祖師故居古厝，目睹方祖師為武庠生之練功石；親身至方世培祖師、方永華宗師塋前祭拜，思慕之情，悠悠自生，拍照以為紀念；此行獲悉方祖師一脈祖孫三代生卒年代詳實資料，打破多年流傳台灣白鶴拳前輩行誼之疑團，得以完整釐清台灣白鶴拳傳承歷史真相，謹此敬致謝忱。

古云：「宏觀探道，微觀尋真。」本書名《台灣白鶴拳傳承錄》者，旨在「探道尋真」爾。係以時間為縱軸，空間為橫軸，人物以 1910 年（清宣統 2 年／明治 42 年）來台，首位教傳福州白鶴拳之台中二高張常球宗師為基準點；時間縱軸向上追溯永春白鶴拳方七娘祖師創拳，及福州白鶴拳方世培祖師事跡；向下探究台灣白鶴拳各系統師承之演變。再以空間橫軸將有關人、事、物等，旁徵博引，羅列比對，有書可徵，有章可據，有理可推，有根可追，有底可究，顯現方世培祖師一脈傳承真相。採用論文寫作方式，尊重學術倫理，凡有引用文獻資料，必註明出處，以示負責。編著脈絡如下：

一、傳承歷史：依年代先後為文，簡述白鶴拳永春方七娘祖師、福州方世培祖師暨台灣張常球宗師等各系統傳人事跡，庶無數典忘祖之憾，可免以訛傳訛之弊。唯有關方世培祖師及其子孫三代、再傳張常球宗師之事跡，2019 年之前，兩岸三地刊載文章，大都依「縱鶴拳」門人發表文章，摘錄貫串而成，故真偽難辨，今詳加考證，呈現傳承歷史真相。

二、拳譜理法：蒐集永春、漳州、福州與台灣各地《白鶴拳譜》諸多版本，就其篇名，比對內容，考校存真，明增刪諸文，知異動段落，詳究來龍去脈，細辨「理法」同異，其所異者，係因時、因地、因人而演進也。

三、操練功法：由「理法」所謂「駿身」者，明確論證方世培祖師已將永春白鶴拳訣：「犬」之「四腿推尋，沉身動搖發力。」修正為福州白鶴拳訣：「雞」之「兩腳落地，沉身而起，兩翅雙張。」前者為獸類具有四腳，四腳著地，則脊椎呈水平狀抖動；後者為禽類只有兩腳，兩腳著地，則脊椎呈垂直狀抖動。方世培祖師教傳「駿身」，實非林國仲改稱「縱鶴拳」，以「狗縱身」為喻之功法。

四、網路閒話：網路為一迷魂陣，不負責任言論，比比皆是，鶴拳網頁常有中華縱鶴拳協會之成員偏離主題，說出離譜荒唐謾罵言詞，內容粗鄙不堪；抑有網路貼文虛構神話，謂某人練鶴拳具有「凌空勁」及「他心通」功力，造謠惑眾，勢必釐清事實真相，以免荒誕不經之神話故事，貽誤後來有志學者。

緣以1949年兩岸分治後，有關方世培祖師傳承系統傳人軼事，及近年出版「福清文史叢書」之《宗鶴拳師方世培》乙書內容，皆據台灣及香港兩地，早年書籍雜誌刊載「縱鶴拳」門人發表文章，引用節錄串述而成，故於方世培祖師再傳張常球宗師之名號「台中二高」，與其學生林國仲之名號「虎尾義高」，皆混淆不清，乃就台灣白鶴拳傳承歷史，溯本清源，詳加解析，自1910年至2019年以來，歷經110年之真相實情，以正視聽。

今編著此書，實非一己之力所能完成，由衷感謝香港李剛老師、永春蘇瀛漢老師，暨台灣陳啟銓老師、謝宗憲建築師提供珍貴文獻資料；幸得台灣鄭元璋、謝宗憲兩位建築師，於撰稿過程，提出寶貴意見，慨然相助詳加校對，指正謬誤多處。

再者，承蒙李剛老師、蘇瀛漢老師、鄭元璋建築師賜序，隆情厚誼，深致謝忱。限於文化水平，力有未逮，僅就所學、所知、所聞者，窮原究委，去偽求真，撰述為文而已。敬祈武林前輩先進同道有以教之，是所至盼。

己亥年臘月望日於台灣武德學堂

賴仲奎 謹識

目　錄

卷一
傳承歷史

第一篇
福建白鶴拳傳承簡述

壹、永春白鶴拳傳承系統

中國疆土遼闊，武術拳種按地域劃分有「南派」、「北派」之說。南派，泛指長江以南各地傳播的拳種，特點是拳法多，腿法較少，動作緊湊，勁力充沛；北派，則指長江以北，黃河流域傳播的拳種，特點是腿法豐富，架勢開展，動作起伏明顯，快速有力。

傳統武術門派繁衍，體系龐大，據 1986 年全國武術挖掘整理工作統計，流傳至今的拳種已達 129 種之多，幾千年沿襲至今，形成了各自獨特的運動特點（節自《中國武術百科全書》之〈武術拳種〉頁 86，北京：中國大百科全書出版社，1998 年）。

其中仿生象形之拳法，以白鶴為名者，源自南方福建於明末清初時期，為方七娘祖師所創，依時序傳播國內永春、福州、台灣各地情況，如下：

```
（始祖）     （傳播）    （朝代）
方七娘祖師──┬─永春───明末清初
            ├─福州───清代中葉
            └─台灣───清末民初
```

今簡述白鶴拳傳承，據台灣台中二高張常球教傳《白鶴拳書寶鑑》之〈論源流拳法〉載：「祖白鶴仙師傳與福寧府北門外，方種公之女方

氏七娘，教傳永春州西門外曾四叔，得有十分之拳法。教傳永春二十八人，樂杰第一，王打胸（興）第二，林、蔡、邱、吳、許、康、周、顏、張、李、黃、白戒，內有二十八人，此諸家稱為二十八英俊；唯鄭禮叔乃英俊外一名，此諸家在永春州教傳。白戒與鄭禮叔傳授鄭寵叔，寵叔將拳法分為上、中、下拳法，流傳世代。左右旋轉，前後遮攔，上下護固，皆由一身之變化，為三十六骨節之效用；總是腳保身，手打人，有進有退，步步傷人也。若是方家之祖，身體氣勢，筋脈骨節，盞穴轉輪，注止部位，必先一身五肢歸端正，三十六骨節，七十二轉輪，各處行筋轉運行力，呼吸發出無不聽從矣。」（詳本書〈白鶴拳譜異同〉之「論源流拳法」，第166頁至第167頁。另詳：清・林董著，蘇瀛漢・蘇君毅校注《白鶴拳家正法》之〈請論內筋節拳法源流〉，頁78～80，台北：逸文出版有限公司，2004年。）

一、福寧時期

（始祖）　　（第二代）

方種(父)

白鶴仙師————————→方七娘——曾　四

（一）方七娘

　　方七娘生於明末崇禎年間，原籍浙江省處州府麗水縣（今麗水市，位在浙江省西南部，與福建省毗鄰），為避時亂，隨父方種於清朝順治年間（1644年～1661年），遷往福建省福寧州（今霞浦縣，位在福建省東北部，與浙江省毗鄰）北門外。

　　方種，家中殷實富有，為人尚俠義，性好少林拳術，廣交天下豪傑，凡所聞名武師，多從而師之，苦練不懈，久之練得心手機靈，有出神入化之妙。方種早年喪妻，獨生一女七娘，年方十六，聰慧靈巧，深得方種疼愛，視為掌上明珠，故七娘得其傳授最精最細，七娘有未婚夫

陳對壘，方種本欲傳其武藝，不料陳乃負義之人，一去不返，七娘持節在「白練（蓮）寺」禮佛。

一日，七娘在寺內織布時，見一隻大白鶴飛宿在樑間，昂首振羽，舞足弄翼，引喙銜毛，伸頸覓食，纏脖歇息，抬頭長鳴，姿態優雅美觀，心中大為驚嘆，即以手中梭盒投之，白鶴閃跳避過，又以緯尺擊之，又被白鶴展翼彈開，俄而白鶴振翅凌空而去。於是七娘感悟之餘，就將白鶴的振翅、撲翼、抖翎、晾羽、纏脖、鳴叫等動作，揉合在少林拳中，經多年的揣摩實踐，創出別具一格的新拳種──「鶴法」，世人俗稱「白鶴拳」。

為紀念在「白練寺」創出鶴法，就將寺號為「教練寺」，以寓不忘，並在寺中教傳鶴法，不數年聲名大噪，名聞遐邇，曾四即為此時期之著名傳人。

永春人曾四隨其師顏起誕（又名顏上觀，精棍法），雲遊各地，以武會友，慕七娘之名，到教練寺拜訪。方種詢及居處，知是永春人，師徒均以教授棍法為生，敘及淵源，知乃少林一脈。

顏起誕邀七娘比試，敗於七娘之手後，乃懇請七娘把曾四收留門下，傳予精微細緻功夫。七娘見曾四樸實厚重，遂收其為徒，傳予鶴法，後經方種主意，與曾四結為夫婦，生有二子。曾四在教練寺中學藝多年，其藝已臻至精至微之境界。

據《永春縣志·方技傳》載：「康熙年間，方七娘與其夫曾四以罪謫永春。」住在「永春西門外後廟辜厝」，在那裡廣授生徒，後人稱為「曾武館」，白鶴拳（鶴法）就此在永春發揚光大，蓬勃發展。（節自：清·林董著，蘇瀛漢·蘇君毅校注《白鶴拳家正法》，頁20、30～33。）

二、永春前期

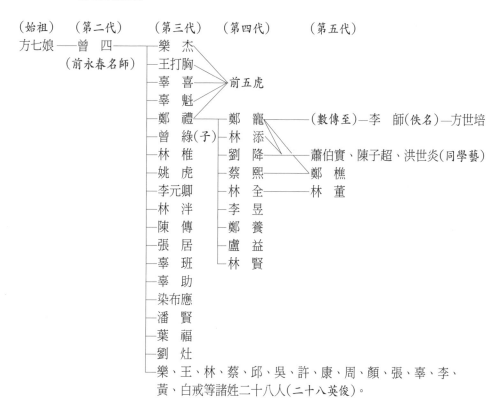

```
（始祖）　（第二代）　　（第三代）　（第四代）　　　（第五代）
方七娘──曾　四──┬─樂　杰
　　　（前永春名師）　├─王打胸
　　　　　　　　　　├─辜　喜───┐前五虎
　　　　　　　　　　├─辜　魁───┘
　　　　　　　　　　├─鄭　禮──┬─鄭　寵──────（數傳至）─李　師（佚名）─方世培
　　　　　　　　　　├─曾　綠（子）├─林　添
　　　　　　　　　　├─林　椎　　├─劉　降──┬─蕭伯實、陳子超、洪世炎（同學藝）
　　　　　　　　　　├─姚　虎　　├─蔡　熙──┴─鄭　樵
　　　　　　　　　　├─李元卿　　├─林　全───林　董
　　　　　　　　　　├─林　泮　　├─李　昱
　　　　　　　　　　├─陳　傳　　├─鄭　養
　　　　　　　　　　├─張　居　　├─盧　益
　　　　　　　　　　├─辜　班　　└─林　賢
　　　　　　　　　　├─辜　助
　　　　　　　　　　├─染布應
　　　　　　　　　　├─潘　賢
　　　　　　　　　　├─葉　福
　　　　　　　　　　├─劉　灶
　　　　　　　　　　└─樂、王、林、蔡、邱、吳、許、康、周、顏、張、辜、李、
　　　　　　　　　　　　黃、白戒等諸姓二十八人（二十八英俊）。
```

（一）曾　四

明末崇禎年間福建永春人，白鶴拳第二代傳人。初師從顏起誕，續投方七娘門下學白鶴拳，在白練寺（白蓮寺、教練寺）中習武十餘載，並與方七娘結為夫妻。

清朝康熙年間（1662年～1722年），攜其妻方七娘回永春，住在縣城西門外後廟辜厝，相繼培養吳、王、林、蔡、樂、許、周、康、張、辜、李、白諸姓二十八人，人稱「二十八英俊」，樂傑（閩音另字：杰）居第一，王打興（閩音另字：胸）居第二，其子曾綠及李元卿、林泮、辜喜、陳傳、張居、染布應、辜魁、辜班（1657年～1726年）、辜助、林椎、姚虎、潘賢、葉福、劉灶等，皆是當時高手。傳人

之中，以鄭禮（1654年～？年）、辜喜（1639年～1706年）、辜魁（1663年～？年）、樂杰、王打興（1659年～1736年）五人，世稱「前五虎」。曾四對白鶴拳在永春的傳播發展有著重大貢獻，被後世尊稱為「前永春名師」。（節自：清·林董著，蘇瀛漢·蘇君毅校注《白鶴拳家正法》，頁21～22。）

（二）鄭 禮

鄭禮名際禮，字啟讓，生於清順治甲午十一年（1654年），福建永春和風里大羽人，白鶴拳第三代重要傳人，「前五虎」之一。師從曾四，藝成之後，與師兄林椎、姚虎等人挾技遠遊閩贛，打擂降牛，制惡除暴，以武會友，切磋技藝，大大豐富了白鶴拳的內容，擴大了白鶴拳的影響，也在各地播下了白鶴拳的種籽。一生傳人不可勝數，門生遍佈八閩（係內陸之上四府：汀洲府、延平府、邵武府、建寧府。及沿海之下四府：福州府、興化府、泉州府、漳州府）各地，遠至江西。比較有名望的有劉降，鄭養（1667年～1731年），鄭寵（1673年～1755年），林添，盧益，李昱，蔡熙，林全等人，後世諸多拳家系出斯門，為歷代武林所尊崇稱譽。（節自：清·林董著，蘇瀛漢·蘇君毅校注《白鶴拳家正法》，頁24。）

三、永春後期

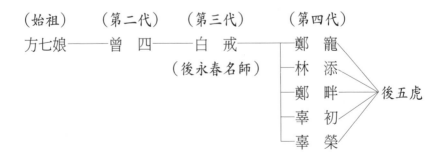

（一）白 戒

明末崇禎年間福建永春人，白鶴拳第三代傳人。明末清初去台灣，

康熙二十二年（1683年）鄭克塽降清，收復台灣隸屬福建省後，由福建水師提督施琅將軍從台灣帶來永春傳授「寸勁節力」功法，進一步完善了白鶴拳的技術內容，使白鶴拳的抖彈寸勁特點表現得更為突出，技藝臻於完善，達到更高境界，是白鶴拳的一個重要轉折點，功不可沒。從學多人，培養出鄭寵（1673年～1755年）、林添、鄭畔、辜初（1667年～1755年）、辜榮（1687年～1759年）的「後五虎」傳人，後人尊稱為「後永春名師」。（節自：清・林董著，蘇瀛漢・蘇君毅校注《白鶴拳家正法》，頁22～23。據《白鶴拳要》暨《白鶴拳密笈》校勘，白鶴拳第「二」代傳人，更正為第「三」代。）

（二）鄭　寵

鄭寵字啟命，號幸錫，生於清康熙癸丑十二年（1673年），福建永春東門鵬翔人，師從白戒、鄭禮，為永春白鶴拳第四代主要傳人，與林添、鄭畔、辜初、辜榮同享「後五虎」之譽。鄭寵除在永春傳授鄭樵等多人外，還技傳大田縣陳鐵寅，續傳安溪縣林灶，再傳永泰嵩口張承球等福建「上四府」諸縣，福州鶴拳與其有著直接的淵源關係。鄭寵是永春白鶴拳傳承史上，佔有重要地位的人物之一。（節自：清・林董著，蘇瀛漢・蘇君毅校注《白鶴拳家正法》，頁264。）

四、拳譜藥書

（一）拳　譜

1. 《白鶴仙師祖傳真法》清・佚名著
2. 《方七娘拳祖》清・佚名著
3. 《永春鄭禮叔拳法》清・佚名著
4. 《桃源拳術》清・蕭伯實著
5. 《自述切要條文》清・鄭樵著
6. 《白鶴拳家正法》清・林董著（以上六冊，蘇瀛漢・蘇君毅校注，台北：逸文出版有限公司，2004年初版。）

（二）藥 書

1.《白練寺傳授治內外打傷良方》民・鄭聯甲授術，蘇瀛漢重抄

永春白鶴拳經歷代前賢教傳福建、江西、台灣及南洋各地，蓬勃發展迄今，雖因民間文化和地理環境等客觀因素，進而有所衍化，枝繁葉茂，開宗創派，然始終保持著「以鶴為形、以形為拳、形神兼備」的傳統風格。共同尊奉方七娘、曾四、鄭禮、鄭寵為祖師，仍沿用永春《白鶴拳譜》為根本理論，其中以《白鶴仙師祖傳真法》、《永春鄭禮叔拳法》、《白鶴拳家正法》三本，流傳最為廣泛，若抄得片紙殘篇者，亦必視若拱璧。

五、白鶴拳賦

永春白鶴拳，無燒（熱）也拉侖（閩音，微溫意思，台語「六分」熱）；白鶴舞姿，少林拳法；強身健體，衛國保家；獨步武林內家拳，蜚聲中外世人誇；中國武壇瑰寶，南拳武術奇葩！

清初民間講故事，鶴仙教拳演傳奇：祖師女俠方七娘，福寧方公獨生女。聰明俏麗，好學武藝；婚姻失意，白練為尼；拜師鶴仙，首創絕技。教傳曾四，喜結連理；逃難避災，返鄉永邑。起居後廟辜厝，演練金峰觀音亭；授門徒曾武館，培育二十八英俊。曾四爺、白戒叔，永春名師分前後；前五虎、後五虎，武功出眾稱傑作！

仿生象形白鶴腳，鶴舞長空展英豪。練武健身功效大，攻防技擊價值高；內涵樸實而豐富，拳理辯證又精妙。以鶴為形，以形為拳，取象于名，冠稱以雅。三盤上中下，三十六天罡，七十二地煞，一百零八法。白鶴亮翅，十三步搖；七步三戰，十三太保；似剛非剛，似柔非柔；彈抖勁力足，技手變化多；結構嚴謹清晰，攻防意識鮮明；留情不舉手，舉手不留情！

噫吁兮！神矣妙哉！大鵬山下觀鶴舞，百丈岩畔聞鶴鳴。白雲流水綠樹，拳風步影身形。氣勢銳不可擋，動作栩栩如生；寸勁節力冠武林，鳳眼柳葉顯威靈！

噫吁兮！幸甚至哉！欣逢盛世，國運昌隆；白鶴展翅，搏擊長空；
清麗飄逸，南國英雄；威震四海，嘯傲蒼穹！

（節自 https://www.itsfun.com.tw/白鶴拳/wiki-3380695-7708475）

貳、福州白鶴拳傳承系統

一、福州方世培系統

1966年（民國55年）大陸文化大革命，傳統武術逢此浩劫，閩省
白鶴拳亦遭破壞。1985年（民國74年）全大陸進行武術挖掘、整理工
作，為方便區分而有地域性「永春白鶴拳」與「福州白鶴拳」名稱出
現。福州白鶴拳分為「飛鶴、鳴鶴、宿鶴、食鶴」等四種不同的拳種，
宿鶴即宗鶴，食鶴即朝鶴，又名瘠鶴。今僅述福州鶴拳福清方世培一脈
傳承系統，如下：

方家祖譜

```
方善財——方世書(長子)——方永祥(竹銘)
（楚財）             ——方永行
      ——方世何(次子)——方永淮
                   ——方永巖
      ——方世培(四子)——方永梁
                   ——方永華
```

　　說明：福建省福清市方長燦提供資料（相片1），方世培之侄子無
方永蒼此人。方家祖譜載：「方世培父親方善財，字『楚財』。」而墓
碑刻「鄉飲耆賓楚材方公」（相片2）。應係祖譜排版時，手民將方善
財字「楚財」之「財」誤植，正確為「材」。再者，祖譜載：「方世培
二哥，方世何（字子珍）……」而墓碑刻「三男邑庠生子珍先生」，故

方世培「二」哥之「二」為手民誤植，正確為「三」，即方善財之三子，而方善財之二男早已逝世。蓋清末農業社會，衛生條件不佳，婦女生產時每有嬰兒難產，或童稚早夭等情事。

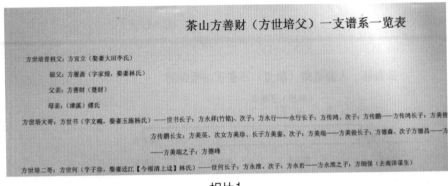

相片1

鶴拳傳承

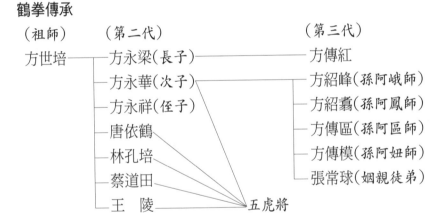

（一）方世培

方世培，字徽石（1834年～1886年／清道光甲午14年～清光緒丙戌12年。墓碑立於光緒丙戌年，相片2，2016年10月賴仲奎攝影），福建省福清市西邊村茶山自然村人氏。出身書香門弟，世代耕讀齊家，父親文武兼修，兄長進士出身；幼年勤練鶴法，李師（佚名）承傳授藝，弱冠典中武庠（秀才），無意官宦仕途，隱居天竺寺內，觀察飛禽搏衛，慧解拳法妙理（詳本書〈台灣白鶴拳傳承史略〉有關「方世培祖師」

相片2

之事跡，第80頁至第81頁），流傳殛牛軼事（詳本書〈台灣白鶴拳傳承史略〉，第93至第100頁）。授徒無數，長子方永梁、次子方永華與侄子方永祥（詳本書〈台灣白鶴拳傳承史略〉之〈方先生〉，第97頁至第99頁），為血親承其藝者；另有徒弟唐依鶴、林孔培、蔡道田、王陵等四人拳藝出眾，與方永華當時譽稱「八閩五虎」（節自福州市武術協會網頁http://www.fzwsw.cn/photo/15/6.html）。

墓碑鏨字

清

溪　　　玉

四三長德鄉長三四
男男男配飲邑男男
婦婦婦漳耆雍邑武
藤迖玉溪賓進庠庠
山江施傅楚士生生
鄭林楊氏材文子徽
氏氏氏孺方豌珍石
孺孺孺人公先先先
人人人暨偕生生生

城　　　佳

（二）方永華

　　方永華（1856年～1909年／清咸豐丙辰6年～清宣統己酉元年。感染瘟疫去世，墓碑立於宣統己酉年，相片3，2016年10月賴仲奎攝影）字碧初，清末武庠生（秀才），為方世培祖師之次子，自幼受家傳絕藝之薰陶，勤學苦練，深通鶴法精義。為「五虎將」之首，傳子方紹峰阿峨師、方紹燾阿鳳師、方傳區阿區師、方傳模阿妞師與姻親徒弟張常球等人，承傳方世培祖師一脈之拳藝，將之發揚光大。

（三）方紹峰

　　方紹峰阿峨師（1876年～1909年／清光緒丙子2年～清宣統己酉元年）為方永華之長子。繼承家傳絕學，精通正骨傷科，為一著名武醫。清宣統元年(1909年)，當時福清瘟疫流行(歷史上，福建地區是瘟疫頻發的多災區，尤其以近世最為頻繁。1820年以後，鼠疫、天花和霍亂交織在一起，三大瘟疫對福建地區長期肆虐、輪番攻擊，對福建地區產生巨大的破壞。鼠疫從1901年到1911年間，發病率和死亡率均在萬人以上。節自：林榮國著《近世福建瘟疫之研究》http://www.guoxue.com/?p=8113），阿峨師應病家請求外出診治患者，本醫者之仁心，雖疫情嚴峻，毅然前往，唯不幸染疫，以次因家庭群聚感染，方永華與方紹峰等，一門二代，父子母媳，相繼辭世，壽域同瘞(相片3)，天人永隔，不勝悲乎！

（四）方紹燾

　　方紹燾阿鳳師（1880年～1937年／清光緒庚辰6年～民國丁丑26年）為方永華之次子。同門張常球於1910年（清宣統2年／日本明治43年）間因故渡台，暫居台北建成町（現建成區）設館。1915年（民國4年／日本大正4年）定居台中，即邀金蘭之兄方紹燾阿鳳師來台遊歷；再於1922年（民國11年）應邀來台第二度遊歷，因緣際會，張常球介紹前往台南新營教李棟樑、沈伯、林色、周意、邱清涼等五姓門生拳法一館（四個月）。返回福州後，李棟樑等五姓家族再次集資，由李棟樑代表前往福清總館，跟隨鍛鍊。方紹燾阿鳳師之拳藝，因李棟樑等

五姓徒弟之教傳，得以在台灣發揚光大（詳本書〈白鶴拳台灣傳承史略〉篇，第86頁至第88頁）。

墓碑鑿字

清		
溪		玉
	德武	
	配庠	
長北	生長	
男郭	碧男	
婦陳	初紹	
黃氏	公峰	
氏孺	公	
人偕		
域		壽

相片3

（五）張常球

　　張常球（1880年～1929年／清光緒庚辰6年～民國己巳18年）師事方永華，因與方家有姻親關係，故方永華囑其子方紹峰阿峨師、方紹藜阿鳳師與張常球結為金蘭，承傳方世培祖師一脈之拳藝。張常球於1910年（清宣統2年／日本明治43年）間，響應革命，參加反清組織，遭清廷追捕，避難來台，暫居台北建成町（現建成區）設館，招募同鄉學拳，當時林國仲隨即拜師，操練白鶴拳。1915年（民國4年／日本大正4年）定居台中，與台中廳長枝德二（日本人）之隨扈，在「武德殿」比試柔道，連戰皆捷，乃賜「武德堂」館名，准許公開傳授白鶴拳，又將閩南話「二哥」用諧音改稱「二高」，蓋媲美台灣最高山峰之新高山（玉山）與次高山（雪山），此即後人尊稱「台中二高」之由來。曾邀金蘭之兄方紹藜阿鳳師來台二次遊歷，同門師兄弟將方世培祖師一脈之拳藝，教傳遍及全台各地（詳本書〈白鶴拳台灣傳承史略〉篇，第83頁至第86頁）。

參、台灣白鶴拳傳承系統

台灣武術的歷史，若從明鄭開台時期(1662年)迄今(2019年)，已三百五十餘年，僅就流傳的鶴拳而言，目前有「白鶴、食鶴、駿鶴、震鶴、縱鶴、戰鶴、長肢鶴、短肢鶴、獨腳鶴、太祖鶴」等諸多拳種，呈現風格各異的武術，令人目不暇給，嘆為觀止。今僅述福州白鶴拳方世培祖師一脈傳承系統教傳台灣者，如下：

一、張常球傳承系統

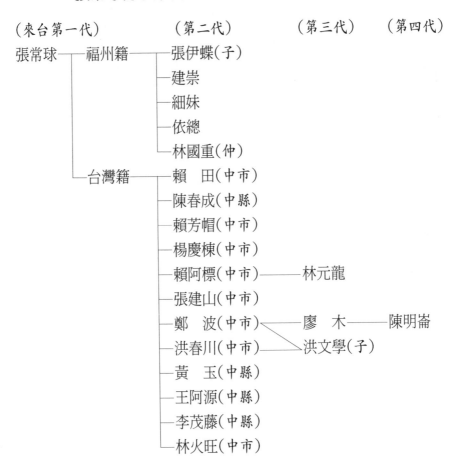

（來台第一代）　　　　　（第二代）　　　　（第三代）　　（第四代）

張常球——福州籍——張伊蝶(子)
　　　　　　　　—建崇
　　　　　　　　—細妹
　　　　　　　　—依總
　　　　　　　　—林國重(仲)
　　　—台灣籍——賴　田(中市)
　　　　　　　　—陳春成(中縣)
　　　　　　　　—賴芳帽(中市)
　　　　　　　　—楊慶棟(中市)
　　　　　　　　—賴阿標(中市)——林元龍
　　　　　　　　—張建山(中市)
　　　　　　　　—鄭　波(中市)——廖　木——陳明崙
　　　　　　　　—洪春川(中市)　洪文學(子)
　　　　　　　　—黃　玉(中縣)
　　　　　　　　—王阿源(中縣)
　　　　　　　　—李茂藤(中縣)
　　　　　　　　—林火旺(中市)

（一）傳承簡述

1. 1910 年（清宣統 2 年／日本明治 43 年）張常球（1880 年～1929年／清光緒庚辰 6 年～民國己巳 18 年）來台，寄居台北建成町（現建成區）同鄉開設之成美皮行，得知張常球為方世培祖師一脈再傳弟子，白鶴拳術造詣精湛，建成美老闆乃為之設館，招募同鄉學習鍛鍊，稱屬於福州白鶴拳分類「飛鶴、鳴鶴、宿鶴、食鶴」四種之「飛鶴」；鄉人獲悉此聞，踴躍參加，當時林國仲（1885 年～1968 年，清光緒乙酉 11 年～民國戊申 57 年）住台北城內某豆腐店，隨即拜師學藝，操練白鶴拳術。各地武館師傅前來比試，無有敗績，武術界讚譽武藝高明，唯謙稱真正武藝高明者是授業恩師方永華，自古諺語：「文無第一，武無第二。」又因其在兄弟排行第二，故武術界以「二哥」尊稱。

2. 1912 年（民國元年／日本大正元年）應台中當地武魁賴田之聘，於其府第開館，傳授「白鶴拳」，授徒甚眾，遍及全台，其中十位高徒，人稱「十隻指頭」（閩南話），惜年代久遠，實難以詳列，唯第二代門生有三位身分特殊者，如下：

2-1 賴田為首徒，乃第一位懇請張常球開館，在台中傳授白鶴拳，以是日後門生遍及全台，枝繁葉茂，蔚為一大拳種。

2-2 林火旺為幼徒（關門弟子），侍師如父，張常球晚期身體不適，長居台中大坑林府靜養多年，隨身攜帶拳譜藥功秘笈，閒暇每多演示拳法及講解拳書密義、鶴拳訣要。

2-3 陳春成為唯一隨侍張常球返回福清總館受訓深造者，阿鳳師方紹翥來台遊歷時，曾陪同拜訪各地仕紳，及探視虎尾同門林國仲，故於方世培祖師一脈傳承瞭如指掌。

3. 1915 年（民國 4 年／日本大正 4 年）定居台中，曾應當時霧峰望族林獻堂之聘為護院，得以結識台中廳長枝德二（日本人），在「武德殿」與其隨扈比試柔道，連戰皆捷，乃賜「武德堂」館名，因從未教門

生長短兵器，故准許公開傳授白鶴拳，又將閩南話「二哥」用諧音改稱「二高」，蓋媲美台灣最高山峰之新高山（玉山海拔 3952 公尺）與次高山（雪山海拔 3886 公尺），此即後人尊稱「台中二高」之由來。

4. 台中二高系統的第三代林元龍和洪文學，以及第四代陳明嵩，此三人與我國北方武術，及西洋拳擊、日本空手道、韓國跆拳道等高手比試，均無敗績，在台灣與國際間，弘揚白鶴拳有傑出貢獻，如下：

4-1 林元龍（1909 年～1979 年／清宣統元年～民國 68 年）原習柔道，後被學白鶴拳瘦小親戚所敗，乃改學白鶴拳，拜賴阿標為師，係台中二高張常球再傳弟子。生性好客，許多早期福建來台之白鶴拳高手，經常在其住處下榻作客，總是熱誠款待；故往往在淺嚐酒興之後，將所學心得傳點兒；因而林元龍之拳路，既廣又深，加以體型高挑，彈性好反應佳，拳路思緒分明，同時興趣濃又勤練，白鶴拳在他演來，傳神達意，是一流中的一流，並無敗仗記錄。

1952 年（民國 41 年）間，在台中由陳泮嶺（前中央國術館副館長、河南省國術館館長）見證下，北方形意拳和八卦掌名師王樹金，與林元龍交手，略居下風。此係王樹金生平之首次，也是形意拳、八卦掌與太極拳名師，與白鶴拳高手，在台交手，唯一真正的一次。（節自：王全煜著《生理氣功與內家拳法──形意拳》，頁 137～138，台中市林文惠出版發行，2004 年。）

4-2 洪文學（1926 年～2014 年／民國 15 年～民國 103 年）其尊翁洪春川早年拜台中二高張常球習白鶴拳，和同門鄭波為金蘭結義之交。自幼耳濡目染，與武術結下不解之緣，年輕時從父命禮鄭波為師，勤練白鶴拳，奠下深厚的武術基礎；求學和工作閒暇，不斷地追求各種武術，諸如西洋拳擊以及日本柔道、劍道都曾廣泛學習研究，並擁有柔道五段的資格，自創「學道流」傳揚武術。

1967 年（民國 56 年）因緣際會應美軍邀請，受聘至空軍清泉崗基地的美軍俱樂部（簡稱 C.C.K.），教導協防台灣的美軍中國功夫，到

1973年（民國62年）越戰期間，先後教過三百多名外籍學生，兵種橫跨陸、海、空等軍種，啟開了台中二高白鶴拳傳佈海外的序幕，而當時的美軍空軍少尉馬丁是洪文學老師第一年所收的徒弟。學習白鶴拳不到一年，就奉命投入越戰，日後身陷叢林與越共展開肉搏戰時，運用所學的白鶴拳擊退敵人，成為他活命的關鍵，兩年後安然返美。並持續與洪文學保持聯繫，數次來台深造，為了不忘師恩，將自己的中文名字取為「洪金虎」，平常喜歡穿著有「白鶴」圖案的衣服，以「青龍國術館」為道場名稱，曾參加美國及國際武術比賽，多次得獎，而聲名洋溢，陸續在美國各地開設三十多處道場教授白鶴拳。（節自：《台灣武林》第24期，頁146～148，賴仲奎著〈美國武師來台尋根——洪文學老師側記〉，台北：逸文武術文化有限公司，2005年。）

4-3 陳明崙（1921年～2013年／民國10年～民國102年）學習方世培祖師傳承鶴拳之歷程：第一位老師是十七歲時，台中二高張常球系統台灣籍第三代廖木；第二位老師是三十一歲時，阿鳳師方紹翥系統台灣籍第二代李棟樑，請益「氣」之要義；第三位老師是三十五歲時，阿鳳師方紹翥系統福州籍第三代林准渠。網路訛傳陳明崙從林國仲學縱鶴拳，確無此事。（鄭元璋口述）

陳明崙乃猴拳與鶴拳高手，因1982年（民國71年）「第六屆世界盃空手道錦標賽」在台北市舉行，多位五、六段「日本空手道促進協會」高手（即「日進會」，會員均為五段以上者，方有資格成為會員），於美麗華飯店交流會中，先後與之交戰，屢戰屢敗（編注：日本空手道高手），而再度引起武林界之注意，在一夕間，成為家喻戶曉的焦點人物，日本後來邀請赴日傳藝。（節自：王全煜著《生理氣功與內家拳法——形意拳》，頁150，台中市林文惠出版發行，2004年。另刊載於《力與美》第11期，頁16～23，邱定一著〈中國永遠有一位不吭氣的奇人異士——鶴拳名師七十二歲陳明崙憑戰績揚名東瀛〉，台北：力與美雜誌社，1991年。）

1984年日本福岡空手道聯盟為末會長建議之下，前往少林拳武德

會總本部接受「段級」鑑定。在一場真實對抗比試中，以輕靈手法，將少林拳六段高手擊敗，令日本少林拳宗師森實芳啟（九段）大開眼界，嘆為觀止，並親自授與外國人最高級極限的「八段」。

此外，在1973年獲救國團禮聘擔任海外青年研習團國術教授，因而結識故總統蔣經國先生特邀回國推展跆拳道的韓國僑生叢津滋，叢曾獲韓國跆拳道比賽總冠軍。對陳明崙的功夫讚不絕口，並力薦給韓國跆拳道協會，後來韓國世界拳擊道聯盟禮聘為技術顧問，長達十年，也受到韓國跆拳道聯盟的肯定。

1993年韓國跆拳道聯盟鑑定為「九段」，韓國跆拳道武德館也聘其為首席顧問。

2004年11月20、21日（民國93年，84歲），由社團法人世界和平祈願會（WPPA）、聯合國NGO世界和平教育者國際協會（IAEWP）主辦的「2004國際NGO文化大會」，在國立台灣科技大學國際大樓國際會議中心舉辦，有來自美國、日本、印度、荷蘭、香港等各國學者，進行一場東西文化教育的精彩學術演講。會中，獲頒「榮譽武學博士」殊榮，為當今世界之首位得者。（節自：《台灣武林》第22期，頁33～36，採編組〈「猴鶴雙形」陳明崙宗師〉，2005年1月。）

（二）拳譜藥書

1. 《白鶴拳書寶鑑》張常球傳陳春成，再傳蔡秀春手抄，1969年（民國58年）8月賴仲奎複抄本。
2. 《白鶴拳要》張常球傳陳春成，再傳陳炎太，2003年（民國92年）重抄本。
3. 《鶴祖遺傳拳頭書》張常球傳陳春成，再傳曹新鍊手抄本，前半部拳譜，後半部藥功。
4. 《白鶴拳密笈》張常球教傳，賴芳帽抄錄鉛板本，前半部拳譜，後半部藥功。
5. 《白蓮寺傳授方》張常球傳陳春成，再傳蔡秀春（勳芳），1947年（民國36年）重抄本。（相片4）

相片4

二、方紹翥傳承系統

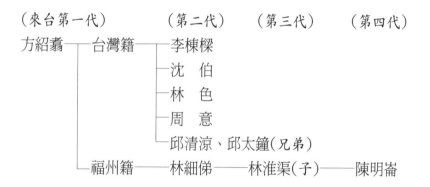

（來台第一代）		（第二代）	（第三代）	（第四代）
方紹翥	┬台灣籍┬	李棟樑		
		沈　伯		
		林　色		
		周　意		
		邱清涼、邱太鐘(兄弟)		
	└福州籍─	林細俤──	林淮渠(子)──	陳明崙

（一）傳承簡述

1. 方紹翥阿鳳師（1880年～1937年／清光緒庚辰6年～民國丁丑26年）來台傳授白鶴拳，稱屬於福州白鶴拳分類「飛鶴、鳴鶴、宿鶴、食鶴」四種之「飛鶴」與「宿鶴」，所教傳為「駿身鶴法」。

2. 台灣南部新營、鹽水地方仕紳曾邀請台中二高張常球教傳白鶴拳，因已受台中霧峰望族林獻堂之聘為護院，難以分身，且當時交通不便，故教傳時日甚為短暫。1922年（民國11年）方紹翥第二度來台

相片5

時，乃介紹前往台南新營教李棟樑、沈伯、林色、周意、邱清涼等五姓門生拳法一館（四個月）。另在台南將拳法傳於福州同鄉林細俤，唯流傳童金龍重金禮聘至高雄大樹鄉九曲堂，私人邸院傳授。

3. 阿鳳師返回福州後，李棟樑等五姓家族再次集資，並得新營林德修之助；由李棟樑代表前往福州福清總館，追隨方紹翥學藝，故於方世培祖師一脈傳承知之甚詳。李棟樑深造有成，返台後，再將駿鶴拳法指導同門沈伯、林色、周意、邱清涼（兄）、邱太鐘（弟）等人。

（二）拳譜藥書

1. 《鶴拳拳詩》方紹翥傳邱太鐘，民國己丑年（1949年）複抄，前卷為拳譜，後卷為藥書。（相片5）

三、林國仲傳承葛藤

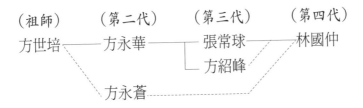

（祖師）　　（第二代）　　（第三代）　　（第四代）

方世培───方永華───張常球───林國仲
　　　　　　　　　　└方紹峰
　　　　　　　　方永蒼

說明：縱鶴門稱：「拜方紹峰為師習拳二年，與方永蒼為師學藝。」此說有誤，故以虛線連結。詳如下：

（一）傳承簡述

1. 1910年（清宣統2年／日本明治43年）張常球避難來台，住台北建成町（今建成區）設館教傳白鶴拳，時人尊稱「二哥」，林國仲前往拜師學拳。

2.1913年（民國2年／日本大正2年）張常球因家鄉長輩去世，回閩奔喪。返台時，林國仲已南下斗六、虎尾地區，以「二哥」名義設館授徒，故當時武術界，依晚輩稱呼林國仲為「小二哥」或「小二師」。

3.1914年（民國3年／日本大正3年）因私事得罪日本人，得其師張常球之助，離台避禍，返回福州。

縱鶴門提供《二高縱鶴拳師門傳承考》稱：「年卅入福清茶山，拜縱鶴派方永蒼為師習藝。」然而福建省福州市福清市宗鶴拳協會公開聲明：「方家根本沒有方永蒼這人，有族譜為證。」

4.1922年（民國11年／日本大正11年）林國仲第二度來台下榻雲林虎尾，開館授拳。

5.1934年（民國23年／日本昭和9年）因授徒眾多，以是引發日本警察監視，慮及生命安危，情非得已，返回福州避難。

6.1946年（民國35年／日本昭和21年）台灣已光復，再無日本人監視干涉，林國仲第三度來台，與門生團聚。

7.1947年（民國36年）林國仲攜眷來台定居，於南部雲林一帶授徒，有人言當年「小二哥」或「小二師」之名號不雅，以「二」及「義」為閩南話諧音，改稱「義高」，冠以地名，則稱「虎尾義高」，蓋有別於張常球之名號「台中二高」。

8.1968年（民國57年）林國仲去世。

9.1971年（民國60年）去世三周年忌辰，因林國仲教拳自稱「縱鶴拳」，故門生塑造銅像，匾額題「縱鶴始祖」，座碑題「二高先師遺像」（相片6，《當代武壇》第20期，頁3，香港：武俠春秋出版社，1973年8月），改稱「虎尾二高」，其門生於雜誌發表文章，將張常球

相片6

改稱「台中義高」（《力與美》第30期，吳周昇著〈虎尾二高縱鶴拳「鐵漢」林朝火〉，頁6～12，台北：力與美雜誌社，1992年10月），混淆事實，莫此為甚。

（二）書籍刊載

1.「二哥師」與「小二師」

民國11年（1922年）前後時期，由大陸移民來台之百姓頗多，當時以福州來船最多，時常有身懷驚人之武技者來謀生，其中以四位習鶴拳者對台灣之貢獻最大；一為林德順（蕊師），二為二哥師（張常球），三為小二師（林國仲），及遊客阿鳳師（方紹壽）四人。小二師住虎尾等地謀生，二哥師住台中附近謀生，二位拳師以畢生歲月將身懷之飛鶴拳法傳出二地，迄今台灣中部之鶴拳高手，以此二位傳人最多，習飛鶴者更脫不出此師們淵源。而阿鳳師素聞台灣風光美麗，故各地遊覽觀光，後至台南縣鹽水地方，為當地民眾所聘傳授飛鶴拳技。（節自：劉故、蘇昱彰合著《白鶴門食鶴拳》頁10～11，台北：華聯出版社，1971年5月。）

2.「台中二高」與「虎尾義高」

民國11年，由大陸來台謀生之百姓中，有四位福州人，身懷絕技者，即台中、虎尾的二高師及義高師，台南縣新營及鹽水方面授徒的阿鳳師，被家父（劉故）重金禮聘為家教的蕊師（林德順），前三名均係飛鶴拳法，獨蕊師係食鶴拳法。今台灣正宗少林白鶴拳法，皆源於此四人，本來白鶴門無門戶派別之分，其後習者，各守心得，以其精專深造之術自立門戶，派別由是而興，而各有所專、各有所精。（節自：劉銀山著《食鶴拳秘笈》頁2～3，台北：金蘭出版社，1976年。）

3.「二高大師」與「義高大師」

當時二高大師在台中地方，義高大師在虎尾地方，阿鳳大師在台南縣新營與鹽水地方各自開館授徒，傳授拳法。（節自：劉銀山著《白鶴門食鶴拳》頁19，台南：成大書局，1986年。）

（三）習拳疑竇

　　林國仲習拳學程中，師承前後說詞矛盾，疑點重重，茲據下列1973年至2007年出版六本書刊諸篇文章，摘其「問題癥結點」，大者有十一項，表列比對，節錄原文為「明細體」，釐清更正為「標楷體」，以是真相昭然若揭。如下：

1. 1973年8月，漁夫著〈福建榮（茶）山天竺寺秘技──縱鶴拳〉

　　（《當代武壇》第20期，頁34～37，香港：武俠春秋出版社。）

2. 1976年11月，漁夫著〈食鶴拳藝祕笈〉

　　（《當代武壇》第70期，頁49，香港：武俠春秋出版社。）

3. 1978年9月，張伊蝶著〈台灣始創者史略〉

　　（《白鶴拳派淵源及台灣始創者史略》，頁1～2，台中：張二高白鶴拳聯誼會。）

4. 1990年8月，縱鶴門提供〈二高縱鶴拳師門傳承考〉

　　（《力與美》第4期，頁105～108，台北：力與美雜誌社。）

5. 1992年10月，吳周昇著〈虎尾二高縱鶴拳「鐵漢」林朝火〉

　　（《力與美》第30期，頁6～12，台北：力與美雜誌社。）

6. 2007年6月，林英明著〈師祖方永蒼〉、〈一代宗師林國仲〉、〈縱鶴拳傳入台灣〉三篇。

　　（《縱鶴拳法》，頁28～39，台北：商流文化事業有限公司。）

林國仲習拳學程疑竇表

| 項次 | 問題癥結點 | 1973年漁夫著〈福建茶山縱鶴拳〉 | 1976年漁夫著〈食鶴拳藝祕〉 | 1973年～2007年 |
				1978年張伊蝶著〈台灣始創者史略〉
1	方世培創派	清道光元年(1821年)。鳌清：此說明顯錯誤，因方世培祖師生於清道光14年（1834年）。		
2	方徽石縱法獨成	道光28年(1848年)，方徽石縱法獨成，時甫28歲。鳌清：此說明顯錯誤，因方世培祖師生於清道光28年（1848年），年僅14歲。再者，方紹蕎稱所教傳為「駿身鶴法」，非「縱法」。		
3	縱鶴拳名		獨創縱法一脈，「縱鶴拳」乃綿延流傳於茲。鳌清：張常球稱教傳福州白鶴拳屬於「飛鶴」，而方紹蕎稱傳授福州白鶴拳屬於「飛鶴」與「宿鶴」，所教傳為「駿身鶴法」。1982年，有關福州鶴拳書籍，胡金煥等合著福建南拳《鶴拳》內載：「鶴拳流傳至今已演變為宗鶴（即宿鶴）、鳴鶴、飛鶴、食鶴等四種不同的拳種。」確無「縱鶴拳」名稱。	

出版書刊

1990年縱鶴門提供〈縱鶴拳師門傳承〉	1992年吳周昇著〈虎尾二高縱鶴拳〉	2007年林英明著《縱鶴拳法》
清道光卅一年，方世培縱鶴甫成時，年僅三十有餘，功成仍續潛修。 聲清：清宣宗年號道光，在位僅三十年，並無道光卅一年。若為道光 30 年（1850年），方世培祖師生於道光 14 年（1834 年），年僅 16 歲。		

1973年～2007年

項次	問題癥結點	1973年漁夫著〈福建茶山縱鶴拳〉	1976年漁夫著〈食鶴拳藝祕〉	1978年張伊蝶著〈台灣始創者史略〉
4	八閩五虎	五虎：唐依鶴、黃霖、方永華、方永蒼、蔡道年。 鏊清：福州市武術協會稱：「八閩五虎為方永華、唐依鶴、林孔培、蔡道田、王陵等人。」刪除林孔培，增入方永蒼。而蔡道田、王陵等二人，改為蔡道年、黃霖。 福建省福州市福清市宗鶴拳協會公開聲明：「方家根本沒有方永蒼這人，有族譜為證。」		
5	四位福州籍來台白鶴拳名師		台中、虎尾的二高師及義高師，台南縣授徒的阿鳳師，以及蕊師（林德順），除林德順師為食鶴拳外，其餘三位乃係飛鶴拳。 鏊清：傳承真相即張常球名號「台中二高」及林國仲名號「虎尾義高」。早年武術界皆知林國仲教「飛鶴拳」，並非後來所稱「縱鶴拳」。	
6	拜張常球為師			宣統辛亥年前（1910年）來台，寄居台北建成町（現建成區）設館

出版書刊

1990年縱鶴門提供〈縱鶴拳師門傳承〉	1992年吳周昇著〈虎尾二高縱鶴拳〉	2007年林英明著《縱鶴拳法》
		五虎：唐依鶴、王陵、林孔培、蔡道恬、方永華。 聱清：1987年，台灣政府開放返回大陸探親，有關武術文獻紛紛呈現，原「刪除林孔培，增入方永蒼」情事，勢必無法隱瞞真相，乃恢復「林孔培」為五虎之一。 再者，「黃霖」更正為「王陵」。又「蔡道年」更改為「蔡道恬」。

項次	問 題 癥結點	1973年漁夫著〈福建茶山縱鶴拳〉	1976年漁夫著〈食鶴拳藝祕〉	1973年～2007年 1978年張伊蝶著〈台灣始創者史略〉
6	拜張常球為師			招徒,當時林國重(仲)住台北城內豆腐店,得鄉人消息後,隨來參加授練鶴拳之術。 釐清:縱鶴拳門人不承認林國仲拜張常球為師習拳之學程。
7	林國仲南下授徒			1913年,林國仲南下斗六方面,以二哥名稱設館授徒,一時真偽滿城風雨。 釐清:因師承「二哥」,故時人以「小二哥」或「小二師」稱之。
8	拜阿峨師為師			
9	拜方永蒼為師	縱鶴拳首傳入台,乃係先師林國仲為嚆矢,林師拳技承縱鶴門五虎之一的方永蒼先師餘緒。 釐清:福建省福州市福清市宗鶴拳協會公開聲明:「方家根本沒有方		

出版書刊		
1990 年縱鶴門提供〈縱鶴拳師門傳承〉	1992 年吳周昇著〈虎尾二高縱鶴拳〉	2007 年林英明著《縱鶴拳法》
		拜阿峨師為師，時年廿五歲（1909 年）。阿峨師即方紹峰。家父隨之學習，二年間功夫大進。 聱清：是年方紹峰，阿峨師逝世，則林國仲拜方紹峰為師，勤練二年之經歷，純為虛構故事。
林宗師於童稚之年，即喜搏擊，年卅入福清茶山，拜縱鶴派方永蒼為師習藝。 聱清：福建省福州市福清市宗鶴拳協會公開聲明：「方家根本沒有方永蒼這人，有族譜為證。」		師祖（方永蒼）大喜，終獲收錄，時年廿歲。 聱清：林國仲拜方永蒼為師，竟有三十歲（1914 年）與廿七歲（1911 年），二種說法，相差三年，前後不一，漏洞百出，乃編造之故事。

項次	問題癥結點	1973年漁夫著〈福建茶山縱鶴拳〉	1976年漁夫著〈食鶴拳藝祕〉	1973年～2007年 1978年張伊蝶著〈台灣始創者史略〉
9	拜方永蒼為師	永蒼這人，有族譜為證。」		
10	縱鶴始祖			
11	更改張常球名號師承及林國仲名號			

出版書刊		
1990年縱鶴門提供〈縱鶴拳師門傳承〉	1992年吳周昇著〈虎尾二高縱鶴拳〉	2007年林英明著《縱鶴拳法》
民國57年（1968年）仲夏，無疾而終。三週年（1971年）忌辰銅像立座。 釐清：林國仲銅像立座，匾額題「縱鶴始祖」，座碑題「二高先師遺像」。顯然方世培祖師教傳拳法，不是縱鶴拳，否則「縱鶴始祖」應是方世培祖師。 再者，林國仲以師父張常球之名號「二高」，用為自己之字，藉以提高名聲，混淆聽聞，有違倫常。		
	林朝火回憶以前二高師所說，台中義高的師父，也就是方徽石祖師的孫子（方紹翥阿鳳師）。 釐清：將張常球「台中二高」名號與林國仲「虎尾義高」名號，兩者對換成「台中義高」與「虎尾二高」，實偷天換日之舉。 再者，方紹翥與張常球為結拜兄弟，此說為貶低張常球輩分。	先父（林國仲）字二高，時人均以二高縱鶴拳稱之。 釐清：林英明出書沿用「二高」名稱，以自抬身價。然而林國仲以師父張常球名號「二高」，用為自己之字，至今縱鶴拳門人均無法述說林國仲字「二高」，其真正含義為何？

（四）師承解析

明末清初續以日據時代，迄至國民政府遷台，此期間習武之士，大都不通文筆，且無歷史時間觀念，每言從前某人行事這般如此。加以1949年（民國38年）國民政府遷至台灣後，與大陸兩岸隔離，武術無法交流；1966年（民國55年）大陸文化大革命，傳統武術逢此浩劫，閩省白鶴拳亦遭破壞。有關白鶴拳福清方世培祖師一脈傳承，無法詳細考證，而林國仲是福建閩侯縣人，早歲即已渡海來台謀生，自日治時期迄國府遷台之前，往返兩地，方世培祖師傳承耳聽目睹，知之甚詳，唯所言不實，導致「白鶴拳」與「縱鶴拳」之拳名，糾葛紛爭百餘年；所幸1985年（民國74年）全大陸進行武術挖掘、整理工作，為方便區分而有地域性「永春白鶴拳」與「福州白鶴拳」名稱出現，於理法文獻及功法套路之整理，成果豐富。且1987年（民國76年）台灣政府開放民眾返回大陸探親，武術界人士始有「尋根之旅」，如今海峽兩岸文化交流頻繁，中華武術論壇時常舉行。因而縱鶴拳師承之謎，得以解析明朗，公之於世，條列如下：

1. **漁夫著〈福建榮（茶）山天竺寺秘技──縱鶴拳〉**（《當代武壇》第20期，頁34～37，香港：武俠春秋出版社，1973年8月。）

【摘錄】

「考其始祖，創派於152年前，即清朝道光元年，有方徽石者，字世培，籍隸福建福清縣，………獨創『縱』法一脈，『縱鶴拳』乃綿延流傳於茲，斑斑可考者。………道光廿八年（1848年），方徽石縱法獨成，時甫廿八歲，仍閉門潛修不輟，斯時也，慕名拜師者絡繹於途，………芸芸弟子中，稱譽一時有謂五虎者一、唐依鶴，二、黃霖，三、方永華（次子），四、方永蒼（胞侄），五、蔡道年等。………同治九年（1870年）秒，到榕城（福州）訪晤故舊，紛聞有左宗棠總督衙中，有御賜『華北七省無敵拳師』郭奇泰者，趾高氣揚，蠻橫無理，譏閩省拳術飄虛乏力，乃不堪一擊之膿包也。方徽石聞訊，………訂日

於衙內教場請益。………光緒廿五年（1899 年），福建總督衙門，舉辦福州南教場擂台賽，藉招考此營總教頭，華南五省名師，均蝟集榕城應試，縱鶴門首徒唐依鶴，字力虎，受師兄之推舉參與，均立於不敗之地，………此營總教頭名銜遂屬之。………縱鶴拳首傳入台，乃係先師林國仲為嚆矢，林師拳技承縱鶴門五虎之一的方永蒼先師餘緒（係師祖方徽石之胞侄也）。」

　　1–1 「考其始祖，創派於 152 年前，即清朝道光元年，有方徽石者，字世培。」
【解析】
　　本文發表於 1973 年，故稱「考其始祖，創派於 152 年前，即清朝道光元年（1821 年）。」然而方世培生於清道光 14 年（1834 年），豈有尚未出生人世，既已創派，明顯為虛構編造之神話。

　　1–2 「獨創『縱』法一脈，『縱鶴拳』乃綿延流傳於茲。」
【解析】
　　張常球來台教傳福州白鶴拳屬於「飛鶴」，且方紹翥來台傳授福州白鶴拳屬於「飛鶴」與「宿鶴」，所教傳為「駿身鶴法」。另清光緒 8 年（1882 年）舉人林琴南輯《技擊餘聞》內載〈方先生〉篇云：「方先生世培，福清茶山人也。練拳技二十年，法曰『縱鶴』。」福州話「駿、宗、縱」諧音（萬國音標 chung），林琴南為文人，聽其音筆記為「縱」（詳本書〈白鶴拳台灣傳承史略〉附錄「林琴南何時跟方世培學拳」，第 93 頁至第 97 頁），然則張常球所傳《白鶴拳書寶鑑》、《白鶴拳要》、《白鶴拳密笈》，及方紹翥所傳《鶴拳拳詩》諸拳譜，均有〈論駿身法〉，而林國仲所傳《縱鶴拳論》無此篇，應以「駿鶴」為正確名稱。
　　再者，胡金煥、孫崇雄、阮寶翔合著福建南拳《鶴拳》內載：「鶴拳是我省南拳百花中的一秀，它的正宗是白鶴拳，相傳由永春方氏七娘

所創,至今已有三百多年的歷史。它經過我省歷代武術界前輩的實踐和總結,又有所創新和發展,流傳至今已演變為宗鶴(即宿鶴)、鳴鶴、飛鶴、食鶴(即朝鶴,又名痹鶴)等四種不同的拳種。」(胡金煥、孫崇雄、阮寶翔著,《鶴拳》,頁1,福建人民出版社,1982年10月)亦無「縱鶴」之名稱,所謂「縱鶴拳」乃林國仲一派自稱,傳統福州鶴拳根本無此拳種名稱。

1-3 「道光廿八年(1848年),方徽石縱法獨成,時甫廿八歲,仍閉門潛修不輟,斯時也,慕名拜師者絡繹於途,………芸芸弟子中,稱譽一時有謂五虎者一、唐依鶴,二、黃霖,三、方永華(次子),四、方永蒼(胞侄),五、蔡道年等。」

【解析】

方世培生於清道光14年(1834年),清道光28年(1848年),年僅14歲,尚在習武學文時期,何來「時甫廿八歲,……慕名拜師者絡繹於途」之實。且次子方永華生於清咸豐6年(1856年),清道光28年(1848年),年幼8歲,云何為五虎將之一?福州市武術協會稱:「八閩五虎為方永華、唐依鶴、林孔培、蔡道田、王陵等人。」其中蔡道田、王陵等二人,中華縱鶴拳協會改為蔡道年、黃霖;甚者,五虎將確無方永蒼,乃自行刪除林孔培,增入方永蒼藉以提高師承輩分,不實情事,甚為明顯。

1-4 「同治九年(1870年)秒,到榕城(福州)訪晤故舊,紛聞有左宗棠總督衙中,有御賜『華北七省無敵拳師』郭奇泰者,趾高氣揚,蠻橫無理,譏閩省拳術飄虛乏力,乃不堪一擊之膿包也。方徽石聞訊,………訂日於衙內教場請益。」

【解析】

清朝歷任閩浙總督中,同治九年(1870年)為英桂(任職期間1868年~1871年/清同治7年~同治10年。節自:https://zh.wikipedia.

org/wiki/閩浙總督），當時左宗棠任陝甘總督（任職期間1869年～1880年／清同治8年～光緒6年。節自：https://zh.wikipedia.org/wiki/陝甘總督），不符真實清朝歷史。按華北七省為山東、山西、河北、綏遠、察哈爾、熱河、遼寧、黑龍江等七省，轄域廣大，人才濟濟，當時武術名家中，僅楊露禪一人，朝野稱「楊無敵」而已，並無他人，亦無御賜之名。

　　楊露禪（1799年—1872年），名福魁，河北永年人（今河北邯鄲永年縣），清朝武術家，太極拳成名之關鍵人物，楊氏太極拳的奠基人物，將太極拳發揚光大。光緒皇帝之師翁同龢，見過楊露禪與人比武，而向大臣推薦說：「楊進退閃躲神速，虛實莫測，身似猿猴，手如運球，或太極之渾圓一體也。」後手書對聯贈之，對聯稱楊露禪：「手捧太極鎮環宇，胸懷絕技壓群雄。」因又有一說，楊露禪的綿拳，由此得名曰「太極拳」，並開始流傳。幾次比武在北京消息傳開後，許多武術名家都遠道來和楊露禪比武，但無論各門各派，華北各省的名家，皆非楊的敵手，因此威震京城，世稱「楊無敵」。（節自：https://zh.wikipedia.org/wiki/楊露禪）

　　縱鶴門稱「有御賜『華北七省無敵拳師』郭奇泰者」，若為「御賜」必歷經清代武舉制之童試、鄉試、會試、殿試四級，「殿試」由皇帝親自主持，錄取者前三名稱「鼎甲」，第一名為「武狀元」，第二名為「武榜眼」，第三名為「武探花」，此為「御賜」之名，斷無對一名拳師有御賜「華北七省無敵拳師」之誥授。再者，清末民初迄今（2019年）北方武術，如太極拳、八卦掌、形意拳、八極拳、彈腿、摔角等各門派，眾多著作書籍，從未述及「郭奇泰」此人之名，亦無楊露禪與郭奇泰比武記述，可見純為虛構故事。

　　1-5　「光緒廿五年（1899年），福建總督衙門，舉辦福州南教場擂台賽，藉招考此營總教頭，華南五省名師，均蝟集榕城應試，縱鶴門首徒唐依鶴，字力虎，受師兄之推舉參與，均立於不敗之地，………此

營總教頭名銜遂屬之。」

【解析】

　　所稱：「光緒廿五年（1899 年），福建總督衙門，舉辦福州南教場擂台賽，藉招考此營總教頭。」所稱「福建總督」有誤，正確為「閩浙總督」。按清朝官制順治二年（1645 年），設立浙閩總督，總督府駐福州，兼管浙江。順治十五年（1658 年），兩省各設總督，福建總督府駐漳州，浙江總督府駐溫州。康熙二十六年（1687 年），福建總督更名閩浙總督。雍正十二年（1734 年），撤銷浙江總督，仍合為一。乾隆元年（1736 年），特授嵇曾筠為浙江總督，閩浙總督郝玉麟仍專轄福建。乾隆三年（1738 年），嵇曾筠入閣，郝玉麟仍總督閩浙如故。（合併福建、浙江兩總督為閩浙總督，為定制。）正式官銜為「總督閩浙等處地方提督軍務、糧饟兼巡撫事」，是清朝九位最高級的總督疆臣之一，總管閩浙（浙江省、福建省與福建臺灣省，臺灣於1895 年被割讓給日本）的軍政、民務（節自：https://zh.wikipedia.org/wiki/閩浙總督）；亦即管理、督導、指揮布政使、按察使、知府等地方大員及將軍、提督等軍事將領有關軍務、糧餉事務，職責接近於今日中國的軍區司令。總督府只是總督的住宅，並不是衙門。總督府也不可能招考總教頭，那不是總督的職責。不符清朝官制，自行編造故事，嘆為觀止。

　　再者，按清代武舉制與文科一樣，也分童試、鄉試、會試、殿試四級舉行。「童試」即初試，三年舉行一次，應試者先經縣試、府試，然後由學政進行院試。「鄉試」每逢子、午、卯、酉年，三年舉行一次，為正科；逢慶典則增設恩科。鄉試時直隸、奉天人應試於順天府，各省則在布政司所在地舉行。「會試」也是三年一科，於鄉試後次年九月在京城舉行，為正科；但遇慶典，也特開恩科。初時會試規定某一級別軍人皆可應試，後來則取消這個規定，只限武舉出身者參加。「殿試」亦稱廷試，會試後數月內舉行，由皇帝親自主持，考生限於會試入選者。

　　「童試」被錄取者，稱為「武秀才」或「武庠生」。「鄉試」被錄

取者，稱為「武舉人」。「會試」被錄取者，稱為「武進士」。「殿試」錄取者按成績分為「三甲」：前三名稱「鼎甲」，第一名為「武狀元」，第二名為「武榜眼」，第三名為「武探花」。「鼎甲」為「武進士及第」。二甲十餘名，為「武進士出身」。三甲若干，為「同武進士出身」。武舉出身在清代武職正途，十分榮耀。（節自《中國武術百科全書》之〈清代武術〉，頁73，中國大百科全書出版社，1998年10月。）

　　本文所謂「光緒廿五年（1899年），福建總督衙門，舉辦福州南教場擂台賽，藉招考此營總教頭，華南五省名師，均蝟集榕城應試。」純屬虛構，不符實情有三：

　　其一、清代武職官員依武舉制分童試、鄉試、會試、殿試四級舉行。其中鄉試時，各省在布政司所在地舉行。光緒廿五年（1899年），華南五省為福建、廣東、廣西、雲南、貴州等五省，其中福建隸屬閩浙總督管轄，總督為許應騤（任職期間1898年～1903年，光緒24年～光緒29年。節自https://zh.wikipedia.org/wiki/閩浙總督）；廣東、廣西二省隸屬兩廣總督管轄，總督為譚鍾麟（任職期間1895年～1899年，光緒21年～光緒25年。節自https://zh.wikipedia.org/wiki/兩廣總督）；雲南、貴州二省隸屬雲貴總督管轄，總督為崧蕃（任職期間1895年～1900年，光緒21年～光緒26年。節自https://zh.wikipedia.org/wiki/雲貴總督）。三位總督為平行官吏，必無閩浙總督跨越所屬管轄地區，向兩廣總督及雲貴總督管轄地區，公開招集華南五省練拳腳功夫名師，舉辦非清代武職官員武舉考試之福州南教場擂台賽，招考總教頭之情事；更為荒謬者，即未向自己所轄之浙江省招考參賽人員。若真有此事，則清光緒25年(1899年)官方文書，必有檔案可資查證。

　　其二、清代武舉制之武秀才、舉人、進士考試項目，為馬步射、開弓、掄刀、舉石、默寫武經，不考拳腳功夫。唐依鶴習拳腳功夫，云何參加清代武職官員考試。

　　其三、擂台賽為民間邀約公開比武，必有傷殘情事發生，若官府不

知情，則相安無事。但有人提告衙門，則依照《大清律例》之〈刑律・鬥毆〉條例：

凡鬥毆（與人相爭）以手足毆人不成傷者，笞（藤條或細板打屁股）二十。

（毆人）成傷及以他物毆人不成傷者，笞三十。

（他物毆人）成傷者，笞四十。

折人一齒及手足一指、眇人一目（瞎一隻眼睛），抉毀人耳鼻，若破傷人骨及用湯火銅鐵汁傷人者，杖（大棍打屁股）一百。

折人筋（附著骨骼，連接肌肉和骨頭的韌帶）、眇人兩目、墮人胎（害死孕婦胎兒）及刃（刀劍）傷人者，杖八十、徒（關監獄）二年。

折跌人肢（手足）體（腰項）及瞎人一目者（皆成廢疾），杖一百、徒三年。

瞎人兩目、折人兩肢，損人二事以上，（二事如瞎一目，又折一肢之類。）及因舊患令至篤疾（舊疾復發病危），若斷人舌（令人不能說話）及毀敗人陰陽者（打傷生殖器官以至不能生育），並杖一百、流三千里（發配邊疆），仍將犯人財產一半，斷付被傷篤疾之人養贍。（節自https://ctext.org/wiki.pl?if=gb&chapter=274103）

由是可知清代公開擂台賽，為官方所不能容許之事。清道光22年，香港割讓予英國成為殖民地（1842年～1997年）後，部分《大清律例》條例在清代滅亡後，仍舊繼續為香港官方引用。香港採用英國奉行的習慣法模式，經陪審團判決有罪後，在無其他審理華人法例可供參考情況下，《大清律例》中的部分法例，便成為唯一的參考對象，直到1971年才全部不再引用參考。

1954年香港有一件實例可以證明：是年1月17日，吳家太極拳第三代傳人吳公儀和白鶴派陳克夫相約比武，事緣雙方都自稱「由南至北未遇敵手」，互相不服，更於報上筆戰，繼而陳要求與吳「研究」。香港當時沿用《大清律例》禁止公開比武，所以比武地點選在澳門（清光緒13年／1887年～1999年葡萄牙殖民地）新花園，此實例足以證明清

代根本禁止公開擂台賽。

　　其四、清光緒12年（1886年），方世培逝世。清光緒8年（1882年）舉人林琴南，福建福州人，輯《技擊餘聞》乙書，光緒34年（1908年），由上海商務印書館初版發行，其中〈方先生〉篇記載方世培軼事數則，併及侄子竹銘（大哥方世書之長子方永祥）、王陵（五虎將之一）之拳藝，稱「先生高足徧閩中，而最知名者為王陵。」卻隻字未提「光緒25年（1899年），縱鶴門首徒唐依鶴，字力虎，受師兄之推舉參與，均立於不敗之地，………此營總教頭名銜遂屬之。」五虎將之首為方永華，並非唐依鶴；徒弟最知名者為王陵，亦非唐依鶴；再者，〈方先生〉篇亦未記載「光緒廿五年（1889年），福建總督衙門舉辦福州南教場擂台賽……」，以是此則故事，豈非虛構編造。

　　1-6　「縱鶴拳首傳入台，乃係先師林國仲為嚆矢，林師拳技承縱鶴門五虎之一的方永蒼先師餘緒（係師祖方徽石之胞侄也）。」
【解析】
　　方世培祖師一脈傳承拳藝，子方永華再傳張常球於1910年（清宣統2年／日本明治43年）渡海來台，於台北建成町（今建成區）設館，為首位教傳方世培祖師之白鶴拳，時人尊稱「二哥」，當年林國仲即前往拜師學拳。1913年（民國2年／日本大正2年）張常球因家鄉長輩去世，回閩奔喪。返台時，林國仲已南下斗六、虎尾地區，以「二哥」名義設館授徒，故當時武術界稱呼林國仲為「小二哥」或「小二師」。再者，福建省福州市福清市宗鶴拳協會公開聲明：「方家根本沒有方永蒼這人，有族譜為證。」昧於教傳師承，自抬身價，有違常情。

　　2.**漁夫著〈食鶴拳藝祕笈〉**（《當代武壇》第70期，頁49，香港：武俠春秋出版社，1976年11月。）
【摘錄】
　　「溯自民國11年（1922年），有四位福州籍的白鶴拳名師，由福

建來台灣謀生,這四位武林高手身懷絕技者,即台中、虎尾的二高師及義高師,台南縣授徒的阿鳳師,以及蕊師(林德順),除林德順師為食鶴拳外,其餘三位乃係飛鶴拳。」

2-1 「台中、虎尾的二高師及義高師。」
【解析】

台中二高師即張常球,虎尾義高師為林國仲;因「二高師」名氣響亮,是以後來縱鶴拳門生反而稱台中義高是張常球,虎尾二高為林國仲。幸有文獻保留資料,當時武術界人士均知台中二高師即張常球,且是虎尾義高師林國仲的師父。

2-2 「除林德順師為食鶴拳外,其餘三位乃係飛鶴拳。」
【解析】

台中、虎尾的二高師及義高師,台南縣授徒的阿鳳師,教傳拳法為飛鶴拳。林國仲門生暨子林英明稱:「林國仲教傳縱鶴拳為『縱鶴始祖』。」實情為方世培祖師教傳拳法屬於福州白鶴拳中「飛鶴、鳴鶴、宿鶴、食鶴」四種之「飛鶴拳」,而不是縱鶴拳,否則「縱鶴始祖」應是方世培祖師。

3. 縱鶴門提供〈二高縱鶴拳師門傳承考〉(《力與美》第4期,頁105~108,台北:力與美雜誌社,1990年8月。)
【摘錄】

「尋根拜祖,乃不忘本之意,講究武德的國術界,更重視此意。二高縱鶴拳掌門林英明先生回福建尋根歸來,對其師門傳承就有了更透徹的認識。………民國11年(1922年)間,由福建縱鶴拳第四代名師林國仲來台傳授,林宗師字二高。………清道光卅一年,方世培縱鶴甫成時,年僅三十有餘,功成仍續潛修。………林宗師於童稚之年,即喜搏擊,年卅入福清茶山,拜縱鶴派方永蒼為師習藝。………民國57年

（1968 年）仲夏，無疾而終。………三週年（1971 年）忌辰銅像立座。………民國 64 年（1975 年）9 月 7 日成立中華民國國術會二高縱鶴拳委員會。………林英明於（民國）77 年（1988 年）間，返回大陸福建，到縱鶴拳創始人方世培祖師的故居福清館口古厝，與方祖師的第六代玄孫方德楨暢談縱鶴拳的古往今來。方德楨說：「林國仲的授業啟蒙師，應是方世培的長孫方紹峰（阿峨師），由於其英年早逝，林國仲後來追隨方世培的侄兒方永蒼學藝深造。」林英明表示，由於他的先父林國仲生前僅談到「永蒼師」，未提及已逝去的啟蒙師方紹峰，因此門徒均誤以為他是縱鶴拳的第三代傳人。」

3-1 「尋根拜祖，乃不忘本之意，講究武德的國術界，更重視此意。」

【解析】

林國仲開宗立派，自稱「縱鶴始祖」，顯然方世培祖師教傳拳法，不是縱鶴拳，否則「縱鶴始祖」應是世培祖師。再者，否認跟隨師父台中二高張常球習拳，就是忘本，不重武德。

3-2 「民國 11 年（1922 年）間，由福建縱鶴拳第四代名師林國仲來台傳授，林宗師字二高。」

【解析】

1915 年（民國 4 年／日本大正 4 年）張常球與台中廳長枝德二（日本人）之隨扈，在「武德殿」比試柔道，連戰皆捷，乃賜「武德堂」館名，准許公開傳授白鶴拳法，又將閩南話「二哥」用諧音改稱「二高」，蓋媲美台灣最高山峰之玉山（海拔 3952 公尺，日本人稱「新高山」）與雪山（海拔 3886 公尺，日本人稱「次高山」），後人乃尊稱「台中二高」。縱鶴拳門人身任「中華縱鶴拳協會」之「嘉義市委員」楊青在網路最為活耀，無話不成「髒」，曾經有人公開請問「虎尾二高」的「二高」是甚麼意思？楊青從未正面回應，甚且縱鶴拳協會也未

公開說明林國仲字「二高」，真正含意是甚麼。（詳本書編附〈贅餘後記〉之「網路聞話・謾罵言詞」，第258頁至第269頁。）

3-3 「清道光卅一年，方世培縱鶴甫成時，年僅三十有餘，功成仍續潛修。」

【解析】

清宣宗年號道光，在位僅三十年，並無道光卅一年。若為道光30年（1850年），方世培祖師生於道光14年（1834年），年僅16歲，尚在學文習武階段，實非所稱：「方世培縱鶴甫成時，年僅三十有餘，功成仍續潛修。」而前文「1. 漁夫著〈福建榮（茶）山天竺寺秘技──縱鶴拳〉。1-3『道光廿八年（1848年），方徽石縱法獨成，時甫廿八歲，………』」此時方世培祖師14歲，並非所稱「年僅三十有餘」，實際年齡相差16歲以上，種種說詞不一，可知林國仲及其哲嗣林英明於方世培祖師生平事蹟，虛構者多。在1949年（民國38年）至1986年（民國75年）間，兩岸隔離時期，編造方世培祖師事蹟，台灣武術界人士無法查證。所幸1985年（民國74年）全大陸進行武術挖掘、整理工作，於理法文獻及功法套路之整理，成果豐富。且1987年（民國76年）開放民眾返回大陸探親，如今海峽兩岸文化交流頻繁，中華武術論壇時常舉辦，資訊公開，得以釐清縱鶴拳門人所述方世培祖師之事蹟，均係自行編造，毫無事實根據。

3-4 「林宗師於童稚之年，即喜搏擊，年卅入福清茶山，拜縱鶴派方永蒼為師習藝。」

【解析】

林國仲生於清光緒11年（1885年），早歲即已渡海來台謀生。清宣統2年（1910年），張常球避難來台，住台北建成町（今建成區）設館教傳白鶴拳，林國仲（26歲）前往拜師學拳。民國3年（1914年）林國仲（30歲）因私事得罪日本人，得其師張常球之助，離台避禍，返

回福州。所稱：「拜縱鶴派方永蒼為師習藝。」並非實情，因福建省福州市福清市宗鶴拳協會公開聲明：「方家根本沒有方永蒼這人，有族譜為證。」

3-5 「民國57年（1968年）仲夏，無疾而終。………三週年（1971年）忌辰銅像立座。」

【解析】

方世培祖師傳子方永華，再傳張常球流來台傳授「白鶴拳」，稱屬於福州白鶴拳「飛鶴」，傳下拳譜台灣第二代陳春成手抄《白鶴拳書寶鑑》、《白鶴拳要》，與賴芳帽手抄《白鶴拳密笈》；再者，嫡孫方紹翥阿鳳師來台傳授白鶴拳，稱屬於福州白鶴拳「飛鶴」與「宿鶴」，所教傳為「駿身鶴法」，傳下拳譜台灣第二代邱太鐘手抄《鶴拳拳詩》。以是民國60年（1971年）林國仲銅像立座，匾額題「縱鶴始祖」，座碑題「二高先師遺像」（相片6，見第47頁）。顯然方世培祖師教傳拳法，不是縱鶴拳，否則「縱鶴始祖」應是方世培祖師。再者，林國仲以師父張常球之名號「二高」，用為自己之字，藉以提高名聲，有違倫常。

3-6 「林英明於（民國）77年（1988年）間，返回大陸福建，到縱鶴拳創始人方世培祖師的故居福清館口古厝，與方祖師的第六代玄孫方德楨暢談縱鶴拳的古往今來。方德楨說：『林國仲的授業啟蒙師，應是方世培的長孫方紹峰（阿峨師），由於其英年早逝，林國仲後來追隨方世培的侄兒方永蒼學藝深造。』林英明表示，由於他的先父林國仲生前僅談到『永蒼師』，未提及已逝去的啟蒙師方紹峰，因此門徒均誤以為他是縱鶴拳的第三代傳人。」

【解析】

林英明於（民國）77年（1988年）間，返回大陸福建福清，方祖師的第六代玄孫方德楨說：「林國仲的授業啟蒙師，應是方世培的長孫

方紹峰（阿峨師），由於其英年早逝，林國仲後來追隨方世培的侄兒方永蒼學藝深造。」依方家祖譜：「方德楨是方祖師的第四代玄孫」，而非第六代玄孫。再者，林英明表示，由於他的先父林國仲生前僅談到「永蒼師」，未提及已逝去的啟蒙師方紹峰。緣以林國仲自稱追隨方祖師的侄兒方永蒼學藝，如此他就是第三代傳人，用以高抬身價。若承認習拳的師父張常球，則林國仲便是第四代的傳人，於是避而不談。此舉殊難苟同，有違倫常，蓋父母有養育之恩，師父有教育之恩，為人子及為弟子者，終生不可或忘。

4. 吳周昇著〈虎尾二高縱鶴拳「鐵漢」林朝火〉（《力與美》第30期，頁6～12，台北：力與美雜誌社，1992年10月。）

【摘錄】

「二高師（林國仲）正準備再返大陸前，知道帶任何東西給永蒼師，都不如帶點『鴉片』回去，較易打動他的心。………回到福州，二高師將鴉片放置桌上，永蒼師從外頭回來，立刻被一股煙味所吸引。從此二高師便經常在吸食鴉片的『閒閒仔』，為永蒼師『清煙斗』，其餘時間則勤加練拳。不僅二高師的師父方永蒼『嗜煙如命』，就是台中張常球的師父也是如此。據林朝火回憶以前二高師所說，台中義高的師父，也就是方徽石祖師的孫子（方紹壽阿鳳師），因吸食鴉片無所節制，被家人關置柴房中。一日張常球揹著『腰鼓』賣翠花，一路吆喝到柴房附近，被張的師父央求開鎖放他自由，並願以拳術交換。張常球聽了心喜，利用夜晚四下無人時，便將師父請回家中。一面供食鴉片，一面則交換拳藝。」

4-1 「二高師的師父方永蒼『嗜煙如命』。」

【解析】

福建省福州市福清市宗鶴拳協會公開聲明：「方家根本沒有方永蒼這人，有族譜為證。」

4-2 「二高師所說，台中義高的師父，也就是方徽石祖師的孫子（方紹壽阿鳳師）。」

【解析】

1915年（民國4年／日本大正4年）台中廳長枝德二（日本人）將張常球閩南話「二哥」用諧音改稱「二高」，為「台中二高」尊稱之由來。

因「二高」名聲響亮，以是縱鶴拳門人偷天換日，將張常球「台中二高」名號與林國仲「虎尾義高」名號，兩者對換成「台中義高」與「虎尾二高」，藉以提昇名聲，實掩人耳目之舉。

再者，「張常球台中義高的師父，也就是方徽石祖師的孫子（方紹壽阿鳳師）。」此說不過是貶低張常球的輩分，為方祖師的第四代；林國仲自抬輩分，為方祖師的第三代。張常球與方紹壽同庚，出生於1880年（清光緒6年），和方家有姻親關係，奉方永華之命結為金蘭兄弟，豈有拜方紹壽為師之情事，種種說詞，令人瞠目結舌，毫無「師道」可言，今乃一一釐清，公之於世。

再次，張常球教傳拳譜之《白鶴拳書寶鑑》、《白鶴拳要》、《白鶴拳密笈》，與方紹壽教傳拳譜之《鶴拳拳詩》，同為方世培祖師一脈傳承之福州《白鶴拳譜》，而林國仲傳下之《縱鶴拳論》，無張常球教傳拳譜之〈論正直法〉、〈論駿身法〉等多篇（詳本書〈台灣白鶴拳譜溯源增補記〉之「鉤稽對照」，第132頁至第138頁），故知非方世培祖師門下之後代傳人。

5. 林英明著〈師祖方永蒼〉、〈一代宗師林國仲〉、〈縱鶴拳傳入台灣〉。（節自《縱鶴拳法》，頁28～39，台北：商流文化事業有限公司，2007年6月）

【摘錄】

「祖師方世培研練縱鶴功成，………弟子之中，稱譽一時者有「五虎」，一、唐依鶴（好縱身）。二、王陵（好化身）。三、林孔培（好

翅股）。四、蔡道恬（好撈金）。五、方永華（長短節）。………，方永蒼師祖，為祖師方世培二哥之子，胞侄也；自幼受方家之薰陶，與堂兄方永華志趣相投，日夜探討拳藝，盡得祖師真傳。………堂兄方永華辭世後，接掌縱鶴門戶。………先父林國仲，字二高，生於清光緒11年（1885年），………拜阿峨師為師，時年廿五歲（1909年）。阿峨師即方紹峰，祖師之長孫，長子方永華之長男也，方永蒼師祖之族侄，縱鶴拳高手。家父隨之學習，早晚勤練，二年間功夫大進。不幸當時地方疫癘流行，峨師一名愛徒染病，病篤，思念恩師，峨師探病歸來，不久，發現自己也染上時疫，………不旬日故去。………探知方永蒼師祖有吸食鴉片習慣，而大陸禁煙，貨源難求，於是渡海來台，暗中買了似煉乳罐大小三罐，另購三簍斗柚，挑其大者鏤空藏於其中，一簍暗藏一罐，雇船返航，瞞過海關，送往方家，再拜懇求，師祖大喜，終獲收錄，時年廿七歲。………先父字二高，時人均以二高縱鶴拳稱之。」

5-1 「祖師方世培研練縱鶴功成，………弟子之中，稱譽一時者有「五虎」，一、唐依鶴（好縱身），二、王陵（好化身），三、林孔培（好翅股），四、蔡道恬（好撈金），五、方永華（長短節）。」

【解析】

福州市武術協會稱「五虎」為「方永華、唐依鶴、林孔培、蔡道田、王陵」等五人，本文之「蔡道恬」名字有誤。

再者，前文「1. 漁夫著〈福建榮（茶）山天竺寺秘技──縱鶴拳〉。1-3「道光廿八年（1848年），方徵石縱法獨成，時甫廿八歲，仍閉門潛修不輟，………芸芸弟子中，稱譽一時有謂五虎者一、唐依鶴，二、黃霖，三、方永華（次子），四、方永蒼（胞侄），五、蔡道年等。」而本文「祖師方世培研練縱鶴功成，………弟子之中，稱譽一時者有「五虎」，一、唐依鶴。二、王陵。三、林孔培。四、蔡道恬。五、方永華。」原刪除林孔培改為方永蒼，以自抬輩分身價；俟因1987年（民國76年）台灣政府開放人民返回大陸探親後，兩岸文化交

流，傳承歷史文獻資料，紛紛呈現，不得不更正，恢復歷史傳承原貌。另「黃霖」更正為「王陵」，「蔡道年」更正為「蔡道恬」，參閱前文1-3解析（詳本篇第60頁）。

5-2　「方永蒼師祖為祖師方世培二哥之子，胞侄也；自幼受方家之薰陶，與堂兄方永華志趣相投，日夜探討拳藝，盡得祖師真傳。」

【解析】

福建省福州市福清市宗鶴拳協會公開聲明：「方家根本沒有方永蒼這人，有族譜為證。」方世培二哥方世何，世何長子方永准，次子方永巖，（詳本篇〈福州方世培系統〉之「方家祖譜」，第35頁至第36頁）並無方永蒼此人。

5-3　「堂兄方永華辭世後，（方永蒼）接掌縱鶴門戶。」

【解析】

福清方家若真有方永蒼此人，在傳統注重倫常的大家族，當家是一代傳一代，方世培祖師是第一代，嫡子方永華是第二代，嫡孫方紹峰、紹羲、方傳區、方傳模是第三代；第二代方永華辭世必然傳給第三代方紹峰、方紹羲、方傳區、方傳模兄弟中之一位。絕無第二代方永華辭世傳給第二代方永蒼，而由第二代方永蒼當第三代掌門。此說甚為荒謬，違背傳統倫理。

5-4　「拜阿峨師為師，時年廿五歲（1909年）。阿峨師即方紹峰，祖師之長孫，長子方永華之長男也，方永蒼師祖之族侄，縱鶴拳高手。家父隨（方紹峰阿峨師）之學習，早晚勤練，二年間功夫大進。」

【解析】

本文「拜阿峨師為師，時年廿五歲（1909年）。……早晚勤練，二年間功夫大進。」是年方紹峰阿峨師逝世（詳本篇「方紹峰」，第38頁），林國仲拜方紹峰為師，勤練二年之經歷，純為虛構故事。

5-5 「師祖（方永蒼）大喜，終獲收錄，時年廿七歲。」

【解析】

依前文 3. 縱鶴門提供〈二高縱鶴拳師門傳承考〉。3.4「林（國仲）宗師於童稚之年，即喜搏擊，年卅（1914 年）入福清茶山，拜方永蒼為師習藝。」及本文「拜阿峨師方紹峰為師，時年廿五歲（1909 年），二年後阿峨師方紹峰染病去世，在拜方永蒼為師，時年廿七歲（1911 年）。」兩則所述拜方永蒼為師年歲不同，分別為三十歲（1914 年）與廿七歲（1911 年），相差三年，習武拜師為一生重大之事，不容些許差錯，然則縱鶴拳門人所發表文章，敘述林國仲習武歷程，隱匿張常球為啟蒙師之事實，前後說法不一，漏洞百出，豈非自行編造之故事。肇因 1987 年（民國 76 年）台灣政府開放返回大陸探親後，兩岸文化交流，傳承歷史文獻資料，紛紛呈現，遂一再改變文辭，以自圓其說。

再者，福建省福州市福清市宗鶴拳協會公開聲明：「方家根本沒有方永蒼這人，有族譜為證。」

5-6 「先父（林國仲）字二高，時人均以二高縱鶴拳稱之。」

【解析】

民國 11 年（1922 年）左右，當時武術界均知住台中張常球為「二哥師」，又稱「二高師」、「台中二高」；住虎尾林國仲為「小二哥」或「小二師」。嗣後縱鶴拳門生，以「小二哥」或「小二師」之名號不雅，以「二」及「義」為閩南話諧音，改稱「義高」，冠以地名，則稱「虎尾義高」，後來竟稱「虎尾二高」。今林英明出書沿用「二高」名稱自抬身價，冒然以師父張常球之名號「二高」，用為父親林國仲之字，甚且無法說清楚講明白林國仲字「二高」，其真正含義為何？故特予釐清，以免以訛傳訛。

（五）縱鶴拳論

二高縱鶴拳委員會於民國 73 年（1984 年）編撰《縱鶴拳源流拳論

稿案》，頁9～14為林國仲教傳〈縱鶴拳論〉，計13篇，重新調整篇目順序，以便解說，如下：

1. 論拳法源流，頁9；
2. 明勢之法，頁14；
3. 傳授真法，頁9～10；
4. 論認子午歸中，頁12；
5. 論動靜之法，頁12；
6. 論接敵粘手之勢，頁11；
7. 論氣力法，頁9～11；
8. 論氣象之榮流，頁9～11；
9. 論立身腳馬子午節門工，頁11；
10. 論出腳從湧泉貼地，頁11；
11. 論端正法，頁12；
12. 論與人敵手工夫，頁12；
13. 論五行要手，13～14；

　　上列第1篇至第5篇，源自永春白鶴拳之《方七娘拳祖》、《白鶴拳家正法》二冊；第6篇見《白鶴拳家正法》。第7篇至第13篇，具詳台中二高張常球教傳《白鶴拳書寶鑑》、《白鶴拳要》、《白鶴拳密笈》三冊，及阿鳳師方紹翥教傳《鶴拳拳詩》一冊（詳本書〈台灣白鶴拳譜溯源增補記〉之「鉤稽對照」，第132頁至第138頁），而林國仲傳下《縱鶴拳論》，並無〈論正直法〉與〈論駿身法〉二篇，此二篇甚為重要，以致引述象形功法，均非方世培祖師原傳本意，乃條列解析如下：

1.論正直法

　　正直出力，人與物俱同。試以物行動而觀之，夫「雞」有時落水，視其離水之間，頭正身直，兩腳落地，沉身而起，兩翅雙張，雖有水而不見其何之。凡人學習者，可比亦同此法。故人行步之時，身中正直，沉推一叫，欲進則進，欲退則退，不致艱難之患，無接續之勢也。倘若

身腰不正，一身盡向出，足步又盡開大，或遇橫打搖邊破之，吾知其敗矣，正直兩字，安可忽之也。

【解析】

永春白鶴拳有〈論正直出力〉：「論正直出力者，人與物俱同。試以動物行動而觀之，夫『犬』有時過水，觀其離水之間，頭正身正，四腿推尋，沉身搖動發力，其水一彈而乾，身雖有水而水不見，其何之故。………」（節自：清·林董著，蘇瀛漢·蘇君毅校注《白鶴拳家正法》，頁103）福清方世培祖師當年隱居天竺寺練拳時，觀察農業社會隨處可見之禽類雞、鳥之行動，有所領悟，故將永春拳訣「犬有時過水」句改為「雞有時落水」，及「四腿推尋，沉身搖動發力」句改為「兩腳落地，沉身而起，兩翅雙張」。蓋以走獸「犬」之四腿著地，則脊椎與地面呈水平狀搖身抖彈；衍化演進改為飛禽「雞」之兩腳著地，兩翅如人兩手臂，則脊椎與地面呈垂直狀搖身抖彈，以此象形操練，拳架功法因而異於永春鶴拳。今縱鶴門所傳：「溺犬搖駿，水珠飛濺。」係永春白鶴拳訣，故知林國仲非方世培祖師系統之後代傳人。

2.論駿身法

力從肩腰腿駿起，左環於右，右環於左，是謂連環駿，出入俱能駿，此法能究分明，有七星墜地，正能學習之。論口大開胃大通，微開胃微通，起手配微通，入配大開，若用工未到，此法切不可用也。

【解析】

本篇「力從肩腰腿駿起，左環於右，右環於左，是謂連環駿，………」即以人之兩腳兩手臂，象形飛禽之兩腳兩翅練「駿身」，力從肩、腰、腿駿起，左手環於右手，右手環於左手，是謂連環駿。阿鳳師方紹翥來台教傳，即稱「駿身鶴法」。今縱鶴門所言：「縱鶴」，乃襲用清末舉人林琴南著《技擊餘聞》內〈方先生〉篇載：「法曰縱鶴」。此篇拳譜固非外人可得窺全貌，故以訛傳訛，林琴南將福州方言「駿」誤寫成諧音之「縱」字，致使不知情者延用至今，故知林國仲非方世培祖師系統之後代傳人。

　　張常球傳陳春成，再傳蔡秀春口述：「方世培祖師觀察鳥類之行動，領悟鶴法精義，傳有『吊腿伏力』及『雀步躍退』軼事，未形之文字，與聞者甚少。」（有關此二軼事，詳本書〈方世培祖師鶴拳特色〉，第193頁至第197頁。）並無縱鶴門所稱：「偶觀寒鴉淋雨，天霽，寒鴉立於樹顛抖羽，而樹幹竟為之動搖，雨水隨之飛散。一日，見靈犬落水，起岸，搖身一駿，水珠飛濺。復於池畔，審視魚蝦，見魚身之柔游，蝦臂伸縮之輕速悠閒。於是頓悟輕捷與彈性，有產生無窮力道之功。」（林英明著《縱鶴拳法》頁26～27，台北縣，商流文化事業有限公司，2007年6月。）方世培祖師僅只觀察鳥類飛禽之行動而已，並無觀察犬、魚、蝦等動物之生態。

肆、白鶴拳祖師神位

一、飛鶴拳

張常球傳承，福德正神為地方神祇，陳炎太提供（圖1）。

　　方氏七娘神

　　白鶴仙師

　　福德正神位

圖1

二、飛鶴拳與宿鶴拳

方紹翥阿鳳師傳承，詳民國己丑年（1949年）邱太鐘手抄《鶴拳拳詩》。

方紹翥來台傳授白鶴拳時，方世培祖師已去世，故將其先祖名諱敬列祀奉（相片7）。

三、食鶴拳

林德順傳承，見劉銀山著《白鶴門食鶴拳》（頁229，成大書局，1986年），方祖師即方七娘之父方種公（圖2）。

對聯出自《孟子・公孫丑》齊人有言曰：「雖有智慧不如乘勢，雖有鎡基不如待時。」

四、鳴鶴拳

謝宗祥傳承，見王植倫、黃錚生著《黃性賢傳》（頁109，立成印務有限公司，1990年12月），三田都元帥為地方神祇（圖3）。

相片7

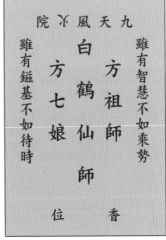

圖2

圖3

第二篇
台灣白鶴拳傳承史略

壹、前　言

中華文化博大精深，源遠流長，乃國土遼闊，風俗民情各異，故武術門派繁多，南拳北腿，各擅勝場，難分軒輊，實則地理環境及生活形態影響所致。清末迄今流行於福建的拳術計有：猴拳、狗拳、達尊拳、太祖拳、羅漢拳、白鶴拳……等諸多拳種。

溯自 1949 年（民國 38 年）國民政府遷至台灣，與大陸兩岸隔離，武術無法交流；1966 年（民國 55 年）大陸文化大革命，傳統武術逢此浩劫，閩省白鶴拳亦遭破壞。1985 年（民國 74 年）全大陸進行武術挖掘、整理工作，為方便區分而有地域性「永春白鶴拳」與「福州白鶴拳」名稱出現，於理法文獻及功法套路之整理，迄今（2019 年）已有豐碩成果，並不斷舉辦研討會，期能百尺竿頭，更進一步。

1987 年（民國 76 年）台灣政府開放民眾返回大陸探親，武術界人士始有「尋根之旅」，然近四十年，兩岸音訊隔絕，武術業已呈現不同風格，各異其趣；如今海峽兩岸文化交流頻繁，中華武術論壇時常舉辦。

「台灣白鶴拳」源自「福州白鶴拳」為不爭之史實，故就日本治台時期方世培祖師系統傳人來台為主，以《白鶴拳台灣傳承史略》為題，僅就所習所知者，旁參有關鶴拳文獻，彙集各種資料，做一探索與研究，期盼後來學者深明其與「福州白鶴拳」之相互關係，窮源溯流，所以飲水思源也。

本文有關年代，採用公元紀年，以便推算先後時序。再者，諸位武林前輩，僅方世培以祖師尊稱，其他前輩均略之，為方便行文故，尚祈各派傳人及讀者見諒。

貳、台灣傳承

永春白鶴拳經歷代前賢輾轉相傳，分出福州一支，衍化象形仿生有「飛、鳴、宿、食」四種鶴拳，至清朝末年，日本人佔領台灣時期，福州白鶴拳方始傳入台灣，有四位福州籍的白鶴拳名師，即張常球「台中二高」、方紹翥「阿鳳師」、林德順「蕊師」，以及林國仲「小二師」（後來改稱「虎尾義高」，自稱「虎尾二高」）等四人教傳，除林德順為食鶴拳外，其餘三位乃飛鶴拳❶，是方世培祖師系統之傳人與學生。

據張伊蝶（鶴颺）❷著《白鶴拳派淵源及台灣始創者史略》有關「方世培祖師」之事跡❸，如下：

方世培老師，世居福建省福清縣茶山人，出身書香門第，家境富裕，自幼文武雙全，少年臂力過人，喜學拳術。初拜永春廿八英雄（俊）白鶴拳派下，適其拳師偕妻隱居林泉，耕農練武，自娛晚年，未有後嗣，只收門徒世培等數人，操拳伴老，師因未修文學，雖得鄭寵叔❹手著《白鶴拳柔術秘訣》❺不能善用，教人祇以「學人授人之術」，均無理論。

世培自拜師之後，尊師重道，是以被師器重，所有鶴拳秘訣皆盡傳授。不分朝夕，親自伴練，使其拳術已臻登峰造極，後雖辭師返里，仍常往問安，以盡師生之禮，師年老病危之時，對其妻云：「如我不幸，世培必來料理後事，且能奉養妳之殘年，如我之言不誤，即將我所藏之鄭寵叔編著《白鶴拳珍書》❻，贈他研究。」後師父逝世，世培聞悉靈耗，果籌資奔喪，葬事畢，立即延請師母到家奉養，師母曰：「師父歸天未幾，須焚香獻果，又喪服在身，不便出門。」師母回憶師父遺言在先，挽留世培，將師珍藏鄭寵叔編著《白鶴拳珍書》贈送，永為留念。

世培得珍書後，展讀內容，解釋上中下三盤技法，與先師所教拳法，稍有不同之處，回家後朝夕閱書，專心研究，擬欲勤加鍛鍊，奈因家事繁瑣，未能如願，即求父親之同意，離家至天竺寺修鍊，寺內清靜幽雅，適宜潛修絕好場所，並收寺內僧侶為徒，作為技擊操練之良儔。

經數月後，世父染病臥床，其父執來舍探視，與世父寒暄之時，忽問：「世培何去？」答曰：「培兒帶糧往天竺寺，練拳學武。」客隨即揚言：「我乃武林高手，何必在天竺寺無師自練，你我金蘭之契，由我來傳授他即可。」世父聽說有理，隨命家人叫世培回家，當面介紹：「這位金蘭親友，亦是武林高手。」世培乃趨前問安。客隨口詰問：「所學何派拳法？請表演一番。」世培奉父命，草草表演鶴拳三戰法，客看不順眼即說：「無行無體，柔而無勁，成何拳術？」世培氣結心中，堅請父執表演，客立即下場表演十八羅漢拳，咬牙切齒，技似鋼鐵，表演滿身大汗，世培亦說：「伯父拳法張體做形不成法，兩腿堅立不成術。」

世父聽說不遜之言，大罵世培後，向友道歉，並請其代他教訓，免遭他人之殃。世培心中高興，今有比試機會，客即命世培下場較量，客施用十八羅漢技法襲擊，世培矯捷，變化莫測，只三、四個回合，客已東倒西歪，大敗而歸。然其心尚不服，串通武林高手，接踵來試，眾皆敗北，後又串通高僧武林聖手來到天竺寺敲門拜訪，心存詭計，暗用絕招，乘世培開門不備之時，雙肢襲擊胸膛，世培臨機應變，速用雙翅一抖，高僧雙腳朝天，所穿草鞋塵灰印在門樓石眉上而墜下，旋即逃之天天。

又有一天，進城回途，經過田畔，忽看水牛吃禾稻，而拾石擲牛，牛返頭以角鉤破世培長衫，憤怒之下，一拳擊斃水牛，有此事跡，名震省城，老幼齊知武林高手，無不讚譽白鶴拳柔術，確有神技妙術，此乃是世培老師白鶴拳柔術成名，流傳古今之事蹟。

再者，飛鶴拳一代宗師方世培（1834年～1886年／清道光14年～

光緒12年）的事跡，因清光緒8年（1882年）舉人林琴南著《技擊餘聞》內〈方先生〉篇記載「殪牛」軼事，故為後人所廣傳而稱道，一生授徒無數，子方永華與徒唐依鶴、林孔培、蔡道田、王陵等人，譽稱「五虎將」。節錄如下❼：

方先生世培，福清之茶山人。練拳技二十年，法曰「縱鶴」，運氣週其身，又聚週身之氣，透雙拳而出，出時作吼聲，久久則並聲而無之，但聞鼻息出入。手分金木水火土，唯水手出時，中者如中惡，而身已飛越尋丈以外。………

先生高足徧閩中，而最知名者為王陵，陵以掌砥柱，柱皆動，有所謂大身化小身法，中人無不敗，陵以此法與拳師試，皆莫當。一日春燕酒酣，竟求與先生較藝，先生陷其樊中，在法當仰跌，先生忽駢三指，置王陵胸，陵肝膈間如沃沸湯，聲息皆渺，如死人，先生笑曰：「孺子初不自量。」即出小丸藥合水飲之，立蘇。………

茶山多落花生，居人恆以此為產，而牛來食之。先生出戶驅牛，牛弗行，鞭之亦弗動，先生忽以拳抵牛，牛大奔至嶺上死。問之，則伯氏之牛也。剖牛腹，則肝長可二尺許，或肝臟為拳所中死耳。先生名以死牛後乃益噪。

林琴南所稱「縱鶴」應是文人以字表音之誤，蓋方世培祖師一脈師徒、父子、祖孫傳承手抄《白鶴拳書寶鑑》、《白鶴拳要》、《白鶴拳密笈》及《鶴拳拳詩》之拳譜，均有〈論駿身法〉篇，此諸拳譜固非外人可得窺全貌，故以訛傳訛，應係光緒舉人林琴南將福州方言「駿」誤寫成諧音之「縱」字，致使不知情者延用至今。

福州白鶴拳法傳入台灣，始於方世培祖師哲嗣方永華之傳承弟子張常球，次有嫡孫方紹翥，歷經二位前輩教傳飛鶴拳，以及林德順教傳食鶴拳，另有張常球之學生林國仲教傳由飛鶴拳改稱的「縱鶴拳」，使白鶴拳成為台灣的一大知名拳術，代代相傳，弘揚光大，迄今綿延不絕。

一、張常球「台中二高」

據張伊蝶（鶴颺）著《白鶴拳派淵源及台灣始創者史略》有關「台中二高」之事跡❽，如下：

白鶴拳柔術盛行台灣全省之創始者，張常球號二哥❾，係福建省福州人，本是福建省茶山方世培祖師直派門徒，辛亥年前，因清廷橫施暴政，國事日非，生民塗炭，輿情憤慨，怨聲載道，時聞省各地，自有識之士，以至於閭里小民，均響應 國父革命之舉，鄉市之間，常設武館，聚集壯丁，鍛鍊武術，組織民團，名為防禦盜匪，實則各懷反清復漢之大志，其時南北各派武林群集省城，只待 國父諭令，就發揮英雄用武之機。

宣統辛亥年前（1910年／宣統2年），福州旗下街（滿人集住處）一日滿人侮辱漢人，使賣菜女致死，女父背狀申告，反被捉入獄；漢人成群申冤抗議，反遭滿人圍打；如此冤屈難伸，益增家仇國恨，漢眾與二哥往爭論，又遭包圍，雙方發生一場爭鬥，結果殺死滿人數人，清廷偵悉調兵圍捕，鄉民避逃四散。

二哥一派暗渡來台，寄居台北建成町（現建成區）同鄉開設之建成美皮行，其時二哥一派與建成美老闆，正商繼續 國父革命推翻帝制之任務，建成美老闆愛國情殷，滿口贊同革命之舉，願籌資集募同鄉有志之士，響應 國父同盟反清復國之大業。先從張二哥白鶴拳設館招徒為目標，體鍊國術，以國術救國之宗旨，其時鄉人踴躍參加，當時林國重（仲）住台北城內豆腐店，得鄉人消息後，隨來參加授練鶴拳之術。

辛亥革命暴發當時（1911年／宣統3年），因海洋之隔，無路請纓，光復後（1912年，民國成立）師徒議商，在台謀生之計，其時台北漳、泉地盤之爭，常鬧人命，兩派聞知二哥鶴拳武林高手，漳、泉兩派爭相邀聘參加派系，二哥乃虔誠佛教之徒，且師徒均是他鄉之客，不願與兩派交往，祇好易地最為善策，計劃南下謀生，先遣徒弟建崇、細妹、依總三人南下台中，開設飲食店❿。當南下之時，師訓在先，不准

滋事，三人尊師訓，每日打烊後不敢外出，自行鍛鍊鶴拳之術，事緣鄰居由門隙偷窺，始知內面操拳，叩門拜訪，意欲較量，建崇等因初到中部，人生地疏，亦不敢違背師訓，謙虛忍讓，有位唪剌君帶有酒意，強請較量，後經天官君面允約明君子之行，比試三、四回合，唪剌君顛斜倒地，始感神技妙術，心服而去。後串通本地各派名師，踵足前來比試者，均難佔便宜，因此遠近皆知，同鄉人士讚譽，商洽聘請授徒。

建崇等不敢輕諾，因與同鄉們結緣感情密切，與同鄉們說吾師不願授徒，嗣後與同鄉們相議，急電詐稱我們患瘧疾臥病不起，二哥師徒情切，隨趕來台中，建崇等及同鄉們齊集車站迎接，師不解其意，經詢明設館之事，當晚（1913年8月13日）同鄉們在設宴歡迎時，懇求設館傳教，其時不便推辭，答允八月十六日開館。鄉人信以為真，二哥至八月十五日夜，乘大家外出觀賞花燈不備之時，留字出走。坐輕便車（糖廠小火車）經三十張犁（現台中市北屯）到豐原北上，同鄉們發覺，即分頭追尋，至三十張犁，見師坐在車上，眾人向前挽留喧嘩聲動，引起當地圍觀如堵，適當地武魁賴田者（賴建山之祖父），行經其處，詢知鶴拳高手二哥師，邀請入雜貨店奉茶，並介紹當地保正（里長）賴清泉及蔡國珍先生等，三人互敘寒暄之時，武舉恭請較量，二哥客遊之身祇宜婉拒，武舉再三敦促比試，二哥祇有遵命奉陪，賴連擊猛打，二哥接技矯捷，變化莫測，三、四回合，武舉被擊倒地，二哥向前扶起，且表失手道歉，武舉欽服，讚譽神技妙術，即求聘二哥傳教，當晚而至三十張犁，結緣開館授徒之禮，因此二哥鶴拳柔術之奧妙，不脛而馳，登門求教者接踵而來，後敦促台北徒弟國重（仲）等來中時；忽接方家訃訊，始悉世培老師逝世（原文有誤，應是師門長者或家鄉長輩去世，因方世培祖師卒於1886年／清光緒丙戌12年），常球悲痛之餘，泣不成聲，速籌資回閩奔喪。

回台後，國重（仲）已在某料理店為掌櫃，與婦人結識，婚後南下斗六方面，以二哥名稱設館授徒❶，一時真偽滿城風雨，師張二哥君子德行，和氣消冰，施恩無緣，修養定靜工夫，泡沫人生，何爭名利矣。

其時日本政府對華人頗為歧視，而二哥大正四年（1915年／民國4年）被台中廳長枝德二破格垂青，豈非受二哥之尚武精神與高超人格所感動歟！並特賜「武德堂」之館號（日本人在台各地設立「武德殿」，招收台籍學生，為訓練柔道、劍道之場所），免受警局干擾，又蒙將「二哥」舊名，改為「二高」之崇高清譽，又親題對聯，文曰：「武布當窮勿誇技藝，德修仁世確守規模。」以表讚揚。

張二高拳師在台灣創下白鶴拳柔術，奠定鶴法基石，獲樹一幟崇高清譽，遠近蜚聲。實乃鶴拳同道，尊師重道，維揚我武，將二高鶴拳與名，名垂青史，而使後之視今，猶今之視昔耳。

福州白鶴拳之飛鶴拳系統方世培祖師拳藝傳子方永華，再傳孫方紹峰阿峨師、方紹翥阿鳳師、方傳區阿區師、方傳模阿妞師與張常球等人；因方家與張家彼此有姻親關係，稟承方永華之命，方紹峰、方紹翥與張常球契為金蘭之交，親蒙方永華指導拳術身法與闡釋拳訣精義，經年累月，操練有成。

張常球在福州時，目睹清廷內政不綱，外國強權入侵，變亂迭起，毅然參加革命組織，於1910年（清宣統2年／日本明治43年）避難來台暫住台北，福州同鄉知其白鶴拳藝精湛，極力邀請傳授拳法，因在兄弟排行第二，即以「二哥師」（閩南話）尊稱，言其拳法為福州白鶴拳中「飛、鳴、宿、食」四種鶴拳之「飛鶴」，日後有同鄉徒弟林國重（仲）自行開館授徒，故武術界稱其為「小二哥」或「小二師」，張常球慮及離鄉背井，渡海來台，謀生不易，寬大為懷，未予深究。

1915年（民國4年／日本大正4年）定居台中，曾應當時霧峰望族林獻堂⓬之聘為護院，得以結識台中廳長枝德二（日本人）⓭，在「武德殿」與其隨扈比試柔道，連戰皆捷，乃賜「武德堂」館名，准許公開傳授白鶴拳法，又將閩南話「二哥」用諧音改稱「二高」，蓋媲美台灣最高山峰之新高山（玉山海拔3952公尺）與次高山（雪山海拔3886公尺）⓮，此即後人尊稱「台中二高」之由來，弟子遍及全台，枝繁葉

茂，蔚為一大拳種，因不尚用力，時人稱為「軟拳」，後來台灣諺語流傳：「猴拳是紡車輪，白鶴拳若麻薯。」（閩南話）

民國肇建後，內地戰亂頻仍，常有因政治立場不同，而為當權派所迫害者，是時張常球故鄉福州的親戚家屬中，亦有親人被通緝追捕，十萬火急求助於張常球，張常球迅即束裝返回福州救援，安排漁船藏匿其姊夫偷渡，避禍台島，歷經「國難」與「家變」後，自此張常球掛慮故鄉眷屬安危，長期鬱結，眠食失調，憂慮成疾，不幸於1929年（民國18年、日本昭和4年）五十歲壯年辭世。

張常球所傳拳藝除哲嗣張伊蝶（鶴颷）外，教傳眾多弟子以台中中部地區為主，並遍及全台各地，有賴田、賴芳帽、賴阿標、陳春成、林火旺……等眾多人士，而其中十位拳藝最為精湛者，譽稱為「十隻指頭」（閩南話）。其教傳手抄拳譜有《白鶴拳書寶鑑》、《白鶴拳要》、《白鶴拳密笈》等，及《白蓮寺傳授方》、《跌打傷科藥方集》藥書多冊（詳本書《福建白鶴拳傳承簡述》之「張常球傳承系統」，第40頁至第45頁；及本書《台灣白鶴拳譜溯源增補記》之「諸家版本」，第129頁至第132頁），諸弟子中，僅陳春成曾跟隨張常球回福清總館深造二次，故於方世培祖師一脈傳承瞭如指掌。

張常球之白鶴拳藝及傷科接骨，薪火相傳，桃李滿門，以「武德堂」為名，在各地開館授徒或執業傷科者甚多，故有冠以人名者，如「武德堂林元龍國術館」；亦有冠以地名者，如陳春成之「大肚武德堂」，暨蔡秀春之「永順武德堂國術館」（本籍為台中縣大肚鄉永順村人），用來方便區別承傳者為某位老師，並非以此自成一派或一系。

二、方紹翥「阿鳳師」

方紹翥號「阿鳳師」，命名與別號寓意甚深，蓋源自「鸞翔鳳翥」一詞，「鸞、鳳」古稱祥禽瑞鳥，而「翔、翥」意即飛行，均為動詞，乃方世培宗師一脈血親嫡孫之飛鶴拳代表人物。

1915年（民國4年／日本大正4年）張常球定居台中，邀請金蘭之

兄阿鳳師方紹翥來台遊歷（阿峨師方紹峰已於1909年逝世）。

　　1922年（民國11年／日本大正11年），第二度來台遊歷，張常球之弟子陳春成曾陪同拜訪中南部仕紳，暨各地鶴拳人士，其遊跡遠至北部新竹地區。並經張常球之推介，應南部新營、鹽水地區，李棟樑❶、沈伯、林色、周意、邱清涼（兄）、邱太鐘（弟）等五姓家族禮聘，傳授白鶴拳法，言其所傳白鶴拳屬於「飛、鳴、宿、食」四種鶴拳之「飛鶴」與「宿鶴」；「宿鶴」又稱「宗鶴」，「宗、縱、駿」乃福州方言之諧音，意即「彈、抖、震、顫」，以輕清柔實為體，駿身抖勁為用；緣是釐清「飛鶴、鳴鶴、宿鶴、食鶴」為象形仿生拳術之名稱，而「宗鶴」及「駿身」乃抖彈發勁功法之名稱，亦即現代化名詞「爆發力」，此瞬間迸發之極大力量，為速度與力量的統一❶，詳見拳譜〈論駿身法〉篇。是以阿鳳師方紹翥稱所教傳者為「駿身鶴法」，而今福清方家稱之為「宗鶴拳」（詳本書《方世培祖師拳法特色》之「駿身拳訣、鶴拳宗力、象形仿生」，第198頁至第199頁）。唯林國仲未獲得傳承〈論駿身法〉篇拳譜，故以福州方言「縱」字諧音，以字表音為「縱鶴」，自稱「縱鶴拳」。

　　阿鳳師方紹翥於新營、鹽水地區，傳授白鶴拳法時，某日師徒歡聚飲茶，其樂融融，談天說地，講解拳訣，忽有人問道：「此刻師父坐椅子上，一手拿茶杯品茗時，突然有人出拳攻擊，如何應變？」阿鳳師笑應：「你就出手試試！」當徒弟出拳攻擊，阿鳳師單手一搭，瞬間被彈飛，在場目擊者皆瞠目結舌，蓋阿鳳師坐椅子上不動，無法借地根力發勁，而另一手拿茶杯之茶水，並未溢出茶杯外，親眼目睹，方始知悉「駿身」之抖勁妙用，利害無比。其教傳拳譜有《鶴拳拳詩》及傷科驗方藥書等手抄本❶。

　　阿鳳師返回福州後，李棟樑等五姓家族再次集資，並得新營林德修之助；由李棟樑代表前往福清總館，追隨阿鳳師學藝，故於方世培祖師一脈傳承知之甚詳。李棟樑深造有成，返台後，再將「駿身鶴法」指導同門沈伯、林色、周意、邱清涼（兄）、邱太鐘（弟）等人❶。

　　阿鳳師在台期間，除傳授李棟樑等五姓門生外，另在台南將鶴法傳於福州同鄉林細悌❶，唯至今流傳童金龍重金禮聘至高雄大樹鄉九曲堂私人邸院，隱密傳授，若尚有其他地區之傳人，則不得而知。

三、林德順「蕊師」

　　食鶴拳係象形仿生飛禽之拳法，因其用指似鳥喙啄食之狀，故名「食鶴」。源自永春鄭禮一系，至七代蔡忠，蔡忠傳胞侄蔡公頌，蔡公頌傳福州林德順。

　　林德順別號「蕊師」，原為木匠，來台後謀事於嘉義南靖糖廠，1927年（民國16年／日本昭和2年）台南柳營富紳劉故以重金禮聘為私人家教，師徒朝夕相處五年，盡得「蕊師」食鶴之真傳。爾後「蕊師」再往麻豆佳里等地傳藝，越數年又返劉家指導。

　　當時日本政府禁止台灣人學習傳統武術，「蕊師」因武術高超，受人嫉妒煽動造謠，日方疑為間諜，遂以槍械威脅，並注射麻醉針劑，將其送返大陸，因藥力過猛，不幸逝於船上。

　　林德順所傳食鶴拳之技藝，經劉故傳子劉銀山、劉崇山、劉泰山，再傳孫劉金龍、劉長益、劉丞家等及眾多門生，祖孫三代保留弘揚，南北各地廣傳食鶴拳，數十年來，開枝散葉，已成獨門之學❷。

四、林國仲「虎尾義高」

　　1910年（清宣統2年／日本明治43年）日本佔據台灣時期，林國仲於台北建成町拜張常球為師學白鶴拳。

　　1913年（民國2年／日本大正2年）南下斗六地區，以二哥名稱設館授徒，故武術界依台灣民俗晚輩稱呼，名為「小二哥」或「小二師」。

　　1914年（民國3年／日本大正3年），林國仲因某事故得罪當地日本人，百般刁難，生活困頓；當張常球獲悉此消息時，猶念念不忘師生及同鄉之情誼，而動用與日本人熟稔關係，雖該日本人雖不再追究，但林國仲亦難以立足於當地。不得已束裝返鄉，後來自稱再從方永華之堂

弟——方永蒼繼續學拳。（福建省福州市福清市宗鶴拳協會公開聲明：「方家根本沒有方永蒼這人，有族譜為證。」）

1922年（民國11年／日本大正11年）林國仲再度來台下榻雲林虎尾，是年方紹翥阿鳳師在南部新營、鹽水地區授徒時，曾應雲林名流黃朝深邀請，前往作客，林國仲因同門晚輩身份，故得以隨侍在側❷。諸多門生中，有人言當年「小二哥」或「小二師」之名號不雅，以「二」及「義」為閩南話諧音，改稱「義高」，冠以地名，則稱「虎尾義高」，蓋有別於師父張常球之名號「台中二高」。

1934年（民國23年／日本大正23年）因授徒眾多，以是引發日本警察監視，慮及生命安危，為避免意外事件發生，幸得其師張常球之助，返回福州。

1945年（民國34年／日本昭和20年）9月第二次世界大戰結束，10月25日台灣光復。

1946年（民國35年）林國仲短暫來台，已無日本警察監視，得以探訪門生故舊。

1947年（民國36年）林國仲舉家遷台，定居雲林虎尾，因師父張常球業於1929年（民國18年／日本昭和4年）辭世，乃襲用師父張常球「二高」名號，復館授徒，故「虎尾義高」與「虎尾二高」名號並稱，令人難以分辨。從此以後，僅稱師事方永蒼❷，不再言及師父張常球教傳白鶴拳往事。自立門派，稱教傳者為「縱鶴拳」❷。

1968年（民國57年）林國仲與世長辭。

1971年（民國60年）銅像立座，匾額題「縱鶴始祖」，逐稱名號為「虎尾二高」，不再使用「虎尾義高」名號❷。

1972年（民國61年）門人成立「二高縱鶴拳委員會」，隸屬雲林縣國術會。

1975年（民國64年）哲嗣林英明成立「中華民國國術會二高縱鶴拳委員會」。

1984年（民國73年）二高縱鶴拳委員會編印《縱鶴拳源流拳論稿

案》，內載「拳論」（拳譜）13篇（詳本書〈福建白鶴拳傳承簡述〉之「縱鶴拳論」，第74頁至第77頁）。

2002年（民國91年）因應政府社團改制，更名為「中華縱鶴拳協會」。

⋯⋯⋯⋯⋯⋯⋯⋯⋯⋯⋯

謹案：縱鶴拳以張常球之「二高」名號成立委員會時，台中二高系統門下有位後代傳人，得知此事，向二高哲嗣張伊蝶提出建議：「雲林虎尾以『二高』名義，成立二高縱鶴拳委員會，是否應予勸阻？」唯張伊蝶聲稱：「台灣武術界中，無人不知先父才是真正的『二高』。」

1978年（民國67年）9月，張常球哲嗣張伊蝶著《白鶴拳派淵源及台灣始創者史略》記述：

宣統辛亥年前（1910年／宣統2年），二哥來台，寄居台北建成町（現建成區）同鄉開設之建成美皮行。⋯⋯張二哥白鶴拳設館招徒，⋯⋯其時鄉人踴躍參加，當時林國重（仲）住台北城內豆腐店，得鄉人消息後，隨來參加授練鶴拳之術。⋯⋯（1913年）忽接方家訃訊，始悉世培老師逝世（原文有誤，應是師門長者或家鄉長輩去世，因方世培祖師卒於1886年／清光緒丙戌12年），常球悲痛之餘，泣不成聲，速籌資回閩奔喪。⋯⋯回台後，國重（仲）已南下斗六方面，以二哥名稱設館授徒。

張伊蝶將林國仲跟隨張常球學白鶴拳之事實，以文字公開於世，而中華縱鶴拳掌門林英明從未提出任何異議。

⋯⋯⋯⋯⋯⋯⋯⋯⋯⋯⋯

林國仲之門生及哲嗣林英明等，昧於史實，竟稱「台中二高」張常球為「台中義高」❷❺，豈不謬哉！或縱鶴拳門生以為用「二高」名號以教拳；自有別於張常球之中部地區傳人，用「武德堂」館名以授徒；亦可謂「一脈相傳」，源於首位來台張常球者也。

今正本清流，略述始末因緣如是，後來學者，有關張常球之「台中二高」或「台中義高」，與其徒弟林國仲之「虎尾義高」或「虎尾二

高」，於此四種名號，言人人殊之說詞，據台灣白鶴拳教傳史實，第一代張常球名號為「台中二高」，第二代林國仲名號乃「虎尾義高」，應無復混淆不清之情事。

參、結　語

目前台灣流傳的鶴拳，有飛鶴、食鶴、縱鶴、長肢鶴、短肢鶴、獨腳鶴、太祖鶴、……等等，不勝枚舉。本文係以福州白鶴拳之方世培祖師系統傳人在台灣教傳者為主題撰述，而福州白鶴拳源自永春白鶴拳，枝繁葉茂，實難一一詳述（詳本書《福建白鶴拳傳承簡述》之「台灣鶴拳傳承系統」，第40頁至第78頁）。

明末清初1662年，國姓爺鄭成功帶領軍隊攻下台南「熱蘭遮城」（即今安平古堡），擊敗佔領台灣的荷蘭人，將之驅逐出境，建立台灣史上第一個漢人政權後，福建與廣東民眾，方始大量渡海來台開墾，當時鄭成功施行「寓兵於農」政策，民眾平時操練拳術，靈活身軀，強健體魄；農暇長短兵器，捉對廝殺，排列操練；演進到神明節慶日，廟宇廣場出現「宋江陣」，先是單人表演，徒手拳術，器械套路，再者列隊演練，長槍短刀，進退有節。如同現今之單兵教練與班教練，遇有戰事，集合民眾，稍加訓導，即成排教練與連教練，穿著軍服，開赴戰事前線，保疆衛國。

日本據台政府有鑑於此，嚴禁民眾學習傳統武術，以其操練兵器，殺傷力大，易於聚眾滋事，危及統治權力。是時在台的政府機關及軍警、學校等單位，普遍設立「武德殿」，大力推展柔道與劍道、弓道，成為台灣知識份子的體育活動。相形之下，原有武術變為基層民眾操練用來健身防身，及與逢年過節在廟會活動時，出陣頭舞獅舞龍，由於無組織計劃的推廣而逐漸式微。當時有些人幼年在家時，從長輩鄉親習拳，長大外出求學就業，改練柔道與劍道，傳統武術遂而沒落，乏人問津。

　　台灣白鶴拳之飛鶴拳系統，始自張常球（二哥）1910年（清宣統2年／日本明治43年）來台，在台北及台中地區授徒；1915年（民國4年／日本大正4年）台中廳長枝德二（日本人），目睹張常球白鶴拳技藝高超，將「二哥」改稱「二高」，並賜「武德堂」館名，准許公開教拳。肇因張常球僅只傳授徒手白鶴拳，並未教槍、棍、劍、刀等兵器，日本政府認為不具有威脅性，特許以「武德堂」館名教拳；實則為一種懷柔政策，用來收買人心；亦因此故，白鶴拳才得以廣泛流傳全台各地，當是日本政府始料未及之處。

　　繼而1913年（民國2年／日本大正2年）林國仲於雲林虎尾，以「二哥」名義，設館授徒，故時人以「小二哥」或「小二師」稱之。

　　再次，1922年（民國11年／日本大正11年）方紹翥阿鳳師來台，至南部新營、鹽水地區及台南、高雄等地教傳白鶴拳。

　　迄今已110年（1910年～2019年），歷經數代，傳人眾多，諸人天生稟賦不一，於白鶴拳法演練，有剛柔並濟者，走閃靈活；有柔若無力者，神氣流暢；有剛健為尚者，結構嚴謹；令人眼花撩亂，莫衷一是，眾人說白道綠，比比皆是；若宏觀視之，理法透徹，推陳出新，則見「同中有異、異中有同」可矣！所謂「路線不同，宗旨無異」是也。

　　今本文僅就歷史典故及文獻資料，以先後時序敘述「台灣白鶴拳」史略，期盼後來學者，所以探本窮源也。再者，台灣白鶴拳「理法」依據福州白鶴拳之《白鶴拳書寶鑑》、《白鶴拳要》、《白鶴拳密笈》、《鶴拳拳詩》、《縱鶴拳論》等五冊，與蘇贏漢、蘇君毅校注永春白鶴拳之《古典白鶴拳譜》，以及李剛著《鶴拳述真》，對照拳訣，比較其分合異同後，另撰《台灣白鶴拳譜溯源增補記》乙文（本書第128頁至第146頁），蓋「福州白鶴拳譜」乃就「永春白鶴拳譜」，加以變動演繹增添而成，復經台灣白鶴拳前輩增補多篇，期盼後來學者，明瞭來龍去脈，方便探索研究。

肆、附　錄

一、方世培殪牛軼事出處

（一）林琴南輯《技擊餘聞》

1908 年（光緒 34 年）上海商務印書館初版發行。台北逸文武術文化有限公司，2010 年 7 月影印版發行。

林琴南（咸豐 2 年～民國 13 年／1852 年～1924 年），名紓，福建福州閩侯南台人，清光緒 8 年（1882 年）舉人，近代古文家、翻譯家。輯《技擊餘聞》一書，所撰〈方先生〉故事，源自兩人曾比鄰而居，且與方世培侄子竹銘（秀才，方世培大哥方世書之長子方永祥）為好友，目睹其武藝，聽聞其軼事，筆記成文。1947 年（民國 36 年）後，台灣武術界所稱「縱鶴」兩字，出於此篇。

（二）徐珂編撰《清稗類鈔》

1916 年（民國 5 年）12 月完稿，1917 年（民國 6 年）上海商務印書館出版。1984 年 12 月北京中華書局重印，2003 年 8 月第 1 版第 3 次印刷。

徐珂（同治 8 年～民國 17 年／1869 年～1928 年），名昌，浙江杭縣人，清光緒 15 年（1889 年）舉人。1901 年（光緒 27 年）到上海，後任商務印書館編輯。長於文筆，諳官方文書，喜收集郵報，編有《清稗類鈔》，其中〈技勇類・方世培殪牛〉篇，乃節錄《技擊餘聞》之〈方先生〉篇。

方世培祖師之盛名，實因《技擊餘聞》與《清稗類鈔》二書，其編輯者兩人皆為清末舉人，於官場與文壇具有相當地位，經此傳播，而為閩中人士熟稔；復傳揚於近代，而為武術界名人之一。

二、林琴南何時跟方世培學拳

林琴南在《技擊餘聞》一書中寫了篇〈方先生〉，我們知道的方世

培事蹟，大多是從這篇而來，「縱鶴」這兩字也出於這篇。網路資料有記載林紓曾跟方世培學武，但並未提到學武時間及資料出處。林琴南也未在文中交待他與方世培學拳的時間。林紓何時跟方世培學拳呢？

方世培（1834年～1886年），字徽石，福建福清鏡洋鎮西邊村茶山自然村人。享年53歲（虛歲），實歲52。

林琴南（1852年～1924年），名紓，福建福州閩侯南台人，享年73歲。方世培逝世時，林琴南35歲（1886年）。

根據《林紓年譜長編》（張旭、車樹昇編著，福建教育出版社，2014年9月），林紓自出生至35歲的居住地，節錄如下：

1852年（清咸豐2年）1歲
　　9月27日生於福州城內光祿坊玉尺山房，名紓，字琴南，在此度過童年。

1856年（清咸豐6年）5歲
　　父經商失敗赴台灣，住龍山港外祖父家。

1860年（清咸豐10年）9歲
　　移居閩縣城南二里的橫山（獨山）。頭幾年家境貧困，一天只吃兩餐。

1864年（清同治3年）13歲
　　從朱韋如先生習制舉文，讀書於台山書院（位於福州南台島）。

1867年（清同治6年）16歲
　　首次赴台探父，居住在淡水。

1870年（清同治9年）19歲
　　父亡回閩，居住橫山。

1872年（清同治11年）21歲
　　開始教蒙童識字養家糊口，教了二十六年。（21歲至30歲幾年間，是他一生最坎坷顛頓的歲月。）

1874年（清同治13年）23歲

沒錢讀書，輟學座館，以謀生計。

1878年（清光緒4年）27歲

　　弟秉耀病死於台灣滬尾（今淡水港），二度來台。

1879年（清光緒5年）28歲

　　考上秀才。

1882年（清光緒8年）31歲

　　中舉。由橫山搬至福州城裡的瓊河（今鐘鼓區），再搬到福州南門
　　外江南橋畔的蒼霞洲（今倉山區），建五開間的房屋。（是年方世
　　培48歲）

1883年（清光緒9年）32歲

　　首次入京參加進士考試，落第而歸。

1885年（清光緒11年）34歲

　　為堂弟秉華娶婦及找叔父問事，三度來台。

1886年（清光緒12年）35歲

　　二度上京赴試，未考上進士。（是年方世培逝世）

⋯⋯⋯⋯⋯⋯⋯⋯⋯⋯⋯⋯⋯⋯⋯⋯⋯⋯⋯⋯⋯⋯⋯⋯⋯⋯⋯⋯

1908年（清光緒34年）57歲

　　筆記體作品《技擊餘聞》，初版上海商務印書館發行，「縱鶴」兩
　　字出自〈方先生〉篇。

1917年（民國6年）66歲

　　徐珂編撰《清稗類鈔》，上海商務印書館出版，其〈方世培殖牛〉
　　篇，節自《技擊餘聞》之〈方先生〉篇。

⋯⋯⋯⋯⋯⋯⋯⋯⋯⋯⋯⋯⋯⋯⋯⋯⋯⋯⋯⋯⋯⋯⋯⋯⋯⋯⋯⋯

1924年（民國13年）73歲

　　晚年以譯書、賣文、賣畫為生，10月9日病逝於北京。

　　再者，網路資料【文壇中的武林】林紓：中國第一位「武俠小說」
作家：方世培曾寓居福州市道山巷旁的望潮樓，與林琴南近鄰並結為至

交。年輕的林琴南便跟他練拳練劍，進步神速。方世培還教他舞鐗和盾。林琴南學了一段時間後，覺得練武用去的時間太多，會荒廢學業，加之他身體瘦弱，終覺力不從心，不到一年便輟學而未致精湛。

解析如下：

福州市道山巷位於今福州鐘鼓區，林紓除了31歲短暫住過福州城裡的瓊河，一直住在福州城外南邊。清朝鄉試時間在陰曆八月份的初九、十二、十五三天，這一科九月十四日放榜。兩人或許因林紓與方世培的侄子方竹銘（秀才）為好友而認識。《技擊餘聞》寫林與方夏天時，在道山三清殿談論風景時間點，應只有兩個可能：

其一，林琴南31歲（清光緒8年／1882年）這一年要入場考舉人，考試前兩三個月，還得教書，他會花多少時間學武？就算林紓年底才搬家，中舉後兩人為鄰交往，就是短短兩個半月而已。

其二，翌年（清光緒9年／1883年）林琴南考進士沒上，返福州兩人再見面。〈方先生〉乙文最後一段開頭寫道：「先生平居雅重余。」自然不會是雅重林的武功。此時林紓已是舉人，有其社會地位，不再是昔日的窮書生。方世培本人為武秀才（有說方為武舉人，並非事實，墓碑刻武庠生），方林兩人都有平起平坐身分。

另據林紓朋友兼門生胡孟璽在《林琴南軼事》寫道：「先生早歲在鄉，日必習武一小時。」《林紓年譜長編》寫：「林琴南自幼嫻習拳擊劍術。」林琴南的詩也寫自己「少年里社目狂生，被酒時時帶劍行。」（少年時酒喝多了，就帶著武器出門。謹按：當時西方教育制度，清政府尚未採納興學，並無今之田徑球類體育活動。男子為健身與防衛，每多學武練拳，此為當時社會習俗。）交往期間，林琴南若向方世培請教武藝倒也在情理中。

網路文章寫林琴南跟方世培練拳練劍習鐗和盾一事，查不到出處。應該是作者從〈方先生〉這篇文中「先生贈余長劍」及「教子弟舞青銅鐗及鐵盾」兩句揉合而成，想像出林跟方學武。

林琴南是功名心重的人，由他七次赴京考進士，直到清末廢科舉不

得不死心可知。1882年中舉後，兩人為鄰時間實在很短，他中舉後要準備入京會試，還要忙蓋屋搬家。翌年（1883年）一月下旬林紓赴京考進士沒上，這是方世培死前三年的事。

〈方先生〉文中寫「終隱於茶山而卒」，雖不確定方何時回到茶山，但林紓搬去江南橋畔後，兩人見面機會必然很少了。〈方先生〉這篇文章，林紓完全沒寫他向方世培學藝，他只是從旁觀看方之武藝。若說林琴南寫了這篇方先生，可因而推論他向方世培學過武藝。《技擊餘聞》凡四十七篇，除〈方先生〉外，〈葉三伯爺〉，〈橫山二老〉諸篇主角人物，都與林紓有所交情，相互來往。林紓書中並沒交代何時和這些人學藝，難道同理可推論他跟這些人都學過武？

萬籟聲寫《武術匯宗》，提到他的師傅尊稱「吾師」或「老師」；形意李仲軒口述傳承武學師傅，尊稱唐維祿為「唐師」、尚雲祥為「尚師」；鄭曼青自述師承言必稱「師」。林琴南如真的跟方世培學過，不會稱他為「先生」，那樣違背師道倫常。林琴南與方竹銘皆為秀才成好友，進而認識其長輩方世培，故林以「先生」尊稱之。

方世培曾贈送一把長劍給林琴南，林琴南「曾鐫銘藏之家」。林紓雖然好武，但卻教導兒子尚文輕武。他經常叮囑兒子保重自己身體，做好學問，不要做跑跑跳跳的體操練習。或許這是他對體育活動的結論吧！

（本節之文為謝宗憲2019年7月27日定稿之作）

三、《技擊餘聞》之〈方先生〉篇

林琴南輯《技擊餘聞》乙書，內收短篇小說46篇，大都是閩中拳師軼聞，上海商務印書館，1908年（光緒34年）初版發行；台北逸文武術文化有限公司，2010年7月影印版，頁45～48，本書第36篇〈方先生〉摘錄如下：

方先生世培，福清之茶山人，練拳技二十年，法曰縱鶴，運氣周其身，又聚周身之氣，透雙拳而出，出時作吼聲，久久則並聲而無之，但

聞鼻息出入。手分金木火水土，唯水手出時，中者如中惡，而身已飛越尋丈之外。

陳山人俶玉，一日在道山望潮樓，求先生試藝。先生曰：「山人體幹薄劣，觸吾拳當飛至丈餘。」山人弗之信，果中先生拳，如飛鳥騰逝，墜地幸無苦。

郭聯元者，閩中一時傑出者也。訪先生於道山，二君以手相格，樓柱皆戰，震震作聲欲傾。郭曰：「止矣。足下運氣如仙人，吾不能得其罅隙而入，更持至炊許者，吾當敗。」於是相約為兄弟。

貫市李某，以事客閩中，亦寓道山山樓，能運單劍，雲合鳥逝，先生亟賞其技。李不審先生之能，乃侈言曰：「余走遍天下，匪特劍術，即拳勇亦無出吾右。」先生徐起言曰：「客負絕技如此，能否與秀才一試？」客曰：「此寧弗可者。」則去其外衣，短衣附體，胸前密鈕三十許，起喉際至於臍下，此朔方勇士衣也。先生仍常服，一合，而李某已中先生水手，騰擲丈餘，匍匐不即起，則疾走入室，余以為取劍也，目先生趣備之，先生笑而不答。尋見李某已負襆帶劍，疾走下山而去。

時山下多居博徒，徒中少年聞先生能，則咸欲求試。夏中先生單衣草履，立三清殿廊，與余語，余徘徊殿下，與先生論綿亭山景物，忽惡少五、六人，直撲先生背。先生斗運氣，而五人已仆於殿上，其一則倒跌而下，首幾觸鐵鑊死。余大震，不審所自來。先生遂笑遣此六少年者去。

先生高足徧閩中，而最知名者為王陵。陵以拳砥柱，柱皆動，有所謂大身化小身法，中人無不敗。陵以此法與拳師試，皆莫當。一日，春燕酒酣，竟求與先生較藝。先生陷其樊中，在法當仰跌，先生忽騈三指，置王陵胸，陵肝膈間如沃沸湯，聲息皆渺，如死人。先生曰：「孺子初不自量。」即出小丸藥合水飲之，立蘇。

從子竹銘（方永祥）秀才策，極契余，頗能詩，身法靈捷如猿猱。茶山交春，先生必聚親族於別館。先生恆教子弟舞青銅鐧及鐵盾。最精其技者即竹銘。族老忽言秀才藝幾突過其季父，慫恿先生與竹銘試。竹

銘往來如飛，觀者大譁，以為先生負重名，乃不能勝孺子。先生慍，竟以手按竹銘肩井，竹銘挺立如木偶，解衣視肩井之骨已下陷。先生大悲，以藥治之，三月而癒。自是先生永不與人試技矣。

茶山多落花生，居人恆以此為產，而牛來食之。先生出戶驅牛，牛弗行，鞭之亦弗動。先生忽以拳抵牛，牛大奔至嶺上死，問之則伯氏之牛也。剖牛腹，肝長可二尺許，或肝臟為拳所中死耳。先生名以死牛後乃益噪。

先生平居雅重余，恆自謂欲從軍塞外，顧以不得人而事，終隱於茶山而卒。卒時年五十四。先生所贈余長劍，曾鑴銘藏之家。

四、《清稗類鈔》之〈方世培殪牛〉篇

徐珂編撰《清稗類鈔》，上海商務印書館，1917年（民國6年）出版；北京中華書局，1984年12月重印，2003年8月第1版第3次印刷，第6冊，頁3008，〈方世培殪牛〉篇摘錄如下：

方世培，福清茶山人也。練拳技二十年，法曰縱鶴，運氣周其身，又聚周身之氣透雙拳而出，出時作吼聲，久久，則並聲而無之，但聞鼻息出入而已。手分金木火水土以禦人，惟水出時，被中者如中惡，而世培之身則已飛越尋丈外，幾不可見矣。

世培之徒徧閩中，其最知名者為王陵。陵嘗以掌抵柱，柱皆為之撼動，有所謂大身化小身法者，中人無不敗。陵恆以此法與拳師試，皆莫當。一日，求與世培較藝，世培陷其樊中，在法當仰趺，世培忽駢三指置陵胸，陵肝膈間如沃沸湯，聲息皆渺，如死人，世培笑曰：「孺子初不自量。」即出小丸藥合水使飲之，立蘇。

茶山多落花生，居人恆種之，以為產，徧畦隴常有牛來食之。世培出戶驅牛，牛弗行，鞭之亦弗動，乃以拳抵牛，牛疾奔至嶺上死。俄而究牛之所由來，則伯氏之牛也。剖牛腹，則肝長可二尺許，是殆肝臟為拳所傷耳。自是，世培以死牛故，名乃益噪。

五、軼事解析

（一）〈方世培殪牛〉篇：「惟水出時，被中者如中惡，而『世培之』身則已飛越尋丈外，幾不可見矣。」應刪「世培之」三字，蓋被中者之身飛越尋丈外，而非「世培之」身則已飛越尋丈外。

（二）1908年林琴南輯《技擊餘聞》之〈方先生〉篇，暨1917年徐珂編撰《清稗類鈔》之〈方世培殪牛〉篇，均稱：「法曰縱鶴，運氣週其身。」縱鶴為一種功法，即拳譜之〈論駿身法〉，非拳名為縱鶴拳。

（三）林國仲1922年第二度來台，1934年被日本軍警機關遣返大陸。1946年台灣已光復，第三度來台，因方世培祖師軼事，經《技擊餘聞》與《清稗類鈔》二書之傳播，而廣為閩中各界人士熟捻，故林國仲據以稱所教傳為「縱鶴拳」。

本文初稿係2015年7月19日完成，收錄於《白鶴展翅天下永春》——第十四屆亞洲藝術節世界（永春）白鶴拳大會論文集（頁319～332，廈門市鷺江出版社，2015年10月），並於11月7日在永春舉辦世界白鶴拳大會中發表。

嗣於2016年10月27日至30日參加福州市第四屆「海青節」暨第七屆「海峽兩岸（福清）宗鶴拳武術文化節」，尋訪方世培祖師福清故居，並祭拜方世培祖師暨方永華、方紹峰、方紹喬歷代長輩之墓，獲悉正確生卒年代，故流傳於台灣之張常球、方紹喬、林國仲教傳白鶴拳諸事跡，得以一一釐清，乃為之修訂，使後來學者明瞭真相，不致以訛傳訛。

本篇附錄〈林琴南何時跟方世培學拳〉乙文，為謝宗憲別具慧眼之作，詳述林琴南自出生至35歲的居住地，釐清是否跟方世培學拳，辨明網路傳言之謬誤；再者，「縱鶴」兩字出處，始於1908年（清光緒34年）《技擊餘聞》，復見於1917年（民國6

年）《清稗類鈔》，本文條理清晰，洞見癥結，商得同意刊出，以饗讀者，併記之。

2019年8月6日於武德學堂　賴仲奎謹識

【注釋】

❶ 見劉故、蘇昱彰合著《白鶴門食鶴拳》頁10，台北：華聯出版社，1971年5月。及劉銀山著《食鶴拳秘笈》頁2，台北：金蘭出版社，1976年。劉銀山著《白鶴門食鶴拳》頁19，台南：成大書局，1986年。

❷ 張伊蝶（鶴颺）為張常球之哲嗣。

❸ 張伊蝶，《白鶴拳派淵源及台灣始創者史略》頁1～2，台中：張二高白鶴拳聯誼會，1978年9月。

❹ 詳《福建白鶴拳傳承簡述》三、永春後期之「（二）鄭寵」。（本書第33頁）

❺ 即《永春白鶴拳譜》，詳《台灣白鶴拳譜溯源增補記》之「諸家版本」。（本書第129頁至第132頁）

❻ 同上。

❼ 節自林琴南輯《技擊餘聞》頁45～48，台北：逸文武術文化有限公司，2010年7月。原書1908年（光緒34年）上海商務印書館初版發行。另見徐珂編撰《清稗類鈔》，1916年12月完稿，1917年（民國6年）上海商務印書館出版。

❽ 張伊蝶，《白鶴拳派淵源及台灣始創者史略》頁2～3。

❾ 張常球生於1880年（清光緒6年），兄弟排行第二，故稱「二哥」；而「二高」之名號始於1915年（民國4年、日本大正4年）。因「二高」與「二哥」閩音近似，故此處「二高」改成原本「二哥」之稱，以免誤為在福州，即被稱呼「二高」，令人混淆不清。

❿ 台中廳藍興保大墩三腳街租屋。

⑪ 1914年（民國3年、日本大正3年）前，武術界稱張常球為「二哥」或「二哥師」，故徒弟林國重（仲）自行開館時，稱其為「小二哥」或「小二師」。自1915年（民國4年、日本大正4年）後，日本人及武術界尊稱張常球為「二高」或「二高師」。

⑫ 林獻堂出生於望族霧峰林家，是前清時代台灣中部最顯赫的豪門望族。1881年（清光緒7年，明治14年）10月22日誕生於阿罩霧（今台中市霧峰區），為霧峰林家頂厝支系中五位堂兄弟的老三，因此被稱「阿罩霧三少爺」。父親林文欽是清末秀才，7歲時，於自家開設的家塾「蓉鏡齋」接受漢學教育。1899年（清光緒25年，明治32年），專心於外銷樟腦事業的父親林文欽，不幸於46歲壯年病逝香港。林獻堂於19歲時接掌家族事業（製糖及製樟腦），之後台灣總督府為拉攏這位新生代的領袖人物，22歲時（1902年，清光緒28年，明治35年），委任他擔任東勢參事、區長，翌年辭職，但仍拗不過日本當局的「好意」，乃勉以受命。並於25歲時，1905年（清光緒31年，明治38年）授予紳章，同年出任台灣製麻株式會社取締役（即今「董事」之職位）。

⑬ 枝德二生於1863年（清同治2年，日本文久3年）日本廣島縣福山町人。1909年（明治42年），奉令渡臺當首任台中廳長，管轄今臺中市部分區域（不包括和平區）與彰化縣。

⑭ 日本富士山海拔3776公尺，是日本國內的最高山峰。日本佔據台灣時，重新土地測量，得知玉山海拔3952公尺，比富士山海拔3776公尺更高，以是日本政府改稱為「新高山」；而台灣第二高峰之雪山海拔3886公尺，亦高於富士山，僅次於新高山，故命名為「次高山」。將新高山（玉山）、次高山（雪山）與能高山（海拔3262公尺）等三座高山，並稱「台灣三高」。

⑮ 李棟樑為台灣棒球國手李居明之祖父。

⑯ 見《力與美》第90期，李剛〈王薌齋意拳與福建鶴拳〉，頁68，台北：力與美雜誌社，1997年10月。

⑰ 阿鳳師方紹羨傳邱太鐘，再傳弟子陳啟詮口述。

⑱ 同注17。

⑲ 見《力與美》第11期，邱定一〈鶴拳名師七十二歲陳明崙憑戰績揚名東瀛〉，頁20，台北：力與美雜誌社，1991年3月。

⑳ 詳注1及《當代武壇》第70期，漁夫〈食鶴拳藝祕笈〉，頁49，香港：武俠春秋出版社，1976年11月。

㉑ 台灣猴鶴雙形拳第二代宗師陳明崙老師口述：其先祖為雲林望族，富甲一方，日本據台設立虎尾糖廠徵收之用地，即為其家族所有土地。黃朝深宴請阿鳳師時，其族叔亦應邀作陪，故當日之情事，親眼目睹，知之甚詳，於阿鳳師鶴拳功夫，讚不絕口，此軼事常語諸親友晚輩。

㉒ 見《力與美》第4期，縱鶴門提供〈二高縱鶴拳師門傳承考〉，頁108，台北：力與美雜誌社，1990年8月。

㉓ 參閱林英明著《縱鶴拳法》頁34～43，台北：商流文化事業有限公司，2007年6月。

㉔ 見《當代武壇》第20期，頁3，香港：武俠春秋出版社，1973年8月。

㉕ 見《力與美》第30期，吳周昇〈虎尾二高縱鶴拳「鐵漢」林朝火〉，頁10，台北：力與美雜誌社，1992年10月。

第三篇　日本治台時期
方世培系統傳人來台行誼略表

壹、說　明

一、本表依時序按公元年代、歲次干支及中國年代排列，在日本佔據治理台灣時期，並附日本年代，以便對照，則方世培系統傳人張常球、林國仲、方紹翥等三人，於日治時期先後來台教傳福州「飛鶴拳」、「宿鶴拳」及「駿身鶴法」之行誼，一目了然；主要採用下列書刊及網路有關「台灣白鶴拳傳承歷史」，勾稽比對，詳究「**方世培系統傳人**」來台之傳承真相。如下：

（一）書　籍

1. 劉故、蘇昱彰合著《白鶴門食鶴拳》，台北，華聯出版社，1971年5月；

2. 劉銀山著《食鶴拳秘笈》，台北，金蘭出版社，1976年；

3. 劉銀山著《白鶴門食鶴拳》，台南，成大書局，1986年；

4. 王植倫、黃錚生編著《黃性賢傳》，新加坡，立成印務有限公司，1990年12月；

5. 林英明著《縱鶴拳法》，台北，商流文化事業有限公司，2007年6月；

6. 邱玲玟著《極化武道駿身鶴法》，台北，逸文武術文化有限公司，2018年11月。

（二）刊　物

1. 漁夫著〈福建榮（茶）山天竺寺秘技──縱鶴拳〉，《當代武壇》第20期，香港，武俠春秋出版社出版，1973年8月；

2. 張伊蝶著《張二高常球先生百歲冥誕追懷紀念》，台中，張二高白鶴拳聯誼會，1978年9月；

3. 縱鶴門提供〈二高縱鶴拳師門傳承考〉，《力與美》第4期，台北，力與美雜誌社出版，1990年8月；

4. 吳周昇著〈虎尾二高縱鶴拳「鐵漢」林朝火〉，《力與美》第30期，台北，力與美雜誌社出版，1992年10月。

（三）網頁

1. 中華縱鶴拳協會之「協會沿革」http://www.zonghe.com.tw/?page_id=2567

　　二、本表「**旁徵佐證**」欄，有關引用資料，分別繕打不同字體，以示分別，便予閱讀：

1. 方紹峰簡述繕打「仿宋體」；

2. 黃性賢事跡繕打「標楷體」；

3. 劉故、劉銀山父子著述繕打「**正黑體**」。

　　三、本表「**備註**」欄，引用書籍資料，如下：

1. 林琴南輯《技擊餘聞》之〈方先生〉篇，上海商務印書館，1908年（光緒34年）初版發行；2010年7月，台北，逸文武術文化有限公司重印。

2. 徐珂編撰《清稗類鈔》之〈方世培殭牛〉篇，上海商務印書館，1917年（民國6年）出版；北京中華書局，1984年12月重印，2003年8月第1版第3次印刷。

　　上列二書均稱：「法曰縱鶴，運氣週其身。」所謂「縱鶴」為一種功法名稱，非拳名為縱鶴拳。

3. 胡金煥、孫崇雄、阮寶翔合著福建南拳《鶴拳》，1982年10月，福建人民出版社發行；再於1998年1月印行第2版；內載：「鶴拳流傳至今，已演變為「宗鶴（即宿鶴）、鳴鶴、飛鶴、食鶴（即朝鶴，又名痹鶴）等四種不同的拳種。」證明福州白鶴拳至1998年間，確無「縱鶴」之拳種名稱。

　　四、本表應參閱〈台灣白鶴拳傳承史略〉（本書第79頁至第103頁），及〈台灣白鶴拳譜溯源增補記〉（本書第128頁至第146頁）二篇文章，於福州白鶴拳福清方世培祖師傳承歷史，始末因緣，更能深入了解。

貳、略 表

時序	公元年代 歲次干支	中國年代 日本年代	方世培系統傳人	
			張常球	林國仲
1	1880年 庚辰龍年	清光緒6年	5月5日生，福建閩侯人。年少時從方世培祖師嫡子方永華習白鶴拳，因與方家有姻親關係，故囑與子方紹峰、方紹翥結為金蘭。	
2	1885年 乙酉雞年	清光緒11年		是年出生，福建閩侯人。
3	1895年 乙未羊年	清光緒21年 明治28年		
4	1908年 戊申猴年	清光緒34年 明治41年		

方世培系統傳人 方紹翥	旁徵佐證	備　　註
是年出生，福建福清人。 與張常球同庚。		
		2007年6月，林英明著《縱鶴拳法》稱：「林國仲生于光緒11年（1884年）。」公元年代有誤。
		4月17日清廷與日本簽屬《馬關條約》割讓台灣、澎湖、遼東半島予日本，造成往後五十年（1895年～1945年）的台灣「日治時期」，亦稱「日據時期」。日本佔領台灣後，在思想方面，盡可能的阻止台灣人有故國之思；在武術方面，極力推展日本柔道及劍道，禁止台灣民眾學習原有各種傳統武術，如太祖拳、羅漢拳、金鷹拳等。
		林琴南輯《技擊餘聞》，上海商務印書館初版發行。書內〈方先生〉篇記載方世培軼事。

時序	公元年代歲次干支	中國年代日本年代	方世培系統傳人	
			張常球	林國仲
5	1909年己酉雞年	清宣統元年明治42年		25歲，已來台住台北謀生。
6	1910年庚戌狗年	清宣統2年明治43年	響應革命，參加反清組織，遭清廷追捕，避難來台。住台北建成町設館授拳時，因其在兄弟排行第二，故以「二哥師」尊稱。其拳法為福州白鶴拳中「飛鶴、鳴鶴、宿鶴、食鶴」四種之「飛鶴拳」。	26歲，住台北城內某豆腐店，得知同鄉張常球來台設館，教傳白鶴拳，隨即前往拜師學藝。
7	1912年壬子鼠年	民國元年大正元年	遣徒建崇、細妹、依總三人南下台中，開設飲食店，每日打烊後，自行鍛鍊鶴拳，為鄰居獲悉，繼而有拜訪較量者，均難佔便宜，因此來台同鄉人士，商洽聘請授徒。	
8	1913年癸丑牛年	民國2年大正2年	應台中武魁賴田禮聘，於其府第開館授徒。家鄉長輩去世，回閩奔喪。返台時，其徒林國仲已南下斗六、虎尾，以「二哥」名義設館授徒，因念及同鄉情誼，背井離鄉，謀生不易，故未予深究。	29歲，南下斗六、虎尾，以「二哥」名義設館授徒，因師承「二哥」，故時人以「小二哥」或「小二師」稱之。

方世培系統傳人 方紹翥	旁徵佐證	備　　註
兄方紹峰應病家請求外出診治患者，因當時福清瘟疫流行，不幸染疫，導致家庭群聚感染，父方永華與兄方紹峰等，一門二代，父子母媳，相繼辭世。爾後，方世培一脈之拳藝，兄終弟及，以方紹翥為代表人物。	是年，方紹峰阿峨師逝世，林國仲拜方紹峰為師，勤練二年之經歷，純為虛構故事。	林英明著《縱鶴拳法》稱：「拜阿峨師為師，時年廿五歲（1909年）。……早晚勤練，二年間功夫大進。」另據福清方長玉稱：「林國仲曾跟隨方紹峰阿峨師學拳73日。」（謝宗憲轉述）

時序	公元年代 歲次干支	中國年代 日本年代	方世培系統傳人	
			張常球	林國仲
9	1914年 甲寅虎年	民國3年 大正3年		30歲，因私事得罪日本人，必須離台避禍，得其師張常球之助，返回福州。縱鶴門提供《二高縱鶴拳師門傳承考》稱：「年卅入福清茶山，拜縱鶴派方永蒼為師習藝。」（《力與美》第4期，頁105～108，台北：力與美雜誌社，1990年8月。）漁夫著〈福建榮（茶）山天竺寺秘技──縱鶴拳〉稱：「方永蒼為五虎將之一。」（《當代武壇》第20期，頁34～37，香港：武俠春秋出版社，1973年8月。）
10	1915年 乙卯兔年	民國4年 大正4年	由台北遷居台中廳藍興保大墩三角街（舊街名），將家眷接來台灣團聚。因任林獻堂之私人護院，得以結識台中廳長枝德二（日本人），與其隨扈，在「武德殿」比試柔道，連戰皆捷，乃賜「武德堂」館名，准許公開傳授白鶴拳法，又將閩南話「二哥」用諧音改稱「二高」，蓋媲美台灣最高山峰之新高山玉山與次高山雪山，此即後人尊稱「台中二高」之由來。	

方世培系統傳人 方紹翥	旁徵佐證	備　　註
		林英明著《縱鶴拳法》稱：「方永蒼祖師大喜，終獲收錄，時年廿七歲（1911年）。」與30歲拜師時間，前後說詞不一。 本書所稱「五虎」已無「方永蒼」之名，篡改傳承歷史，甚為明顯。 再者，福建省福州市福清市宗鶴拳協會公開聲明：「方家根本沒有方永蒼這人，有族譜為證。」
張常球定居台中後，邀請金蘭兄方紹翥阿鳳師來台遊歷。		張常球傳授白鶴拳時，未教任何兵器。若喜好武術台灣人都習此拳，則日本軍警配備步槍及武士刀，極易制服赤手空拳練武者，故特准公開傳授，實為籠絡台灣民心。 再者，明末清初迄日治時期，練傳統武術之群眾，隱藏有反清復明之地下組織，難以掌握。若台灣人跟隨張常球習拳時，則其練武場地，與學生人數，均易於監控。

時序	公元年代 歲次干支	中國年代 日本年代	方世培系統傳人	
			張常球	林國仲
11	1917年 丁巳蛇年	民國6年 大正6年		
12	1922年 壬戌狗年	民國11年 大正11年		第二度來台，住雲林虎尾設館授拳。諸多門生中，有人言當年「小二哥」或「小二師」之名號不雅，以「二」及「義」為閩南話諧音，改稱「義高」，冠以地名，則稱「虎尾義高」，蓋有別於張常球之名號「台中二高」。
13	1925年 乙丑牛年	民國14年 大正14年		
14	1927年 丁卯兔年	民國16年 昭和2年		
15	1929年 己巳蛇年	民國18年 昭和4年	9月25日去世。	

方世培系統傳人 方紹翥	旁徵佐證	備　註
		徐珂編撰《清稗類鈔》，上海商務印書館出版。書內〈方世培殪牛〉篇據《技擊餘聞》之〈方先生〉篇擇要刪減而成。
張常球第二度邀請方紹翥來台遊歷，由門生陳春成陪同拜訪各地仕紳。 再者，介紹前往南部新營教李棟樑、沈伯、林色、周意、邱清涼等五姓門生白鶴拳。方紹翥稱屬於福州白鶴拳中「飛鶴、鳴鶴、宿鶴、食鶴」四種之「飛鶴」與「宿鶴」，所教傳為「駿身鶴法」。 再者，於台南附近傳福州同鄉林細俤。		陳明崙（其先祖為雲林望族，日治時期徵收虎尾糖廠用地，大都為陳家產業）口述：「方紹翥阿鳳師在南部地區授徒時，曾應雲林名流黃朝深邀請，前往作客。其族叔應邀為陪客，得以目睹林國仲因晚輩身份，戰戰兢兢隨侍在側。」 另流傳童金龍重金禮聘至高雄大樹鄉九曲堂，私人邸院傳授。
	黃性賢1910年生於福建福州市前嶼村。 是年陰曆4月19日母親病逝，守喪期間拜謝宗祥學白鶴拳（鳴鶴），講述白鶴拳分類為「飛鶴、鳴鶴、宿鶴、食鶴。」	傳統福州鶴拳自1886年，方世培祖師去世後，至1925年間，並無「縱鶴」之名稱。
	福州林順德應新營劉故之禮聘，為私人家教，傳授食鶴拳，時人稱「蕊師」。	
	黃性賢經其師謝宗祥之介，再從師伯陳世鼎學拳。 並得其姑丈潘學智推介，再拜潘椿年學白鶴拳。	

時序	公元年代歲次干支	中國年代日本年代	方世培系統傳人	
			張常球	林國仲
16	1934年甲戌狗年	民國23年昭和9年		被日本軍警機關遣返大陸。
17	1937年丁丑牛年	民國26年昭和12年		
18	1945年乙酉雞年	民國34年昭和20年		
19	1946年丙戌狗年	民國35年		台灣已光復，再無日本人監視干涉，第三度來台，與門生團聚。
20	1947年丁亥豬年	民國36年		攜眷來台定居，於南部雲林一帶授徒，稱所教傳為「縱鶴拳」，創立門派，由此起端。因台中二高張常球業於1929年辭世，乃襲用師父張常球「二高」名號，復館授徒，故「虎尾義高」與「虎尾二高」名號並稱，令後來學者難以分辨真偽。從此以後，僅稱師事方永蒼，不再言及張常球教傳白鶴拳之往事。
21	1949年己丑牛年	民國38年		

方世培系統傳人 方紹翥	旁徵佐證	備　註
		當時日本軍警維持治安，使用手槍步槍，並不精良，唯恐台灣人練武後，難以控制，故嚴禁民間武術傳授，曾將多位武術老師遣返大陸。
是年去世。		
		8月20日抗戰勝利，日本投降。10月25日國民政府從日本接收台灣與澎湖群島，訂此日為「光復節」，標誌著台灣日治時期結束，及戰後新的時期開始。
		2月27日至5月16日發生二二八事件，肇因於菸酒專賣局查緝員在台北市查緝私菸時，不當使用公權力，造成民眾死傷，乃爆發後續台灣民眾大規模反抗政府事件。當時台灣各地鄉里籌組自衛隊，以維治安，武術老師為百姓所倚重，重金禮聘。適逢此動亂時局，因緣際會，林國仲來台，設館教拳，無關名家與否，學習者眾，實乃大勢所趨。
		國民政府播遷台灣，與大陸隔海兩岸分治。傳統武術文獻資料，無法查證。

時序	公元年代 歲次干支	中國年代 日本年代	方世培系統傳人	
			張常球	林國仲
22	1960年 庚子鼠年	民國49年		
23	1966年 丙午馬年	民國55年		
24	1968年 戊申猴年	民國57年		仲夏去世。
25	1971年 辛亥豬年	民國60年		去世三周年忌辰，門人塑立銅像追思，座碑題「二高先師遺像」，匾額題「縱鶴始祖」。
26	1972年 壬子鼠年	民國61年	台中二高張常球系統門下有位後代傳人獲悉此事，向二高哲嗣張伊蝶反應，建議「雲林虎尾以『二高』名義，成立二高縱鶴拳委員會，是否應予勸阻？」唯張伊蝶聲稱：「台灣武術界中，無人不知先父才是真正的『二高』。」（陳炎太口述）	去世四周年，門人成立「二高縱鶴拳委員會」，隸屬雲林縣國術會，並推舉周清節為主任委員。
27	1973年 癸丑牛年	民國62年		8月，香港《當代武壇》第20期刊載漁夫著〈福建榮（茶）山天竺寺秘技——縱鶴拳〉文章乙篇。

方世培系統傳人 方紹翥	旁徵佐證	備　註
		張常球傳陳春成，再傳蔡秀春，時年57歲，參訪神父歐陽儆予，得聞道家功法，撰〈白鶴神功簡記〉乙篇，告知林成龍、蔡淇茂、曹新鍊、張伊蝶等人。
		大陸文化大革命，傳統武術為破四舊項目之一，全國各地傳統武術文化資料同遭浩劫。
	5月，劉故、蘇昱彰合著《白鶴門食鶴拳》台北華聯出版社發行，內載：「二哥師（張常球），小二師（林國仲），及遊客阿鳳師（方紹翥）傳授飛鶴拳技。」	方世培祖師教傳拳法，不是縱鶴拳，否則「縱鶴始祖」應是方世培祖師。
		林國仲以其師張常球之名號「二高」為自己之字，在中國傳統文化中，顯得極為詭異，移花接木，鑿痕斑斑。當時兩岸分治，適逢大陸文化大革命時期，無法查證傳承真相，武術界誤以方世培祖師所教傳為「縱鶴拳」。
		《當代武壇》係在香港註冊發行，聘有香港、台灣及海外越南、新加坡、馬來西亞、菲律賓顧問多人，廣為

時序	公元年代 歲次干支	中國年代 日本年代	方世培系統傳人	
			張常球	林國仲
28	1975年 乙卯兔年	民國64年		9月7日，成立「中華民國國術會二高縱鶴拳委員會」全國性社團，林英明為掌門人，並於各縣市設委員若干人，為委員會之幹部，廣招會員。
29	1976年 丙辰龍年	民國65年		
30	1978年 戊午馬年	民國67年	9月24日，張伊蝶成立「中華民國台灣張二高白鶴拳聯誼會」（相片1），著〈白鶴拳派淵源及台灣始創者史略〉乙文，註明編《張二高鶴拳柔術秘訣》一書紀念先父遺志。並舉辦「張二高（常球先生）百歲冥誕追懷紀念」。	
31	1982年 壬戌狗年	民國71年		

方世培系統傳人 方紹翥	旁徵佐證	備　　註
		海內外熱衷武術者閱讀，「縱鶴拳」名稱隨此書刊流傳，從此誤導武術界迄今（2019年）。
	劉銀山著《食鶴拳秘笈》台北金蘭出版社發行，內載：「台中、虎尾的二高師及義高師。」	當時台灣武術界均知張常球名號為「台中二高」，而林國仲名號為「虎尾義高」。
		張伊蝶成立「中華民國台灣張二高白鶴拳聯誼會」，然而林英明主導之「中華國術會二高縱鶴拳委員會」，從未向有關主管機關提出「二高」名銜業已登記有案，他人不得再行申請使用之任何異議。
		10月，福建人民出版社發行胡金煥、孫崇雄、阮寶翔合著福建南拳《鶴拳》內載：「鶴拳流傳至今，已演變為「宗鶴（即宿鶴）、鳴鶴、飛鶴、食鶴（即朝鶴，又名痹鶴）等四種不同的拳種。」本書並無「縱鶴」之拳種。

時序	公元年代 歲次干支	中國年代 日本年代	方世培系統傳人	
			張常球	林國仲
32	1983年 癸亥豬年	民國72年	12月11日，張伊蝶成立「中華民國國術會張二高白鶴拳協會」。	
33	1984年 甲子鼠年	民國73年		中華民國國術會二高縱鶴拳委員會編印《縱鶴拳源流拳論稿案》，內載「拳論」（拳譜）13篇。
34	1985年 乙丑牛年	民國74年		
35	1986年 丙寅虎年	民國75年		
36	1987年 丁卯兔年	民國76年		

方世培系統傳人 方紹翥	旁徵佐證	備　　註
		5月，胡金煥、孫崇雄、阮寶翔合著福建南拳《鶴拳》繁體字版，台北華聯出版社發行。 《縱鶴拳源流拳論稿案》之拳論，不及張常球所傳《白鶴拳書寶鑑》及《白鶴拳密笈》等手抄本之拳譜多篇，而部分講解內容，節自《鶴拳》，並未註明出處。
		全大陸進行武術挖掘整理工作，為方便區分閩南與閩北之白鶴拳，而有「永春白鶴拳」與「福州白拳」名稱。
	劉銀山著《白鶴門食鶴拳》台南成大書局，內載：「當時二高大師在台中地方，義高大師在虎尾地方，阿鳳大師在台南縣新營與鹽水地方各自開館授徒，傳授拳法。」及「食鶴拳總館神位」。	
		台灣政府開放返回大陸探親，有武術界人士返鄉時，攜帶傳承「拳譜」影印本贈送同道。唯日後有輾轉獲得再影印本之大陸武術界人士，反而聲稱藏有秘本或孤本，高價兜售於台灣武術出版社。

時序	公元年代 歲次干支	中國年代 日本年代	方世培系統傳人	
			張常球	林國仲
37	1988年 戊辰龍年	民國77年	張伊蝶返福建閩侯故鄉探親，並拜訪福清茶山方世培祖師故居，承曾孫方美錦（時年65歲）接待，參觀方世培祖師當年習拳練功之處。	林英明返鄉尋根後，自稱：「由方世培祖師玄孫方德禎（時年46歲）口述，得知林國仲在福清習拳歷程，先從方紹峰習拳，後來追隨方世培的侄兒方永蒼學藝深造。」
38	1991年 辛未羊年	民國80年	張伊蝶（鶴颷）編著《白鶴神功全輯》，原名《二高白鶴拳柔術秘訣》，二高白鶴拳協會出版發行。（相片2）	
39	1998年 戊寅虎年	民國87年		
40	2002年 壬午馬年	民國91年		1月20日，因應政府社團改制，原「中華民國國術會二高縱鶴拳委員會」改名為「中華縱鶴拳協會」，正式成立，共推掌門人林英明出任第一屆理事長。
41	2007年 丁亥豬年	民國96年		6月，林英明著《縱鶴拳法》——福建茶山天竺寺秘技，虎尾二高師真傳。
42	2018年 戊戌狗年	民國107年		

方世培系統傳人 方紹翥	旁徵佐證	備　註
		縱鶴拳門人在此之前，僅稱林國仲拜方永蒼為師。避談1910年，跟隨台中二高張常球學拳往事，以抬高輩分，詳本表「時序6」。 再者，從方紹峰習拳歷程有誤，詳本表「時序5」。
	王植倫、黃錚生編著《黃性賢傳》出版，內載：「拜謝宗祥為師時，供奉之『白鶴拳祖師神位』。」	「白鶴神功」之名，取自1960年蔡秀春撰〈白鶴神功簡記〉篇名。
		1月，福建人民出版社《鶴拳》增訂本，亦未述及「縱鶴」之名稱與套路，唯稱「宗鶴即宿鶴」。
		中華縱鶴拳協會改制後，將原有「二高」兩字省略。
11月，邱太鐘傳授・邱玲玟遺著《極化武道駿身鶴法》——福州阿鳳師飛鶴拳法，內載：「駿鶴法門祖師」牌位。		

相片1　　　　　　　　　　　　相片2

　　本篇「行誼略表」之編撰，肇因2002年8月間「中華縱鶴拳協會」之「嘉義市委員」楊青，公然在網路張智惟（ether乙太）「武德堂」之「白鶴拳法　武術國術」http：//home.cityfamily.com.tw網站以「生殖器官」謾罵，得意洋洋；不覺啟人疑竇，其真正目的，究竟為何？緣是窮源溯流，獲悉張智惟雖為蔡澤民之學生，實則乃「中華縱鶴拳協會」之會員，故得以在此網站發表抨擊、誣蔑文章多篇（詳本書「網路閒話」之「謾罵言詞」，第258頁至第269頁）；幸而早年購藏武術書籍成櫃，尋得有關「縱鶴拳」早年出版書籍刊物計13冊，詳見本文「說明」所列書刊。

　　經研閱相關諸篇文章，剖析詳究，確認林國仲為張常球之學生，唯張常球英年早逝，故林國仲自行改稱師事方永蒼，及門生稱「虎尾二高」、「縱鶴始祖」等說詞，一一為之爬梳釐清，作此「行誼略表」，初稿完成於2003年4月9日。續以2007年6月台北商流文化事業有限公司出版林英明著《縱鶴拳法》，其中〈師祖方

永蒼〉、〈一代宗師林國仲〉、〈縱鶴拳傳入台灣〉三篇文章，與本文引用諸本書刊之內容，前後矛盾，疑點重重。

　　爾後，陸續拜訪鶴拳耆宿，應邀參加2015年10月「第14屆亞洲藝術節世界（永春）白鶴拳大會」，於白鶴拳源流、理法及功法等，有更深一層認識；2016年10月參加福清市七屆海峽兩岸（福清）宗鶴拳武術文化節，參觀方世培祖師故居古厝，得見方祖師為武庠生之練功石，並上山至方世培祖師、方永華宗師墓前祭拜，獲知方祖師一脈祖孫三代生卒年代，得此詳實資料；復佐以兩岸陸續出版武術暨相關文獻，以是方世培祖師一脈來台諸位傳人之行誼真相，昭然若揭，博引旁徵，而成此文，實斑斑可考，無庸置疑者也。

　　　　　　　2019年10月31日於武德學堂　賴仲奎謹識

卷二
譜拳論述

第一篇
台灣白鶴拳譜溯源增補記

壹、緣起緒言

　　白鶴拳於明末清初（約1662年）自方七娘祖師創始，由福建永春發展，經曾四、白戒、鄭禮、鄭寵等歷代前輩，輾轉相傳，分出福州一脈，遂流傳衍化象形仿生有「飛、鳴、宿、食」四種鶴拳。清朝清宣統2年（1910年／明治43年），日本人佔領台灣時期，福州白鶴拳由張常球「台中二高」（又稱「二哥」、「二哥師」）首傳入台，陸續有方紹翥「阿鳳師」、林德順「蕊師」，以及林國仲「小二哥」或「小二師」，後稱「虎尾義高」等人教傳❶，除林德順師承食鶴拳外，其餘三位乃飛鶴拳福清方世培祖師系統之傳人。

　　1949年（民國38年）國民政府遷至台灣，與大陸兩岸隔離，武術無法交流，業已呈現不同風格，故稱方世培宗師系統之飛鶴拳，在台教傳者為「台灣白鶴拳」；以別於1985年（民國74年）全大陸進行武術挖掘、整理工作，為方便區分而有「永春白鶴拳」與「福州白鶴拳」地域性之名稱。

　　1967年（民國56年）余從先叔公蔡秀春長者習白鶴拳❷，1969年（民國58年）8月手抄《白鶴拳書寶鑑》鑽研；因緣際會得有名稱不一之「白鶴拳譜」影印本多冊，然內容大致相同，唯篇幅廣略各異，讀之者再，內容文字「訛、脫、衍、倒」多處，如「皆」字誤抄成「此由」，及「不正」字誤抄成「歪」（中文由上而下直書，抄錄字體大小不一，或一字誤為二字，抑二字誤唯一字）等，諺云：「書三寫，魚成

魯，虛成虎。」於此可見。

　　自民國訂定北京語系為全國通用語言後，國人使用流利順暢，各地之母語逐漸少人傳習；而原傳「白鶴拳譜」係歷代福建前輩用閩省方言土語記載及口耳相傳，故今人閱讀拳譜頗為艱澀拗口；再者，在當時極為傳統保守的社會，必定要通過「尊師重道、德行敦厚、拳術功力」等三重嚴格考核，方許為入室弟子，才得以手抄傳承拳譜與銅人簿（藥書）；甚且古人教拳有「傳訣不傳書，傳書不傳訣」之規矩，兩者俱傳者，為數甚少；緣是傳承自「福州白鶴拳譜」，在台歷經迄今110年（1910年～2019年），輾轉抄錄，筆誤脫落，勢所難免，但「差之毫釐，失之千里」，持有者徒望文興歎，無法深入其中三昧矣。

　　2004年（民國93年）8月台北逸文出版有限公司印行《古典白鶴拳譜》乙套六冊，為福建永春蘇瀛漢經數十載結集之心血，公開出書，嘉惠同道，啟迪後學，實白鶴拳史上之盛事。余綜覽《古典白鶴拳譜》六冊後，與收藏多冊「白鶴拳譜」比對，往昔迷惑不解處，緣是得以釐清，蓋福州白鶴拳源自永春白鶴拳，流傳台灣之「福州白鶴拳譜」，乃就永春《古典白鶴拳譜》中之《方七娘拳譜》與《白鶴拳家正法》，及2011年（民國100年）9月台北逸文出版有限公司印行香港李剛著《鶴拳述真》諸書所記載拳訣，加以變動或演繹增添、或抉擇要義而成；復經陳春成及蔡秀春（首徒）、陳炎太（幼徒）師徒三人增補數篇之版本，則稱「台灣白鶴拳譜」。今將相關目錄對照比較，則分合異同，來龍去脈，莫不朗若列眉，一目了然。

　　本文有關年代，採用公元紀年，以便推算先後時序。再者，諸位武林前輩，僅方七娘及方世培以祖師尊稱，其他前輩均略之，為方便行文故，尚祈各門派傳人暨讀者，有以諒之。

貳、諸家版本

　　流傳於台灣之「白鶴拳譜」持有者視為秘本，向少公開，今依教傳

地域區分為「台灣、福州、永春、漳州」四類：

一、台灣白鶴拳譜

　　《台灣白鶴拳譜》之匯輯，源自首位來台教傳飛鶴拳，方世培祖師一脈再傳張常球傳承之「福州白鶴拳譜」，余於1969年（民國58年）手抄《白鶴拳書寶鑑》一冊外，2003年（民國92年）拜訪曹新鍊師叔，幸蒙贈送其手抄《鶴祖遺傳拳頭書》及收藏《白鶴拳譜》、《拳法妙理》之影印本；2004年（民國93年）拜謁陳炎太師叔承蒙將重抄《陳門白鶴拳要》（簡稱《白鶴拳要》）講述之，並送給影印本；再者，蒐輯有張常球教傳「白鶴拳譜」手抄及鉛版之影印本，計十一冊，不可謂不多；而下列前三冊為傳承弟子陳春成及再傳蔡秀春、陳炎太師徒三人，迭次教傳增補數篇者，今匯輯一冊，故名《台灣白鶴拳譜》，如下：

1.01. 《白鶴拳書寶鑑》又稱《鶴祖拳書寶鑑》，或簡稱《鶴拳寶鑑》，張常球傳陳春成，再傳蔡秀春，1977年（民國66年）重抄，影印本。

1.02. 《白鶴拳書寶鑑》張常球傳陳春成，再傳蔡秀春手抄，1969年（民國58年）8月賴仲奎複抄本。

1.03. 《白鶴拳要》張常球傳陳春成，再傳陳炎太，2003年（民國92年）重抄，影印本。

1.04. 《白鶴拳密笈》張常球教傳，賴芳帽抄錄，前卷拳譜，後卷藥書，鉛板影印本，下表簡稱《鶴拳密笈》。

1.05. 《白鶴拳心法》張常球傳陳春成，再傳蔡淇茂手抄，陳世勳複抄，影印本。

1.06. 《鶴祖遺傳拳頭書》張常球傳陳春成，再傳曹新鍊手抄，前卷拳譜，後卷藥書，影印本。

1.07. 《白鶴拳譜》張常球教傳，佚名人士抄本，曹新鍊收藏，影印本。

1.08. 《拳法妙理》張常球教傳，佚名人士抄本，曹新鍊收藏，影印本。

1.09. 《白鶴拳書》張常球教傳，佚名人士抄張本，前卷拳譜，後卷藥書，影印本。

1.10. 《拳法妙理》張常球教傳，佚名人士抄陳本，影印本。

1.11. 《祖白鶴仙師傳世秘方》張常球教傳，1977年8月林春福複抄，前卷藥書，後卷拳譜，影印本。

二、福州白鶴拳譜

　　永春白鶴拳輾轉相傳發展，分出福州一支，遂流傳衍化象形仿生有「飛、鳴、宿、食」四種鶴拳，拳譜亦因不同門派教傳而有所變動及演繹增添篇章，統稱「福州白鶴拳譜」，今在台傳承「飛鶴拳」之方紹鴍及林國仲教傳諸拳譜，暨「食鶴拳」林德順教傳拳譜，及與流傳於日本琉球沖繩之《古白鶴拳論》，搜集有五冊，如下：

2.01. 《鶴拳拳詩》方紹鴍傳李棟樑手抄，1949年孟秋月邱太鐘覆抄，影印本。

2.02. 《駿鶴拳法》茶山方徽石先師撰，佚名人士抄本，陳明崙教傳，鄭元璋修訂，影印本。

2.03. 《食鶴拳譜》林德順教傳，劉故、蘇昱彰合著，《白鶴門食鶴拳》，頁19～48，台北：華聯出版社，1971年5月。

2.04. 《縱鶴拳論》林國仲教傳，二高縱鶴拳委員會，《縱鶴拳源流拳論稿案》，頁9～15，1984年，鉛版影印本。

2.05. 《古白鶴拳論》日本琉球沖繩版，蘇瀛漢收藏，簡體字影印本。

三、永春白鶴拳譜

　　自方七娘祖師於明末清初創始「永春白鶴拳」，經曾四、白戒、鄭禮、鄭寵等歷代前輩教傳，門生遍佈福建、江西、廣東各省，及海外星馬、印尼、琉球等地，因而有多種不同手抄拳譜流傳於世；後經永春蘇

瀛漢、蘇君毅校注結集「永春白鶴拳譜」六冊，名為《古典白鶴拳譜》，2004年（民國93年）8月，由台北逸文出版有限公司印行；再者，收藏李載鸞著《福建鶴拳秘要》一冊，計七冊，如下：

3.01. 《永春鄭禮叔教傳拳法》清・佚名。

3.02. 《白鶴仙師祖傳拳法》清・佚名。

3.03. 《白鶴拳家正法》清・林董著。

3.04. 《自述切要條文》清・鵬翔鄭樵著。

3.05. 《桃源拳術》清・蕭伯實著。

3.06. 《方七娘拳祖》清・佚名。（以上六冊，蘇瀛漢、蘇君毅校注結集。）

3.07. 《福建鶴拳秘要》李載鸞（福建永春太平鄉大新厝）著，台北：華聯出版社，1980年4月。（原書約50年代出版，書中有作者61誕辰紀念照片，1953年8月2日，農曆癸巳年7月14日攝影。）

四、漳州白鶴拳譜

永春白鶴拳經歷代前輩教傳於福建漳州，其拳譜僅見於香港李剛著《鶴拳述真》，於2011年（民國100年），由台北逸文出版有限公司印行，如下：

4.01. 古譜《白鶴拳總論》

4.02. 古譜《原傳鶴法訣要》

參、鉤稽對照

本表僅就流傳於台灣之福州白鶴拳，以方世培祖師一脈先後來台之「台中二高」張常球教傳《白鶴拳書寶鑑》、《白鶴拳要》、《白鶴拳密笈》三冊，及「阿鳳師」方紹翥教傳《鶴拳拳詩》一冊，「虎尾義高」林國仲教傳《縱鶴拳論》一冊；並與永春蘇瀛漢、蘇君毅校注結集

永春白鶴拳之《方七娘拳祖》、《白鶴拳家正法》二冊，香港李剛著漳州白鶴拳《鶴拳述真》之古譜《白鶴拳總論》一冊，計八冊，就諸書相關拳訣鈎稽對照，列表如下：

一、說 明

1、本表第1欄「編號」計36項目，第2欄「台灣白鶴拳譜」為36篇目錄名稱，第3欄「福州白鶴拳譜」為《鶴拳寶鑑》、《白鶴拳要》、《白鶴拳密笈》、《鶴拳拳詩》及《縱鶴拳論》等五冊，其篇目名稱與第2欄「台灣白鶴拳譜」目錄名稱相同者，分別以「●、○、▲、△」符號標明。而《縱鶴拳論》因篇目名稱與第2欄「台灣白鶴拳譜」目錄名稱不盡相同，故就內容以「●、○」符號標明，並加註頁數。

2、本表第4欄「永春白鶴拳譜」為《古典白鶴拳譜》之《方七娘拳祖》、《白鶴拳家正法》二冊，其部分篇目內容，與「福州白鶴拳譜」之《鶴拳寶鑑》等五冊之篇目內容全部或片段相同者，均標明篇目名稱。

3、本表第5欄「漳州白鶴拳譜」為《鶴拳述真》之古譜《白鶴拳總論》乙篇，其部分篇目內容，與「福州白鶴拳譜」之《鶴拳寶鑑》等五冊之篇目內容全部或片段相同者，均標明篇目名稱。

4、符號「●」為出自「永春白鶴拳譜」《方七娘拳祖》、《白鶴拳家正法》二冊之篇章，及「漳州白鶴拳譜」之古譜《白鶴拳總論》乙篇，其內容略有增刪或更改之處多則（另行彙編校釋）。

5、符號「○」為出自「福州白鶴拳譜」方世培祖師一脈飛鶴拳之篇章。

6、符號「▲」為出自「台灣白鶴拳譜」張常球傳陳春成，暨再傳陳炎太師徒二人之增補篇。

7、符號「△」為出自「台灣白鶴拳譜」張常球傳陳春成，再傳蔡秀春之增補篇。

二、詳 表

編號	台灣白鶴拳譜	福州白鶴拳譜				
	目 錄	鶴拳寶鑑	白鶴拳要	白鶴拳密笈	鶴拳拳詩	縱鶴拳論
01	論源流拳法	●	●	●		●頁9
02	明勢之法	●	●	●		●頁14
03	傳授真法	●	●	●		●頁9～10
04	論兩手用勢出力	●	●	●		
05	論正直法	●	●	●		
06	論認子午歸中	●	●	●		●頁12
07	論動靜之法	●	●	●		●頁12
08	論沉身注氣呼吸發力	●	●	●		
09	論手法接敵	●	●	●		
10	論接敵粘手之勢	●	●	●		●頁11
11	集傳教子弟之法	●	●	●		
12	論氣力法	○	○	○	○	○頁9～11
13	論氣象之榮流	○		○		○頁9～11
14	論立身腳馬子午節門工	○	○	○	○	○頁11
15	論出腳從湧泉貼地	○	○	○		○頁11
16	論戰法	○	○	○	○	
17	論端正法	○	○	○	○	○頁12

永春白鶴拳譜		漳州白鶴拳譜
方七娘拳祖	白鶴拳家正法	鶴拳述真
白鶴仙祖拳法源流 教徒之法	請論內筋節拳法源流 衛身秘要 交關接手總論 秘授開法要語教徒之法 開拳秘訣總論	交關接手綜論
破勢口訣	明勢法	明勢法
教徒之法	衛身秘要	
論兩手用勢出力 論指用勢出力	論兩手用勢出力 論指用勢出力	頭手身足勢出力
論正直沉身發力之勢	論正直出力	正直出力
論子午歸中	論子午歸中	子午歸中
論身中動靜之勢	論身中動靜之勢	動靜風雨力 風雨力法
	論沉身注氣 論呼吸發力 論接敵粘手之勢	沉身聚氣 呼吸發力 接敵手法
	論接敵粘手之勢	論接敵手法
	論接敵粘手之勢	論接敵手法
	論接敵粘手之勢	論接敵手法

編號	台灣白鶴拳譜	福州白鶴拳譜				
	目　錄	鶴拳寶鑑	白鶴拳要	白鶴拳密笈	鶴拳拳詩	縱鶴拳論
18	論與人敵手工夫	○	○	○	○	○頁12
19	論駿身法	○	○	○	○	
20	論三戰法	○	○		○	
21	論五行要手	○	○		○	○頁13～14
22	論五肢手法		○		○	
23	三戰法		○		○	
24	論入法		▲			
25	論迫身而來之力		▲			
26	南少林拳訣		▲			
27	論調息真訣		▲			
28	論三車搬運訣		▲			
29	論養生		▲			
30	論駿力		▲			
31	論五氣朝元	△				
32	鶴拳氣功訣	△				
33	鶴拳修練訣	△				
34	鶴拳八大綱領要點	△				
35	白鶴神功簡記	△				
36	修道要言	△				

　　再者，福州白鶴拳譜之《祖白鶴仙師傳世秘方》後卷拳譜計13篇，篇目名稱為〈論拳法源流〉、〈傳授真法〉、〈明勢之法〉、〈論五行生剋〉、〈教子弟之法〉、〈猛虎搖身虎仔穿腰〉、〈論兩足兩手開勢出力〉、〈論正直法〉、〈論認子午歸中〉、〈論動靜之法〉、〈論沉身注氣呼吸發力〉、〈論手法接敵〉、〈論接敵粘手之勢〉等。其中與《台灣白鶴拳譜》目錄相同者12篇，唯內容有詳備與簡明之異。另〈猛虎搖身虎仔穿腰〉乙篇，僅見於此抄本，故摘錄如下：

續表

永春白鶴拳譜		漳州白鶴拳譜
方七娘拳祖	白鶴拳家正法	鶴拳述真

　　論頭頂手足各處用勢，乃改以生力，頭頂提正，百會合骨與顛庭頂天如降地生根，腦後大母筋與諸龍骨串落，腰中尺尾骨與腿頭、足掌心相叫相應，二耳二片與肩墜相對相叫，面前二目牙關之力，先用二小行落於後，吊起頂中咽喉如橫行串落，又與胸中丹田、膀胱、足掌心相叫相應。眼目如銅鈴，又似將軍之目，不轉不合，是以頭頂出力，能靜不能動，如戴千斤之勢也。一齊同歸左右兩肩串出，從兩手藏節內，乃手背後節中外關出同，有聲收入，呼應發出。若能以□聽從其便矣。

又頭頂身中之行力，胸前向開□□□，背後墜落，飯匙骨掩固百會與腦後大母筋串落大椎，大椎乃諸龍骨如一線合縫串落，腰中與尺尾骨雄緊叫應，將臍下腿頭一片收過尺尾骨，乃至尺尾骨間落子邊糞門之邊，筋骨束氣，膀胱與膳子亦吊起，收藏出力，腹中氣海筋與腹中筋能起至人字胸中到乳、膀胱浮大向出太陰間，雖先氣之處，亦能浮起合縫接帶，後背二條版筋至后門叫應，劍束腹中，能收小堅固如鐵版，皮軟如綿老人面。一般故諸腹筋行力，向前不縮，經敵不畏，總而言之，為非與頭足相叫應矣。前起後落，上俯下仰，此四字曷不可以意會也。

謹按：本篇第一段為《方七娘拳祖》之〈教徒之法〉篇末段❸。第二段為《方七娘拳祖》之〈論身中之行力〉篇❹。唯抄錄內容文字，兩者略有差異。另影印本不清晰之字，以□表示，且俟日後考校補正。

肆、增補簡述

1949年（民國38年）國民政府遷至台灣，避難隨行者有佛門道家之奇人異士，並運載來大量華夏文物。經過二十餘年後（60年代），社會安定，經濟復甦，民間出版社開始印行佛教經典、仙學道藏及武術叢書，影響台灣光復後的武林前輩甚巨，在此之前的台灣習武者，多練硬功技擊，少習內功或氣功，而佛門道家精於此術之士，見於今人著述者有二：

其一、葛武棨：因罹高血壓病，遵西醫朱仰高博士之囑，採行呼吸治療法，朝夕勤練，病癒後研究佛道及各種氣功，閉氣可達半小時，朱醫師問知道要訣否？葛答以「放」，朱醫師說是「空」❺。

其二、神父歐陽敬予：從開封郭華亭習靜坐，來台後傳教於中和鄉，能用氣功為人治病。其法簡而易行，不拘姿勢，不運氣，不守竅，不用力，最重要者，只是「不想」而已。分坐立二式：立式做法，與坐式相似，不可以意禁之，只須聽其自動。其動如何，因人而異。雖無師傅，亦能拳擊，故有「神拳」之稱，儼然一種先天性之武術也。有一高

齡弟子某君，最嫻此立式，嘗在院內練習，縱身一躍，遠達數丈，其神妙莫測，幾令人不敢置信云❻。

　　謹按：有鑑於此，爾後台灣習武者，風氣為之一變，除操練本門拳術外，兼習靜坐及吐納，博覽佛教經典及仙學道藏，藉以修身養性，由武入道。

一、陳春成增補

　　陳春成係台灣省台中縣大肚鄉成功村人（今台中市大肚區），年輕時因體格瘦矮，常被人欺凌侮辱，乃發憤學武，訪求名師，重金禮請張常球教拳，隨師左右而同住一處，每於半夜無人時，被喚醒傳授白鶴拳精要，練得矯健敏捷，進退輕靈，手指堅硬，出招瞬息即至，被擊者如觸電，茫然莫名其妙，束手無措，故形容稱之「閃電手」（又閩音另稱：電光手）。當時「台中二高」張常球門下有武藝精深者十人，被譽為「十支指頭」（閩音），陳春成即為其中之一。在眾多弟子中，為隨侍返回福州二趟之唯一門生，得以至方家總館深造，調整拳架，明辨訣要，故於方世培祖師一脈傳承瞭如指掌。傳下諸弟子手抄本有《白鶴拳書寶鑑》、《白鶴拳要》、《白鶴拳密笈》、《白鶴拳譜》、《拳法妙理》、《白鶴拳心法》、《鶴祖遺傳拳頭書》等拳譜及藥書多冊，而不同手抄拳譜中，以《白鶴拳要》最為完整，其增補篇摘錄如下：

（一）論調息真訣

玄同子曰：「修鍊必至胎息，而後元氣歸元海，方是純乾，十月之功，若雖含光守默，而口鼻之呼吸如常，神氣猶有漏泄，天地不閉塞，蟄蟲不壞戶，欲來歲發育之茂難矣。」全真邱長春曰：「息有一絲未定，命非己有。」

　　謹按：本篇為閉氣訣要。

（二）論三車搬運訣

夫三車者，羊鹿牛。羊車載火，鹿車載水，羊鹿二車，三宮往來，上下不停，上田返中田，中田返下田，下田復返上田，上田返入氣

海，接著真氣，三事共聚，再返起火，也是周天火候，謂之大牛車，積累鍊其全身也。

謹按：本篇為運氣訣要。

二、陳炎太增補

陳炎太台中縣梧棲鎮人（今台中市梧棲區），家境富裕，其父為虔誠一貫道信徒，創設佛堂，引導鄉人向善，全家清口茹素，在日治時期佛教徒不忌葷食之下，甚為少見。自述〈師承簡記〉：「光復之初（1945 年／民國 34 年），吾庄盜賊橫行，治安敗壞，吾庄為求自保，在郭公順治介紹之下，延請張宗師常球（台中二高）徒弟陳師春成至吾庄教授拳術，陳師教拳常勉弟子等，須一手一手練，每一手須練四個月，力即能出尾，切莫貪多。吾時年十四，於師兄弟中，年歲最小，陳師甚為愛護，加以陳師授拳時，皆在吾家過夜用餐，吾奉家命侍奉陳師，更得陳師歡心，陳師居吾家中時，常在四處無人時，加以調教拳要。陳師生有二女一男，長女自幼即夭逝，陳師每至吾家，常嘆其人丁單薄，後也曾起收養吾為子之念，但為吾父所拒。二年後，吾父將溪南土地割七分地贈于陳師，而吾依父命前往溪南管理三十多甲農地，陳師之子朝榮也依父命耕作於溪南。吾與朝榮兄遂在溪南，共同搓草為屋，共同生活，互為照顧，於農忙之餘，也不忘操拳練功。朝榮兄也每每指正吾之錯處及拳要，吾與朝榮兄雖言兄弟，但實同師徒。」陳炎太兄弟三人同師學藝，其父重金禮聘陳師授拳時，並邀同庄青少年一同操練，用來保護鄉里安全，獲得鄉親讚譽不已。其增補篇摘錄如下：

（一）論養生

口中先漱三、五次，舌攪上下顎，仍以舌抵上顎，滿口津生，咽下咯咯有聲，隨以吸氣一口，以意（意念）目（內視）直送丹田安頓，稍存一存，為之一吸。隨將下部輕提，如忍便樣，以意目提起上夾脊、雙關、腎門，一路提至玉枕透泥丸，謂之一呼。

一呼一吸，循環不已，凡咽下有津最妙，無津亦須咯咯有聲，此至

為重要，每日不拘多少，但令每日不斷。

　　謹按：本篇節自明‧冷謙《修齡要旨》之〈長生一十六字訣〉：「一吸便提，氣氣歸臍，一提便咽，水火相見。」為道家養生訣要。

三、蔡秀春增補

　　蔡秀春為台中縣大肚鄉永順村人（今台中市大肚區），初習太祖拳與羅漢拳，當時同鄉好友陳培棋隨族叔陳春成練白鶴拳，乃相互切磋拳藝，連三皆敗，遂拜陳春成為師，改習白鶴拳，侍師如父，若有空閒即前往問候請益，每學得一法，即思如何實際應用。得陳春成教傳《白鶴拳書寶鑑》及《英烈堂陳教師秘方》、《集英團經驗方類集》、《白蓮寺傳授方》等手抄秘笈。

　　1960年（民國49年）蔡秀春57歲時，有同門師弟彰化縣員林鎮人林成龍為天主教徒，承介紹認識修煉道功之神父歐陽儆予，並約同門師兄弟數人至台北縣中和鄉天主教堂拜訪，請益道功及拳法❼。返家後，苦參神父所傳立式功法，窮究《白鶴拳書寶鑑》精要，研創「站樁功法」，名「白鶴神功」，著〈白鶴神功簡記〉乙篇，告知至交同門師兄弟，以及傳授少數門下弟子。

　　蔡秀春經神父歐陽敬予傳授道家功法後，將吐納導引與白鶴拳法配合練習，一動一靜皆與呼吸相應，招式嚴謹，快慢相間，剛柔並濟，其領悟心得，增補篇摘錄如下：

（一）論五氣朝元

五氣朝受於元，身不動則精固，而水調元；心不動則氣固，而火調元；真性寂則魂藏，而木調元；妄情忘則魄伏，而金調元；四大安合則意靜，而土調元。一陰使生五臟之液調於下元，一陽使生五臟之氣調於中元，陽中之陰、陰中之陽調於上元。

　　謹按：本篇為〈論端正法〉內「五氣朝投元」句之補充❽。

（二）鶴拳氣功訣

一貫之法須究明，習練形氣成並行；

三田氣息調順靜，真氣透過泥丸宮。

吞吐浮沉精拳理，飛鳴宿食定神奇；

呼吸二氣習精微，關開任督即玄機。

練至筋骨通靈處，周身剛柔氣橫行；

掌心力從足心起，揮手霹靂萬人驚❾。

武術靜心究真理，吐氣使力如山崩；

這是鶴拳神秘義，練成飛鶴上乘枝。

　　謹按：本篇為練白鶴神功秘訣。

（三）鶴拳修練訣

靜習呵呼吓咳四種氣勢，練習立身子午節門工夫；

勤練五行相生相剋手法，修練引接化制剋斷枝節；

訓練腳馬車輪轉法步勢，靜修二氣交蒸運氣工夫。

　　謹按：本篇為練氣、站椿、手法、步勢之訣要。

（四）修道要言

率真修道守中和，鐵杵成針要琢磨，

此事本然無大巧，只爭日逐用功多。

錯認彼我當作真，誰知陰陽在本身，

買妾宿娼行採戰，欲奪元氣補精神。

豈有蓬萊仙家客，反類浪子貪淫行，

修道最要念頭清，先練慧劍斷淫根。

不知練劍反試劍，猶如猛火加油薪，

任是降龍伏虎手，難逸滲漏成濁精。

陽起風吹引尾閭，數次不散起周天，

三十六次陽火進，陰符接用二四全。

試問塵世修真者，此法考自何仙傳，

一陽初動漏遲遲，正是仙翁採藥時。

速速用功依口訣，莫教錯過這些兒，

一陽初動即玄機，不必生疑不必難。

正好臨時依口訣，自然有路透泥丸，
識破乾坤顛倒顛，金丹一粒是天仙。
要尋其向深山採，說破無非在眼前，
忙裏偷閒調外藥，無中生有採先天。
信來認得生身處，下手工夫自口傳，
苦無火候道難成，說破根源汝信行。
要奪人間真造化，不離天上月虧盈，
抽添這等分銖兩，進退如斯合聖經。
此是上天梯一把，憑他扶我上蓬瀛，
偃月之爐在那方，蛾眉現處是他鄉。
色中無色塵先覺，身外有身道更香，
先取元陽為丹粒，薰蒸真氣醞黃粱。
真間釀就長生酒，一日醒來醉一場，
一陽初動是其時，其時時至我自知。
謹依師指臨爐訣，自然摘住那些兒，
一陽初動本無心，無心撥動指南針。
仔細臨爐分老嫩，送歸土釜結姻緣，
還原一竅在正中，東西南北盡包容。
義理禮智從斯立，貞利元亨在此通。

　　謹按：本篇為修煉道功心得，賴仲奎筆錄。憶昔年長者發心探究道功，其研閱道書均為台北自由出版社及真善美出版社印行，概由余購請敬呈惠目，故得以與聞法要，隨侍受命筆錄。

伍、祈願結語

　　本文係就福州白鶴拳方世培祖師一脈傳承飛鶴拳譜之《白鶴拳書》、《白鶴拳要》、《白鶴拳密笈》、《鶴拳拳詩》、《縱鶴拳論》等五冊，與永春古典白鶴拳譜之《方七娘拳祖》、《白鶴拳家正法》二

冊，及《鶴拳述真》內載漳州白鶴拳譜之古譜《白鶴拳總論》乙篇拳訣，依篇目內容鉤稽對照，分析比對而成；然白鶴拳在台流傳已110年（1910年～2019年），前輩陳春成及蔡秀春、陳炎太三人師徒習拳修道心得，間亦筆附於拳譜之後，或手書抄送同門師兄弟研討探索，教傳弟子則單篇講授，今僅就搜集者，增補結集，名為「台灣白鶴拳譜」，以免散帙遺失，日後扼腕嘆息。

歷代教傳白鶴拳譜以閩省方言用詞土語記載，而台灣推行北京語系「國語化政策」，亦已七十餘年，今人大都習慣於望文見義，以之讀拳譜艱澀拗口，不知所云；故應調整閱讀方式，不能純然「見字辨意」，宜改用「循音會意」之法，方不受文字意義影響。先用閩南話或福州話讀出整篇語音，隨順完整而有上下脈絡之語音，待朗朗上口，自能體會其意，若有生疏之處，唯在辭彙古今有別而已。

武術理論探究之理法與實際操練之功法，向來密不可分，不同理論思維，將會造成不同操練方法，從而影響具體成果；現今資訊發達，思想開放，鶴拳書籍各種版本，陸續公開於世。後學有志者，於白鶴拳理法或可依「一、綱紀群籍；二、校讎異同；三、剖析源流；四、提要鉤元；五、闡明奧義」之方向，從學術上研究；就白鶴拳功法亦應循「一、歷史源流；二、地理環境；三、生活形態；四、生理解剖；五、科普新知」之方向，從實踐上探索。知行合一，修文習武，崇武尚德，推陳出新，光大流傳，蓬勃發展，指日可待。

近年來高科技發達，日新月異，未來國際間將是使用核武器，進行全面毀滅人物及生態環境的戰爭；從前冷兵器時期，單純以肌肉能或將肌肉能轉化為機械能，手持兵器為槍、劍、棍、刀等，擴大技擊的範圍，如同手臂的延長；投射兵器如箭、弩、鏢、石等，鍛鍊肌力的猝發，視為肌力的伸展；從事鍛鍊個人拳勇，而產生殺傷力的武術，多人列隊佈陣，你死我活的戰爭，已成過去式。台灣武林前輩陳春成及蔡秀春、陳炎太師徒三人，遠見卓越，由教傳增補數篇章，早將傳統武術重新定位，為之頌曰：

肢體動作，對稱平衡，身心合一，激發潛能；

養生防衛，次第完整，內功導引，學貴有恆。

欲寡精足，神閒氣定，延年致壽，慈儉和靜❿；

法于陰陽⓫，雙修性命，習武學道，緣結有情。

　　本文初稿係 2015 年 7 月 27 日完成，收錄於《白鶴展翅天下永春》——第十四屆亞洲藝術節世界（永春）白鶴拳大會論文集（頁 333～346，廈門市鷺江出版社，2015 年 10 月），並於 11 月 7 日在永春舉辦世界白鶴拳大會中發表。

　　今年 4 月蒙謝宗憲贈張常球教傳十大弟子之一，賴芳帽抄錄之《白鶴拳密笈》，乃興起重訂初稿之念，因蒐集之拳譜中，多本未悉為張常球教傳第二代何人所抄錄，乃將初稿之《拳法妙理》，易以《白鶴拳密笈》，則採用之版本更為明確。再者，將香港李剛著《鶴拳述真》之古譜《白鶴拳總論》併入鉤稽對照，則《白鶴拳譜》始自福建永春，進而傳入漳州、福州等地，再由福州傳入台灣，推本溯源，一脈承傳，斑斑可考。

　　原傳「白鶴拳譜」係歷代前輩口耳相傳，用閩省方言土語記載，故今人以國語（普通話）閱讀拳譜頗為艱澀拗口；必需還原閩省泉州、漳州、福州、河洛（閩南）口音讀之，方悉其意。嗣後研習探究若有洞燭幽微之日，當彙整諸版本校釋，輯為一冊，為保存傳統武術文化，略盡一己棉薄之力。再者，敬祈有志學習者，閱讀本文後，於拳訣理法窺其門徑，就拳藝功法研鑽勿替，知行合一，文武兼修，明道致用，是所至盼。

2019 年 11 月 7 日於武德學堂　賴仲奎　謹識

注釋：

❶詳本書《白鶴拳台灣傳承史略》第 79 頁至第 92 頁。

❷蔡秀春為「台中二高」張常球再傳弟子，師事陳春成。

❸蘇瀛漢、蘇君毅校注，《方七娘拳祖》頁72～73，台北：逸文出版有限公司，2004年8月。

❹蘇瀛漢、蘇君毅校注，《方七娘拳祖》頁73～74，台北：逸文出版有限公司，2004年8月。

❺詳見葛武棨，《氣功之理論方法與效力》頁73及120，台北：上海印刷廠，1960年3月再版。

❻詳見李樂俅，《訪道語錄》頁212～213，台北：真善美出版社，1978年10月三版。

❼蔡秀春參訪歐陽神父真實經歷，詳本書〈贅餘後記〉之「網路開話」，第269頁至第270頁。

❽另見《氣功大辭典》頁75，《性命圭旨全書》：「身不動則精固，而水朝元；心不動則氣固，而火朝元；真性寂則魂藏，而木朝元；妄情忘則魄伏，而金朝元；四大安合則意定，而土朝元。此謂五氣朝元，皆聚於頂也。」指五臟之氣上朝天元。台北：故鄉出版股份有限公司，1990年9月初版。

❾擷自尊我嵩主人，《少林拳術秘訣》頁26，台北：華聯出版社，1969年1月。原文：「鍊到骨節通靈處，周身龍虎（即血氣之稱）任橫行；掌心力從足心印，一指霹靂萬人驚。」

❿節自：紫竹公、筱山暘，《周易與養生》頁720～721，北京：首都師範大學出版社，1994年10月。李慶遠生于清康熙18年己未（1679年），卒于民國24年乙亥（1935年），享年256歲，自述：論致壽之道者，「慈、儉、和、靜」四字而已，《道德經》五千言，要旨亦不外乎此。

⓫易學體系，以陰陽為太極之兩種作用，闡述宇宙萬事萬物變化的自然規律，是來自於對自然界現象及對人自身的觀察，並將這兩者綜合為一而形成的；天為父，地為母，萬物為天地化育產生，所以萬物都秉成天地的陰陽屬性，按照陰陽的法則來運動變化。

第二篇
白鶴拳訣「論氣力法」臆測

壹、前　言

余年幼習白鶴拳，及長俗務羈絆，時練時輟，毫無實學，忖度成文，徒留笑柄爾。既生也晚、未得面謁白鶴拳始祖及與親近歷代祖師，乞請慈示；又以緣悖、未得雲遊諸方請益於當代名家巨子；乃就先叔公蔡秀春長者所授，暨一愚之得拾掇而成此篇，為文字遊戲，故名「臆測」。

唐德山禪師有言：「窮諸玄辯，若一毫置於太虛；竭世樞機，似一滴投於巨壑。」畫餅不可充饑，僭不自量，私意蠡測而妄自校勘拳譜，異日若得個入處，有所體悟，當即更正謬誤。惟願同道見聞者，有以教正，是所企盼者也。

貳、拳　譜

一、《白鶴拳書寶鑒》

台中二高張常球傳陳春成，再傳蔡秀春飛鶴拳譜，下文手抄本拳訣簡稱「飛鶴拳」。

二、《白鶴拳食鶴門》

劉故、蘇昱彰合著，下文劉蘇本拳訣簡稱「食鶴拳」。

參、拳 訣

一、說 明

（一）拳訣應以閩省泉州、漳州、福州、河洛（閩南）口音讀之，始通其義。

（二）拳訣正文上行為手抄本飛鶴拳，下行為劉蘇本食鶴拳，中行為兩本相同之字。

（三）拳訣正文內，下行（　）之字，為劉蘇本食鶴拳所加註者。

（四）拳訣正文□□內為刪除之字，計：

　　1. 錯訛字。

　　2. 字義相同，而字有古今之別者刪古字。

　　3. 字義相同，而字不同者，刪以閩音讀之較不通順之字。

　　4. 措詞不當，前後難以貫通者。

　　5. 一字之差而意義相反者。

（五）拳訣閱讀法：計

　　1. 上有字而下無字者；

　　2. 下有字而上無字者；

　　3. 上下有字，擇無□□所圍繞者，均納入中行，由左而右讀之。

（六）拳訣加新式標點符號。

（七）拳訣中有（穴1）、（校1）、（疑1）等，分別參閱：「肆、穴位」，「伍、校讎」，「陸、存疑」。

二、正 文

論氣力法

飛鶴拳		力
（相同字）論氣力法：	（校1）「使氣　流通四海，	
食鶴拳	拳經曰	任君自由天下。」

先人言：「　　之英雄，皆　氣　足；若氣力不足，英雄何在？」論現在之

人學　藝者，　　　　　此　謂不識其法，不明其理。　　　人生無氣

死　，山　無氣　絕地。　　　　要　氣、　力，

為　屍　生　為　　練武藝者，最主為　次要為

練。　人　此法者，　　　　斷　可　　也，　　　今

昔　傳授　　　　　　　不　傳此書

日　　　　　為此力而不傳此氣，切　　　　僅用口訣。

考觀人之善惡，可傳即與之，　　可　即勿言之。

不　傳

後人怎　能　此氣

論氣象之榮流：　　學　　　　　　　象

「扶拳　之象，唯氣無形。有　者，步勢也；　　無形

氣者無形

者，呼吸也。」

論呼吸二氣：「

呼　出　丹田（穴1）之力，吸　收　氣海（穴2）之

者　為　　　　　者　回

用

勢。」　　　　　　發手用呼，使用雄殺；收手用吸，使　回

故人無呼吸皆死屍。拳經曰　　　　　　　　　　　力

開

鼻。（校2）　　收　　落咽喉，至胸前　（校3）華蓋　（穴3），

先說吸，氣　由鼻而　　　　　　　　　穴

上咽喉

（穴4），　　　　　　　　　（疑1），

吞住氣海穴；氣呼出，由丹田出動鳩尾穴　　經華蓋穴

恃　　　　　　赦　　　　直
（校4）百會　（穴5），　（校5）兩肩發　手掌心　　此乃二
同時堅持　　穴　　　墜　　　　至　　而出，

而　　能　　　　　　　　吸　握
氣交蒸法，發力　不　喘　此　　　氣　能捲（校6）
就可　　　氣；　乃氣順不能喘，是　順不　掘

禁　　　　之　此　　　　上落
全身之力，所謂（校7）在氣不在力。人　不知　法
貴　　　　尚有　其　者，皆每用步勢

下抄　偏　扣　　　隔於上，
（疑2），　身剛硬　緊，　力　使氣不能流通，
全　　張用　　致　　　此種剛硬不可

而　　　　雙論
（校8）口不能言，　諸節　鬆（校9）矣。
用，如　　貴乎　放

夫　發　　　　　上空
丹田（校10）氣之源，　命門（穴6）、百會（校11）之功；百
為　　　得　　　二穴

勢　明
會　乃一身之樞　，命門　乃一身之主　發　時，　胸貫頂，用
穴　（頂頸）　穴　　（腰直）。　力　寬

口笑胃通　　腰　　呼吸　之
百會　提起，　（疑3），自命門　迫（校12），此　發勢　也。
穴　　　　穴之　　時出

守　　腳　　心放寬　力放
墜（校13），　（校14）放鬆，　，（校15）丹田，
重心　落　心放寬力　　氣沉

沉聚　　　之　　放定，　回
命門（校16），兩腳　彎節（校17）力　益墜　後馬，
緊之　之彎用　　臀部　落於

此乃吸收之力也。

后字　　　　　字　　　　　　　　　元
呼吸二氣　出氣、轉氣、　　　、發氣、下　（疑4）　　　　週而復
有　　　　　後氣　　　氣　　　等之分別，　　　　返

分上下，　　　開
（校18），　　　　　　命門　自緊；丹田　　　胸　（校19）兩
以丹田為主之，　穴　　　　　　氣出由　門

氣從　　　　　至　和平
邊，　　肩井　（穴7）出　手尾　（疑5），使二氣得之交蒸
穴　　　於　　　　　　　　　（陰陽之力交

乃一身　　　而　　呼吸，
豈非命門　　之主哉！然　　　　上下二氣隔斷，
合可出震身內力），　穴　　　不知

乎　　　　后　椎骨
安有氣力之理，應　呼出發勢　，頭　大　（穴8）坐力，使命　　重，
知　　時　後　塵穴　　　　門穴受

存　　　　上　　　心提起
無不應驗。命門　之路，出氣必　（校20）丹田內，　隔於胸上，
穴　　　由　　　　氣

墜下　　　反號　　　心
（疑6），氣必消也。　丹田　（校21），腰脊　　　氣
氣墜下　　　　　不直，凹前凸後，　必

咬齒之力，氣必存於全身，　　　此皆　知
（校22）離也。　　　　　　　　　　　　不

故不識其法者，　　明其理也，

后　君子　　　　　為要
致有此弊，　學　細推究，其中妙理　　也。
後　者　詳　　可得之

肆、穴 道

一、穴 位

食鶴拳劉蘇本每一腧穴,均註明在身體之部位,今依中醫《經穴纂要》、《中國針灸治療學》暨《鍼灸經穴辭典》摘要補充,詳述如下:

穴1、丹田:

　　屬任脈,臍下三寸,一名關元。臍下腎間動氣者,丹田也。丹田者,人之根元也。精神之所藏,五氣之根元,太子之府也。男子藏精,女子主月水,以生養子息,合和陰陽之門戶也。

穴2、氣海:

　　屬任脈,臍下一寸五分。男子生氣之海。

穴3、華蓋:

　　屬任脈,兩乳中間為膻中穴,膻中穴上四寸八分為華蓋穴,在胸骨柄和胸骨體之接合處。

穴4、鳩尾:

　　屬任脈,在上腹部白線之上端,胸骨劍尖之直下。

穴5、百會:

　　屬督脈,在頂中陷中,容豆許。去前髮際五寸,後髮際七寸。猶天之極星居北,三才:百會應天,璇璣應人,湧泉應地。

穴6、命門:

　　屬督脈,在脊椎十四椎下(第二腰椎下)。陳修園著《醫學三字經》附錄臟腑命門說「……凡人受生之初,先天精氣聚於臍下,當關元、氣海之間。其在女者,可以手捫而得,俗稱產門;其在男者,於泄精之時,自有關闌知覺,此北門鎖鑰之司,人之至命處也。……凡稱之曰門,皆指出入之處而言也。況身形未生之初,父母交會之際,男之施由此門而出,女之受由此門而入,及胎元既

足，復由此門而生，故於七門之外，重之曰命門。若夫督脈十四椎中，有命門之穴，是指外腧而言（如五臟六腑腧一理），非謂命門即在此也。」拳訣所謂命門乃指腧穴，而其重要之性，由此論可知。

（七門：飛門，唇也。戶門，齒也。吸門，會厭也。賁門，胃之上口也。幽門，大腸下口也。闌門，小腸下口也。魄門，肛門也。便溺由氣化而出，又增溺竅為氣門。）

穴7、肩井：

屬足少陽膽經，在左右肩胛骨與鎖骨中央之間。此穴五臟真氣所聚。

穴8、大椎：

屬督脈，在第七頸椎與第一胸椎棘突起間。為手足三陽督脈之會。

二、附　論

（一）丹田為身體上之某點

丹田即人體重心所在，為空間位置，有上中下之分，三田諸說紛耘，莫一是從，今指小腹丹田，後錄三說，以資研究：

1. 小板元祐輯《經穴纂要》稱：「《資生經》曰：『關元乃丹田也。』諸經不言，惟《難經疏》曰：『丹田在臍下三寸。』」

2. 雷嘯天著《中國武術學概要》稱：「丹田為氣海，八脈拱一穴，在臍下一寸三分，距前七、距後三，氣即收斂於此。一切氣力之作用，皆從丹田發出，除此外無第二法。」

3. 飛鶴拳手抄本《白鶴拳書寶鑒》稱丹田為「元」，〈論端正法〉篇：「……元、臍下一寸此穴也。自有而來，人與物俱同，號為太極，太極主靜，不主動也。靜在則午在，如孟子言：『浩然之氣』是也。知此則陰陽力、呼吸氣，從此穴而貫通也。」

（二）丹田為呼吸氣之容器

本篇有「丹田分上下」句，依中醫生理學：人胸腹充滿之氣，可分

上下二層，上層即胸部肺中之氣，曰「後天之氣」，乃由外界吸進，為有形呼吸功夫（外呼吸）；下層即腹部丹田氣海之氣，曰「先天之氣」，乃自母體產出既已賦有，為血氣運用功夫（內呼吸）。

上層「後天之氣」與下層「先天之氣」，可以「佛門」或「道家」練氣吐納法使溝通混合化為一氣，呼時上層「後天之氣」吐出，同時下層「先天之氣」隨而降入丹田氣海中；吸時上層「後天之氣」由外界吸入，而下層「先天之氣」反由丹田氣海中逼上，與「後天之氣」混而為一，此謂「氣通」。進而循任督脈可於腹背之間，順逆圓轉，此係道家功法；而以意使氣，施於手足結成一股勁力，用以制敵，則為武術功法。

伍、校 讎

擇要說明之：

校1、台中二高張常球所傳飛鶴拳，諸位弟子手抄本拳譜，書名不一，篇章或多或寡，首篇〈論源流拳法〉異名有二：「總論」及「拳經」。其內容無食鶴拳譜本篇所述《拳經》諸句，可資校對，故刪「拳經曰」三字，計三處。（詳本書〈白鶴拳譜異同〉之「貳、拳經解析」，第176頁至第190頁。）

校2、呼為陽多攻，吸為陰多守；攻則因勢發力，守則乘勢化力。守非不用力，特少拙力耳，借鼻之吸氣，或輕靈向後縱退，或巧妙左右閃躲。為不致誤解防守時，收手用吸需使力（拙力），故刪「力」字。

校3、後天之氣（氧氣）由鼻吸循任脈為住氣海穴為一直線，若「開」則分歧，一路變二途，故刪「開」字。參閱「校18」。

校4、恃：依靠，稍停即轉。堅持：堅決保持。依上下文意刪「堅持」字。

校5、赦：釋放，肩膀放鬆。墜：落也。依上下文意為「墜」字。

校6、道書描述「神」、「氣」妙用，時引《中庸》：「捲之則退藏於密，放之則彌六合。」

因氣需收斂，乃可蓄而後發，故氣順「吸能捲握全身之力」。若「吸」易「不」，及「握」易「掘」，則上下文難以貫通，故刪「不」、「掘」兩字。

校7、依上下文意應刪「禁」字。然食鶴拳劉蘇本謂：白鶴拳初創之時，分「飛、鳴、宿、食」四種。有練拳八誌曰：「吞、吐、浮、沉、撲、提、甩、彈」；此本有訣「鳴如伸頸歌聲之意」。飛鶴拳手抄本謂白鶴拳有練拳八字訣曰：「吞、吐、浮、沉、飛、鳴、宿、食」，此本有訣「鳴聲記高聲之禁」。或謂刪「貴」字，成「禁在氣不在力」，內含飛鶴拳「鳴」字訣。今暫刪「禁」字，且俟日後有得，再予詳述。

校8、全身硬剛，力隔於上，則氣不順，「而」口難開，言語困難。「如」字單為形容，故刪之。參閱「疑三」。

校9、「雙論」當為昔人輾轉抄錄之筆誤；「雙」簡體字「双」，當為「放」草字之誤，且上下字互移，「論」或為誤加之字，均刪之。

校10、丹田乃氣之源，可蓄可發，可入可出，非只「發」用，故刪之。

校11、「上空」當為「二穴」草字抄錄之誤，故刪之。

校12、命門穴在十四椎節下間，即第二腰椎下間，故不應為迫「腰」，然迫於何處？為前之「丹田」。刪「腰」字。

校13、重心下降則下盤穩，與「臀部益墜落於後馬」相應。「守」有集中之意，故刪之。

校14、重心墜落，則必將「力」放鬆，若「全身剛硬扣緊，力隔於上，致使氣不能流通」，則氣擁胸際，上重下輕，腳跟易於浮起，下盤不能穩固，力要放鬆，「心」必要放鬆，方可不礙氣，使胸膈不脹悶，故刪「腳」字。

校15、「力放」丹田，易誤解而變成小腹外突。「沉」有集中之意，丹田以上之氣用意下沉於丹田，而丹田以下之氣用「提肛」之法上提於丹田，於是上下皆輕，而重心全寄於丹田。然下接「……臀部益墜落於後馬」，豈非與丹田以下之氣用「提肛」之法上提於丹田相抵觸？不也！一為有形 之步勢，於向後縱退或左右閃躲時，重心墜落移於後馬；一為無形之意與呼吸、血氣在體內相互結合運行的功夫故。刪「力放」兩字。

校16、呼吸二氣：吸則氣沉丹田，呼出發勢時命門迫之、命門緊之。故刪「沉聚」兩字。

校17、重心墜落，力放鬆，兩腳彎節之力放定，經湧泉穴下至地心。若彎節「用」力，則下盤硬、脆而浮，氣不能下行，故刪之。

校18、氣可往來，週而復返，下接「以丹田為主」，故刪「元」字。若無此句則刪「返」字。

校19、以意使氣由丹田上行，經腹至胸分二道從肩井穴出於兩手；因分道而行，用「開」字。「門」當為開字手抄之誤，故刪之。

校20、丹田氣可蓄可發，非只儲蓄，故刪「存」字。

校21、誤解「氣沉丹田」，努氣下落於丹田，小腹前突，臀部後翻，則腰脊不直。依文意刪飛鶴拳手抄本「墜下」兩字。

校22、「心」當為「必」字手抄之誤，故刪之。氣必消、氣必離，為操練時，行拳與呼吸不能配合，或拳架動作有誤，導致運氣無法順暢。

陸、存 疑

有難解而不知者，有推測而附會他說者，有相傳如是而無明文記載者，計六處：

疑1、呼氣由鼻出或由口出，拳訣無明文記載，而相傳用「鼻吸口呼」法，或依師承口授而練。

疑2、「上落下抄」不解云何？或指上盤零落，下盤慌亂不搭配。

　　　另飛鶴拳手抄本〈論源流拳法〉篇有「上塔下嬌」句（詳本書〈白鶴拳譜異同〉之「論源流拳法」，第166頁至第171頁），係指全身剛硬扣緊，力隔於上，致使氣不能流通；上盤如鐵塔，下盤腳根浮起而不穩固。擬兩句意義雷同，而用字不同。

疑3、「口笑」為心境舒暢之狀，擬為一種功夫深到，而自然顯之於外者，非勉強而可學的動作。華亭時著《太極拳全書》稱：「楊班侯先生練拳之時，或面現喜色而冷笑，或忽作怒容而發喊，所謂帶喜怒者也。」

　　　「胃通」係內在之氣機暢行無阻也，擬為氣機運行的一種功用。南懷瑾先生著《靜坐修道與長生不老（一）》稱：「任脈的重心在於中宮，真正的作用就是胃脘，即『胃』部。修練有得氣通任脈，中宮氣機發動，胃氣上行有打長呃、噯長氣的現象（調整中和腸胃的廢氣）。」「口笑」或指打呃、噯氣。

　　　另飛鶴拳手抄本〈論駿身法〉篇有「論口：大開胃大通，微開胃微通；起手配微通，入配大通。」（詳本書〈白鶴拳譜異同〉之「論駿身法」，第175頁至第176頁）擬兩句大義相通。

疑4、鍊氣法依拳訣有五，其難解者多附會雷嘯天著《中國武術學概要》──氣工之鍛鍊：

　　4-1　出氣：正常吐氣，即呼氣。

　　4-2　轉氣：瞬間轉換，擬同太極拳招式過度時的「小呼吸」。或雷著所稱：

　　　（1）呼氣法：↓呼氣法攝唇，氣從喉嚨經口腔向外一射而出，與密宗之「射息如放箭」相同。此法可平喘氣，在胸膈中之氣十分充滿時用此呼法吐之。

　　　（2）哈氣法：|哈氣法，口唇張大哈氣而不發音。此法在唧氣充滿難耐時，用此哈氣法以調勻之。哈氣要短，而口腔儘量放大，讓氣自然跑出，接著口唇又相閉合。如果需

要時，可以連續張口哈之。

4-3 後氣：沉住氣，氣息細慢，或短暫閉氣，靜待對方出手。

4-4 發氣：配合來勢，調節呼吸協奏而後發出。擬同雷著所稱：
「哼（hn）嘿（hei）二氣，平日練拳，一方面在調氣鍊氣，其主要仍在運氣成勁，或發勁以擊人，或運勁以受人擊。少林拳訣有云：『三字沾按吐，聲使驚怪。』此之發聲，即哼、嘿之聲（按少林用「嘿」較多），使驚怪者，奪其氣而已。」
另太極拳訣有云：「拿住丹田練內工，哼哈（ha）二氣妙無窮。」

4-5 下氣：沉入丹田，擬同雷著所稱：

（1）聚氣：氣凝聚一起，不使分散也。練氣工常用。

（2）閉氣：將氣嚴密封閉，不使有絲毫罅漏也。此閉氣，與密宗及瑜伽之持「瓶氣」相同，在鍊氣工很重要。

（3）定氣：入氣後，將氣定而不動。與瑜伽士之住氣相同。此定氣在吞咽後常用之。

（4）弩氣：集中強烈精神力，將氣定住或注某處。練外壯工及南少林拳術一類多用之，效力頗強。

疑5、「和平」兩字難解。另飛鶴拳手抄本〈論立身腳馬子午節門工〉篇則為「直出手尾，以充平和。」亦難解「平和」兩字云何？或指「不徐不急」，順勢而出，不免強用力。

疑6、原文：「命門穴之路，出氣必由丹田內，氣隔於胸上」，胸部包含心臟與肺臟，為人類活命生存最重要二個器官，中醫學稱：「心主神明」，是一切精神意識、思想活動的發源地；又主血脈，是血液循環的主要動力。而稱：「肺主氣」，是出納空氣的大本營，有調節全身氣分的功能；又主治節，有輔佐心臟，主宰血液循環的作用。下接「心提起」殊難解，或指心的精神意識、思想活動功能，處於緊張、焦慮、散亂等各種狀態，氣不順暢，隔於胸中，所以再接「氣必消也」。

柒、臆　測

一、呼吸外象

先明人體胸腹部名位：

（一）**頸窩**：喉頭結節下之陷凹處。

（二）**心窩**：胸骨劍突下、腹最上部三角形之小窩。

（三）**臍**：為腹之正中，俗稱肚臍。

（四）**陰部**：即恥骨部，小腹之下際，男女私處。

呼氣時由口出，頸窩至心窩的胸部輕微而向下的微動，心窩至臍的上腹部凹進，臍至陰部的小腹部凸出，橫膈膜隨呼氣而慢慢升起，至氣呼盡時，升到虛線的高度（圖1）。

吸氣時由鼻入，頸窩至心窩的胸部輕微而脹滿的挺出，心窩至陰部的整個腹部向內縮入，橫膈膜隨吸氣而漸漸下降，至氣吸盡時，降到虛線的低度（圖2）。

二、意氣導引

飛鶴拳手抄本〈論動靜之法〉

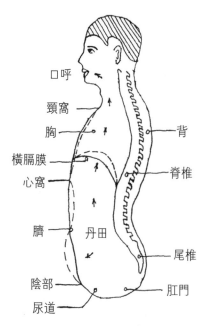

圖1　呼氣外象

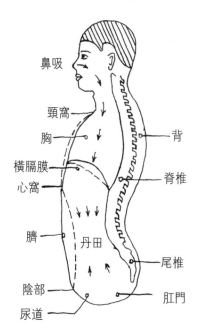

圖2　吸氣外象

篇：「論身中動靜之形勢，總是頭正腰平，不可偏側。」再者，〈論拳法源流〉篇有「頭頂提正」、「顛庭頂天」、「三骨方正」句。三骨為胸椎、腰椎、薦椎，即大椎、命門、尾閭。上篇「頭正腰平，不可偏側。」指脊椎要直，下篇「頭頂提正，顛庭頂天」指頸椎要直。

　　本篇係指「頸椎」──堅持百會穴、用百會穴提起、頭後大椎穴坐力──頂頸。及「腰椎」──自命門穴迫之、命門穴自緊、使命門穴受重──腰直。故脊椎直則身端正，以意使氣乃可氣順。

　　本篇論「氣之運行路線」與論「脊椎正直」合於一處，初閱必茫然不知云何？今分別說明，當易明瞭。

　　氣呼出（二氧化碳）由丹田出動鳩尾穴，經華蓋穴上咽喉從口而出（圖3，虛線）。另以意使氣（勁力）由丹田上鳩尾、膻中（胸部兩乳中間）至華蓋開肩井，入極泉（腋窩）行小海（肘底），經前臂繞內至掌心或出手尾（圖3，實線）。

　　氣吸入（氧氣）由鼻而落咽喉，至胸前華蓋下膻中吞住氣海（丹田）（圖4）。

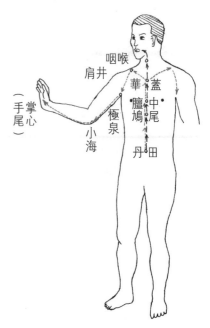

圖3　呼氣導引

圖4　吸氣導引

三、藏密氣功

佛門西藏密宗氣功「寶瓶氣」即「呼吸四種合法者」，併錄以供參考研究。節自《明行道六成就法》之〈靈熱成就法〉，「靈熱」又稱「拙火」，或「丹田火」，詳如下，訣云：

曲頸向前彎，令如鐵鉤式。鼓張胸腔部，令如瓦水壺。
將息緊拴繫，令如彎弓弦。射息而呼出，令如放箭式。

又訣云：

引息滿息與均息，及以射息為四法。
不明四法合作者，無益有損險當知。

釋曰：言「引息」者，於身前約十六指之距離處，想有靈息輪圈，用兩鼻孔，輕緩無聲，飽滿引吸入體中之謂也。引息入已，務須極盡充滿，達到肺之最下端。

於是收束腹筋，令膈膜上提，以抵逼胸腔。同時閉氣下壓，使此上下不漏，中滿風息之胸腔，如同瓦壺，滿滿盛水，而不滲漏點滴，是即「滿息」，或云「壺式息」。

既作此壺式已，當更力挺胸骨，以提膈膜，令其膜之中凸者，愈再上抵胸腔，同時膜之兩旁，愈向下收窄，彈力亦愈大，所謂如抽弦彎弓之式。但此時也，胸腔縱已被逼於其下端之高凸膈膜，然猶一面緊之再緊，扭動胸肋各骨，愈益挺出胸腔。一面更由鼻孔吸入短息數口，使胸中風息，極盡緊滿，無以復加，而各處無不極盡均勻達到，是之謂「均息」。

息既滿而且均，於是保持勿洩，至儘力能持之久。然後乃由兩鼻孔，先輕微和緩，繼略粗重，終乃一衝而出，如射箭，是之謂「射息」。

此四法須合作，打成一片，所謂引、滿、均、射，一氣依次行之，方為完整之瑜伽息。否則無益，而反有害也。

捌、結 語

祈願見者，身心合一；謙恕勤恆，困知勉行；
習武學道，尚文崇德；利人壽民，廣佈天下。

附錄、參考書目

一、 武 術

1. 蔡秀春傳授，《白鶴拳書寶鑑》，賴仲奎手抄本，1969年8月。
2. 劉故、蘇昱彰合著，《白鶴門食鶴拳》，台北：華聯出版社，1971年5月。
3. 華亭時，《太極拳全書》，台南：綜合出版社，1965年11月再版。
4. 雷嘯天，《中國武術學概要》，台北：自由出版社，1963年10月。

二、中 醫

1. 陳修園，《醫學三字經》，台北：文光圖書有限公司，1967年9月再版。
2. 小板元祐輯，《經穴纂要》，台北：大新書局，1971年4月再版。
3. 承澹盦，《中國針灸治療學》，台北：文光圖書有限公司，1973年2月再版。
4. 戴源長，《鍼九經穴辭典》，台北：真善美出版社，1973年4月再版。
5. 陳德生，《中醫學入門》，台北：文光圖書有限公司，1974年7月初版。

三、佛 道

1. 《明行道六成就法、頗哇心要轉識自在法》合刊本，台北：自由出版社，1962年1月初版。
2. 南懷瑾《靜坐修道與長生不老（一）》台北：人文世界雜誌社，1973年4月初版。

　　本文1974年秋，初稿草就，以賴古存筆名，投稿武林前輩劉雲樵長者創刊之《武壇》雜誌，是年預定於第25期刊出，惜雜誌社因故歇業停刊，亦未退還此稿。唯今年春，同道摯友鄭元璋建築師在Facebook發現影印本流傳，特予告知，僅此致謝。

　　憶及2000年10月2日，因公務北上受訓數日，晚間每至重慶南路書局，偶覯《台灣武林》季刊第二期，乃前往拜會劉康毅社長，得知將以「鶴法」為期刊專題研討，兩岸三地徵求文稿。余提及早歲從先叔公蔡秀春長者習白鶴拳，並有《閩南拳術「白鶴拳訣」臆測》乙文，投稿《武壇》雜誌之往事，不意劉社長隨即出示原稿，余頗感驚訝。再者，應劉社長策劃「鶴法」專題之徵稿，以是提供1975年5月20日再定稿，於2000年12月《台灣武林》第4期發表，亦已間隔25年矣。

　　此稿刊出，忽忽已過19年之久，今將再定稿重新檢閱，修訂多處，正名〈白鶴拳訣「論氣力法」臆測〉，以為學拳歷程之雪泥鴻爪爾。

2019年己亥端午節於武德學堂　賴仲奎　謹識

第三篇
白鶴拳譜異同

　　《白鶴拳譜》基本功訣四篇，據方世培祖師一脈來台之「台中二高」張常球教傳拳譜三冊，以《白鶴拳書寶鑑》為底本，比對《白鶴拳要》暨《白鶴拳密笈》，遇有校勘增補處，均加（　）註明之；次與蘇瀛漢・蘇君毅校注之《方七娘拳祖》、《白鶴拳家正法》（台北：逸文出版有限公司，2004年8月）二冊；及李剛著《鶴法述真》之古譜〈白鶴拳總論〉（台北：逸文出版有限公司，2011年9月）等諸書拳訣，校勘異同，其校勘增補處，亦加（　）註明之，以保持原文完整性。

　　傳統武術各門派之拳譜，多有〈拳經〉篇，與台灣網路有關鶴拳之〈拳經〉比對釐正，其穿鑿附會之處，則逐條詳列於「解析」之後，以資參閱。

壹、基本功訣

　　白鶴拳基本功訣〈論拳法源流〉、〈傳授真法〉、〈論正直法〉、〈論駿身法〉四篇，均加新式標點符號並分段，及比對不同版本，以便讀者閱讀。

　　第一篇〈論源流拳法〉：本篇出自永春白鶴拳《方七娘拳祖》之〈白鶴仙祖拳法源流〉、〈教徒之法〉，與《白鶴拳家正法》之〈請論內筋節拳法源流〉、〈衛身秘要〉、〈交關接手總論〉、〈秘授開法要語教徒之法〉、〈開拳秘訣總論〉等諸篇，擇要節錄而成。《白鶴拳書寶鑑》原抄本無篇名，亦未分段，並無分段標題。1969年8月抄錄時，依其內容為「總論源流、八字訣、三戰、拳式、拳法」之闡述，蔡秀春

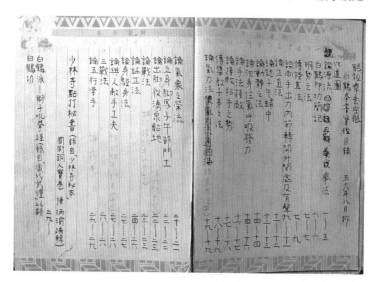

相片1

言篇名可定為〈論源流拳法〉（相片
1）。再者，《白鶴拳要》暨《白鶴拳
密笈》二冊，本篇亦無篇名。另有同文
異名者，《白鶴拳譜》係張常球傳陳春
成，再傳曹新鍊者，本篇名〈拳經〉
（相片2）；及《白鶴拳書》張常球教
傳，佚名人士不同抄傳，本篇名〈總
論〉或〈拳法妙理〉。（詳本書〈台灣
白鶴拳譜溯源增補記〉，第128頁至第
146頁。）

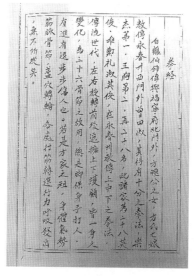

相片2

　　第二篇〈傳授真法〉：本篇出自永
春白鶴拳《方七娘拳祖》之〈教徒之
法〉，與《白鶴拳家正法》之〈衛身秘
要〉等二篇，擇要節錄而成。

　　第三篇〈論正直法〉：本篇出自永春白鶴拳《方七娘拳祖》之〈論
正直沉身發力之勢〉，與《白鶴拳家正法》之〈論正直出力〉等二篇。

係以動物行動為觀察之對象，福州白鶴拳方世培祖師傳承拳譜為「雞」，而永春白鶴拳譜為「犬」。林國仲所傳《縱鶴拳論》無此篇，網路縱鶴拳〈拳經〉稱：「溺犬搖駿，水珠飛濺。」及林英明著《縱鶴拳法》稱：「見靈犬落水，起岸，搖身一駿，水珠飛濺。」

第四篇〈論駿身法〉：福州白鶴拳方世培祖師傳承拳譜，而不見於永春白鶴拳譜，即林國仲所傳《縱鶴拳論》亦無此篇。

一、論源流拳法

《白鶴拳譜》首篇〈論源流拳法〉乃「總論源流、八字訣、三戰、拳式、拳法」，據蔡秀春親書手抄《白鶴拳書寶鑑》（相片3～6）為底本，與《白鶴拳要》、《白鶴拳密笈》、《白鶴拳家正法》等三冊，校勘增補，如下：

祖白鶴仙師傳與福寧府北門外，方種公之女方氏七娘，教傳永春州西門外曾四叔，得有十分之拳法。「教傳永春二十八人」（據《白鶴拳要》暨《白鶴拳密笈》校勘增補），樂杰第一，王打「胸」（《白鶴拳家正法》頁80：「興」字。「胸」與「興」二字，閩語相同，讀為「hing」）第二，「林、蔡、邱、吳、許、康、周、顏、張、李、黃、白戒，內有二十八人」（據《白鶴拳要》暨《白鶴拳密笈》校勘增補），此諸家稱為二十八英俊。唯鄭禮叔「乃」英俊「外一名」（據《白鶴拳密笈》校勘增補），此諸家在永春州教傳，白戒與鄭禮叔傳授鄭寵叔（據《白鶴拳家正法》頁80，校勘增補），「鄭寵叔將拳法」（據《白鶴拳要》校勘增補）分為上、中、下拳法（詳：解析一），流傳世代。左右旋轉，前後遮攔，上下護固，皆

相片3

由一身之變化，為三十六骨節之效用；總是腳保身，手打人，有進有退，步步傷人也。若是方家之祖，身體氣勢，筋脈骨節，盞穴轉輪，注止部位，必先一身五肢歸端正，三十六骨節，七十二轉輪，各處行筋轉運行力，呼吸發出無不聽從矣（詳：解析二）。（以上為第一段）

鶴祖傳道此經曰：「舉意不舉力，記氣不記形。」吞、吐、浮、沉、飛、鳴、宿、食。吞似貓兒捕鼠之狀，吐似猛虎出欄之勢，浮如飛鳶迎風鎮地，沉「乃二龍變化之法」，（《白鶴拳要》：「如泰山壓頂之狀」）飛乃大鵬展翅之狀，鳴「聲記高聲之禁」，（《白鶴拳要》：「乃伸頸高歌之形」）宿如初醒之態（詳：解析三），食乃啄物之象也。總是頭、身、手、足四種之氣勢，以為三戰之步法也。

一為頭頂提正，手足俱動，顛庭頂天，如降落地矣。

二為胸腔向開，懸肩插甲，兩臂如棉，縮入閣腔邊，力要開到太子宮，與尺尾骨不可軟斜搖動之敗，提腸束氣，腹邊力轉入後腿，腳力通於身，身力通於手，聽憑呼吸發出，無不聽從之理矣。身內有四條大筋之力接應，前兩條腹裡筋與氣海筋，接帶後二條飯匙骨板筋至尺骨尾沉落歛束叫應也。

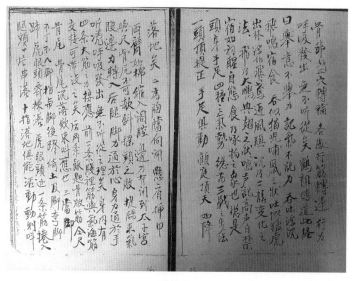

相片4

　　三當兩腳不丁不八，腳趾與腳後跟倚土，及腳彎、腳蹄、虎眼頭齊齊束落，虎眼頭邊一條筋捲入腿頭，一片串落，十趾落地（詳：解析四），俱能活動，動則叫，掌心力降地，應手便有起力，是以「吊腿伏力」（詳本書〈方世培祖師拳法的特色〉，第192頁至第201頁），手足相應也。

　　四當照陽手，有三節：上節懸肩，中節吞墜，尾節如柳枝，呼吸發出，如「虎典威之勢」（《白鶴拳要》：「猛虎出欄之威」）也。內節軟如棉，中節如泥，尾節如柳枝，井井向天，叫「全身」（原文「氣」，據《白鶴拳要》更正）力，以節為門戶，一手有六門之變化，變為「上、中、下、左、右」（《白鶴拳要》：「上、下、左、右、出、入」）之分別，故有出手如「刀」（原文「對」，據《白鶴拳要》更正）眼，又出如箭。左手交關右手接，右手交關左手接，遇空則入，不容稍緩，皆從子午之變化，一氣行力也。夫氣順不帶「火」（據《白鶴拳要》增補），化氣自然，交接之時，如對羽毛之輕，勉強用力，對他人無異泰山之重。

相片5

　　凡欲學習者，能細心研究，勤練日積，而謂徒勞罔功，不能接受前賢者，此天下所稀聞，古今以來所未有者也。（以上為第二段）

　　教徒之法必以三戰為先，端正為務，然後練其手足相應，筋骨出力，一氣發出，此皆沉一字也。沉乃三骨方正，推叫身力，呼吸發出，勢威如虎，非人可比也。若論交接之時，觀其地勢，而出其馬步；觀他人之面目，可知他來手之出力；觀其鼻，可知他人之動靜；斷不必觀其手、觀其形、觀其影；又不必求知其上部來、中部來、下部來。從「我」（原文「是」，據《白鶴拳要》更正）手節，或用一手，或用兩手，對膀胱歸中向起，上、中、下盡有接應。交接之時，唯認子午而已，有橋斷橋，「可對庄而破之」（據《白鶴拳要》增補）；無橋自作橋，引入懷而破之。手尾步步先柔，而「後尋其勢」（原文「彼剛」，據《白鶴拳要》更正），將用氣力而破之；剛中帶柔，柔中帶剛，剛柔相濟，固有出手如探囊取物之勢也。若夫交關大力者，抵擋不過，必觀其來勢，隨他左右，對「其」（據《白鶴拳要》增補）眼節，化其力頭，接其力尾，借他力而用之，遇空而入，不容稍緩，或左過右，或右

相片6

過左，身當住勢，無貪於前，無失於後，兩腳如車輪，心力貫連，手足相應，雖有大力，將安恃哉。（以上為第三段）

夫拳者，歷代以來，許多種樣，各說其一理，惟認筋骨正直，心氣意「聽憑呼吸，一齊發出」（據《白鶴拳要》增補），將「用」（《白鶴拳要》：「叫」字）氣力，謂是正祖之拳也。苟其身「不正」（原文「歪」，據《白鶴拳要》更正），三十六骨節，七十二筋氣，無一齊出力，乃是非祖「之拳」（據《白鶴拳要》增補）也。又有一種之拳，做形張體，上塔下嬌，古人云：「做形張體不成法，上塔下嬌不成敬。」此乃非祖之拳，不足論也（詳：解析五）。（以上為第四段）

【解析】

張智惟為蔡澤民之學生，實則為「中華縱鶴拳協會」之會員，於新浪部落「永順武德堂」台中二高系網站 http://blog.sina.com.tw 張貼「乙太鶴法譜」，乃搜尋各種鶴拳相關之拳譜，拼湊串連而成，或依其他資料增入諸多文句，均未註明出處，淆亂聽聞，實非蔡秀春門下之後代傳人，今據蔡秀春親書手抄拳譜（相片3～6），為之正本清源。詳如下：

（一）本處下接觀察「鴉、犬、魚、蝦」之動作，及傳承人物。節自：

1. 林國仲縱鶴拳〈拳經〉，見維基百科網站 https://zh.wikipedia.org/wiki/縱鶴拳：

「獨超群拔萃。白戒與鄭李叔永春教傳鄭寵叔，寵叔傳福州李師，再傳福州福清館口人氏方世培（諱徽石），鶴法至此猛殺，復求輕柔震彈，則盡善盡美矣。偶觀寒鴉顫身雨散，木為之搖，溺犬搖駿，水珠飛濺。臨池審視魚身柔游，蝦臂伸縮，因有所悟，而易鶴法以鬆柔、圓化、摔彈、抖震為形，意氣為體，呼吸為用之拳法。世培為後祖，再傳方永華，陳依鶴、蕭孔培、陳道田、王霖、時譽「八閩五虎將」。五虎將之首，世培之子方永華再傳子方紹翥（阿鳳師），方紹峰。」

2. 摘錄自賴仲奎發表於《台灣武林》季刊之「鶴法專題文章」（詳本書〈台灣白鶴拳探究篇目〉，第210頁至第212頁），可尋諸篇文章比對，自見出處，甚且錯訛字，造抄無誤，亦不知更正。（詳本篇末段

「內容更正說明」，第213頁。）

「及張常球（二哥），常球為來台初祖，本名諱二哥，常球為後祖世培所贈之名，後有日本人台中廳長技德二因攏絡，而譽二哥武術與德行並美，如新高山（玉山）能高山（雪山）並峙，更稱二高，世以二高拳法稱其術。二高拳法傳大肚陳春成，台中賴田、賴芳帽、賴阿標、楊慶棟、鄭波、林火旺及豐原黃玉，皆為俊秀，陳春成身型雖小，步捷手緊，更得電光手秘技，享譽武林，後傳大肚蔡秀春，子陳朝榮，梧棲陳炎太，員林賴瑞成，蔡淇茂，林成龍，曹新鍊，各有所長。蔡秀春特出，身型高大，又習仙家道功於歐陽敬予，增拳經白鶴神功簡記一篇、拳柔軟肢一套，秀春再傳子澤民，澤民師全心發展鶴法，再習隱仙派詹德樹道功，鶴法至此內外皆備，得有十分拳法。」

（二）自行標註「弟子張智惟丁亥年（2007年）謹誌」。

（三）按福州白鶴拳為仿生象形之拳法：

1. 經觀察白鶴生態行為，明顯區分有「飛、鳴、宿、食」四種。

2. 蔡秀春手抄本為「宿如初醒之態」，而張智惟依其他資料改為「宿如『白熊』初醒之態」，其增入「白熊」，不符觀察實情，錯誤異常；蓋以白鶴夜宿棲息沼澤中，單腳而立，能保持高度清醒警覺，遇有外敵，振翅而飛，並反擊之。

（四）張智惟自行增入，未註明出處。係節自蘇瀛漢·蘇君毅校注《白鶴拳家正法》之〈衛身秘要〉，頁83：

「與腳掌心及後踵落力。太白小行先落下，力即起至腿及頸頂，腰肩推束，出馬進前之時與後腳腿頸對叫，解筋更收束。又推叫通身發力齊動可得一身無虞。手動而足進，足進而手動，若手動而足不進則無力，足進而手不動則無勢，無力不能傷人，無勢反被人傷，方知手足相應不可失也，足趾落地。」

（五）本篇正文分四段，而張智惟或依他本拳譜，或自行增加分段標題，並更改順序為「拳經（原文第一段）、論教徒之法（原文第三段）、三戰示要（原文第二段）、論拳法種樣（原文第四段）」。

二、傳授真法

《白鶴拳譜》之〈傳授真法〉篇，據蔡秀春手抄《白鶴拳書寶鑑》為底本，參考《白鶴拳要》、《白鶴拳密笈》等二冊，與永春白鶴拳《方七娘拳祖》之〈教徒之法〉，及《白鶴拳家正法》之〈衛身秘要〉等二篇，及李剛著《鶴法述真》之古譜〈原傳鶴法訣要〉篇，校勘增補，如下：

白鶴仙師又云：「傳授真法，亦難言矣。」學練行步之時，兩肩必對，「骱頭相平正」（原文「解頭相隨」，據《白鶴拳要》更正），不可貪前失後，出手隨身對「骱」（原文「解」，據《白鶴拳要》更正），不可曲入開出，手節對膝力相隨，「節內推接一身之力」（據《白鶴拳家正法》頁84，校勘增補），太子宮「與鼻宮」（據《白鶴拳家正法》頁84，校勘增補）對前膝同向，又對足掌心、手掌心出力注止。

頭為一身之主，眼為師，手為兵，腳為將，須與上中下究應，配太子宮同向，不可偏側，前骨尖收後沉入，「與後腳腿頭對推，及頭頂、肩中、大椎、盡尾骨、丹田、胸前各處一齊推叫，和順接應也。行步」（據《白鶴拳家正法》頁85，校勘增補）後跀（腳跟）對臀中，一身前後二片，「下部提起，上部百會及腦後、肩中、大椎、胸前一點力束落，身中動」（據《白鶴拳家正法》頁85，校勘增補）中帶靜，浮中帶沉，一動有注氣之意，不可差陰失陽，學者苦力勤練，論年不論月。

舉手行步，五肢歸接中肢，雖手足動如車輪，而「身能靜如棉，手能軟如柳枝，兩足落地，步步如車輪」（據《方七娘拳祖》頁71：「身要靜如鐵柱，手要硬如鐵板，兩足落地，步步生根」句，衍化演繹），左右前後旋轉，將叫氣力，呼吸發出，無不聽從矣！（他本此處增入多句，詳：解析二）進退出入，可見直成實力，活力愈出愈奇，豈不盡善又盡美哉。若夫一日曝之，十日寒之，徒練虛名，而無實學。

出手上部脹死，「下部必不能接應，上部有死力」（據《白鶴拳

要》增補），下部必空虛，此乃筋骨相反，手足不能接應，如車無輪不能轉矣。若遇此手，必當盡尾骨拔起後，身中帶沉，兩肩懸前，兩手愈長愈奇，長中帶墜，將叫駿身起，可以救之，若身不能起，亦難救矣。又曰：「自身不能保，焉能取他人乎？」是以學易精確也，然而天下無難事，只怕心不專，心專事必成。

凡欲學習之人，惡心須改為善心，心中細細抑其躁氣，戒其狂妄，不可不恥，不若人患人之己知也。

【解析】

（一）本篇為古譜〈原傳鶴法訣要〉五言要訣之一段（李剛著《鶴法述真》頁55～56，台北：逸文出版有限公司，2011年9月），而永春白鶴拳譜之《方七娘拳祖》及《白鶴拳家正法》二書，與台灣白鶴拳譜之《白鶴拳書寶鑑》、《白鶴拳要》、《白鶴拳密笈》、《鶴祖遺傳拳頭書》、《白鶴拳書》等多冊數篇拳訣，均據此五言要訣（詳本篇「福建白鶴拳」，第178頁至第180頁）加以白話演繹，為練鶴拳所必深究之理法，不可不窮源溯流，窺其堂奧。

（二）張智惟「乙太鶴法譜」見網路新浪部落 https://blog.sina.com.tw，其中〈論明勢之法〉篇後半段〈傳授正（真）法〉增入「然究其理，須當硬改至軟，軟貴乎學至韌，韌又當學至化，步步各位，身閒氣足，此硬從韌化中來也，此法不習，置之度外，欲求做手妙法，奇奇怪怪，不求其本，徒求其末，吾未知如之何已矣！或有細心究習其根本，虛心相與，必無怠也。究其所以，能用勢出力，力能接續，得有活潑之機，似源泉沸湧。」並未註明出處，師承何人。所據非蔡秀春教傳之拳譜，實非蔡秀春門下之後代傳人。

三、論正直法

《白鶴拳譜》之〈論正直法〉篇，據蔡秀春手抄《白鶴拳書寶鑑》為底本，參考《白鶴拳要》校勘增補，如下：

正直出力，人與物俱同，試以動物行動而觀之。夫雞有時落水，觀

其離水之間，頭正、身正直，兩腳落地，沉身而起，兩翅雙張，雖有水而不見，其何之「故」（據《白鶴拳要》增補）？

凡人學習者，可比「喻」（原文「亦」，據《白鶴拳要》更正）同此法。故人之行步，身中正「直」（據《白鶴拳要》增補），沉推一叫，欲進則進，欲退則退，不致有艱難之患，無接續之勢也。

倘若身腰不正，一身盡向出，足步又盡開大，或遇橫直，搖邊破之，（《白鶴拳要》：「大晃直搖，或遇橫打破之。」）吾知其敗矣，正直兩字，安可忽也。

再者，據蘇瀛漢‧蘇君毅校注《白鶴拳家正法》之〈論正直出力〉，頁103：

論正直出力者，人與物俱同，試以動物行動而觀之。夫犬有時過水，觀其離水之間，頭正身正，四腿推尋，沉身動搖發力，其水一彈而乾，身雖有水而不見，其何之故？

人之行步，身中正直，沉推一叫，三十六骨節必然聽從其出力，欲進則進，欲退則退，不致有艱難之患，無接續之勢也。倘若身腰不正，或腿開出步亂落，一身盡向出，足步又盡開，他人用橫打搖邊破之，吾知其必敗矣，正直二字，大為扼要，安可忽略也。

【解析】

（一）《縱鶴拳論》無此《論正直法》篇，網路縱鶴拳〈拳經〉稱：「……溺犬搖駿，水珠飛濺。……」（見本文第170頁）福清方世培祖師已將永春《白鶴拳家正法》內〈論正直出力〉篇：「犬」之「四腿推尋，沉身動搖發力。」修正為「雞」之「兩腳落地，沉身而起，兩翅雙張。」前者為獸類四腿，後者為禽類兩腳。以是得知林國仲並無方世培祖師一脈傳承之拳譜，就永春《白鶴拳譜》引喻，甚為明顯。（詳本書〈福建白鶴拳傳承簡述〉之「論正直法」，第75頁至第76頁。）

（二）張智惟「乙太鶴法譜」〈拳經〉，見網路新浪部落 https://blog.sina.com.tw 稱：「……偶觀寒鴉顫身雨散，木為之搖，溺犬搖駿，水珠

飛濺。臨池審視魚身柔游，蝦臂伸縮，因有所悟，……」以縱鶴拳〈拳經〉之說詞（見本文第170頁），穿鑿附會於台中二高張常球教傳白鶴拳之理法，混淆視聽，所據非蔡秀春教傳之拳譜，實非蔡秀春門下之後代傳人。

四、論駿身法

《白鶴拳譜》之〈論駿身法〉篇，據蔡秀春手抄《白鶴拳書寶鑑》為底本，參考《白鶴拳要》、《白鶴拳密笈》等二冊，校勘增補，如下：

力從肩腰腿「身」（據《白鶴拳要》增補）駿起，左環於右，右環於左，是謂連環駿，出入能俱駿，此法「講」（原文「能」，據《白鶴拳要》更正）究分明，有七星墜地「之勢」（據《白鶴拳要》增補），正能學習之。

論口：大「開」（原文「關」，據《白鶴拳要》更正。《白鶴拳密笈》：「笑」字。）胃大通，微「開」（同前「開」字校勘）胃微通；起手配微通，入配大通。若用工未到，此法切不可用也。

再者，民國11年（1922年）阿鳳師方紹翥來台，在南部新營教李棟樑、沈伯、林色、周意、邱清涼等五姓門生白鶴拳。方紹翥稱屬於福州白鶴拳中「飛鶴、鳴鶴、宿鶴、食鶴」四種之「飛鶴」與「宿鶴」，所教傳為「駿身鶴法」。傳下拳譜名《鶴拳拳詩》乙冊，己丑年（1949年）孟秋月邱太鐘手抄本，其中〈論駿身法分第六〉篇（相片7），如下：

相片7

力從肩腰腿身駿起，在環於左右環，于是謂連環駿，出入能俱駿，此法能講究分明，有七星墜地正能學習之。

論口大小天胃大通入配大笑。若用工夫到，此法不可不用也。

上列兩者傳抄略有差異，孰者正確？切勿以文字為定論。蓋往昔傳統武術界與中醫界甚為保守，手抄秘本每有外人得之，而無法解密者，其中有一字之異，而意義相反者，或漏掉一句、或前後文對調者，僅傳人始知其底蘊，口授入室弟子關竅何處；諸多情況，令人難以理解，一併述之。

【解析】

（一）《縱鶴拳論》無此《論駿身法》篇，故知林國仲非方世培祖師門下入室傳人，乃就林琴南輯《技擊餘聞》之〈方先生〉篇：「法曰縱鶴」，自稱教傳「縱鶴拳」，蓋以福州音「駿、宗、縱」三字諧音，「縱」字係林琴南以字表音之誤。福州本無「縱鶴拳」，此為林國仲在台灣所改之拳名，故其門生稱林國仲為「縱鶴始祖」，即可證明。若縱鶴拳為方世培祖師所創，則「縱鶴始祖」應是方世培祖師，必須予以釐清。

（二）網路縱鶴拳〈拳經〉稱：「……溺犬搖駿，……」此句值得推敲，大有商榷：

1. 林國仲無傳承拳譜之〈論正直法〉篇，故不知方世培祖師已將永春拳訣之「犬」字改為「雞」字。

2. 林國仲自稱教傳「縱鶴拳」，功法以「狗縱身」為喻，唯此處卻稱：「溺犬搖駿」，用「駿」字，而非「縱」字，自相矛盾，疑點重重。以是得知「駿」字正確，蓋林國仲無方世培祖師傳承拳譜之《論駿身法》篇。

貳、拳經解析

1974年秋，草擬《閩南拳術「白鶴拳訣」臆測》初稿時，見劉

故、蘇昱彰合著《白鶴門食鶴拳》，書內〈論氣力法〉篇有「拳經曰」後，續以解釋文句。而方世培祖師教傳白鶴拳，輾轉抄錄流傳於台灣之台中二高張常球及阿鳳師方紹翥傳承之拳譜，所謂〈拳經〉篇（相片2），僅見於曹新鍊收藏之《白鶴拳譜》首篇，內容為演繹之文，與其他抄本首篇相同，以是甚感疑惑。

2004年8月，永春蘇瀛漢輯《古典白鶴拳譜》六冊出版（台北逸文出版有限公司），亦無〈拳經〉篇章。或永春白鶴拳之〈拳經〉原本業已失傳，數傳至福州後，僅憑師父記憶口誦要訣，闡述精義，由弟子筆錄保存。

及至2011年9月，李剛著《鶴法述真》出版（台北逸文出版有限公司），其中古譜〈原傳鶴法訣要〉五言二百五十五句，依序為「源流傳承、方家正傳、鶴祖傳道、傳授真法、究論三戰、交關接手、正祖之拳」之歌訣，而永春、漳州、福州、台灣兩岸三地傳承保存《白鶴拳譜》手抄本，其中有多篇拳訣，均據此篇加以演繹，尊為〈白鶴拳經〉，殆無疑義。

爾後，見維基百科網站 https://zh.wikipedia.org/wiki/縱鶴拳有〈拳經〉篇，內容主要為傳承人物介紹；再者，張智惟模仿此篇，於新浪部落「永順武德堂」台中二高系網站 http://blog.sina.com.tw 張貼「乙太鶴法譜」，亦有〈拳經〉篇，自稱為陳春成傳蔡秀春一脈之傳人。此二篇文章，與方世培祖師傳承拳譜，大相逕庭，乃為之比對釐正，無復擾嚷紛紜之糾葛。

古云：「經」，本意為織布機上直線，《說文解字・糸部》：「經，織從絲。」又謂：「經者，常道也」。劉勰《文心雕龍》稱之為「恒久之至道」，乃永恆真理之道。孔子整編遠古學術典籍，總結為「六經」，即「易、詩、書、禮、樂、春秋」，被尊為典範著作，故名曰「經」。

再者，專講某種事物或技藝，其文化水平所達高度、深度、廣度有特殊價值之著作，亦稱「經」，如：《茶經》、《馬經》、《水經》、

《山海經》等。

　　如是，則傳統武術拳譜中稱之為「經」者，必是總括該門派實際操練與克敵制勝之理法，而非泛泛敘述空華文詞，及與傳承人物介紹。

　　首先，闡明方七娘祖師教傳之古譜〈原傳鶴法訣要〉，即〈白鶴拳經〉；其次，轉載陳氏太極拳之〈拳經總歌〉、〈太極拳經譜〉與〈太極拳經論〉；再次，摘錄台灣網路其他鶴拳〈拳經〉，並為之詳加解析。如下：

一、福建白鶴拳

（一）古譜〈原傳鶴法訣要〉──〈白鶴拳經〉

（五言二百二十五句）

永春白鶴拳，原名稱鶴法，技宗南少林，祖師方七娘，
仙祖傳秘技，夫婿曾四叔，盡得拳棍藝，清代康熙年，
攜手回故里，永春揚鶴法，後廟辜厝邊，廣傳師門藝，
門下多俊傑，吳王林蔡邱、樂許康周顏、張辜李白等，
個個藝超群，二十八英俊，樂杰居第一，其二王打興，
永春鄭禮叔，出累又拔萃，尊古也創新，拳分上中下，
流傳數百年。

（以上「源流傳承」，二十五句）

鶴祖有遺訓，若方家正傳，五肢須端正，左右可旋轉，
上下能護固，前後皆遮攔，身勢之出力，猶如枝接葉，
三十六骨節，七十二轉輪，至各處行筋，皆一身變化，
總之腳保身，手則要打人，有進必有退，呼吸與叫應，
發力和吐勁，均能隨意出。

（以上「方家正傳」，十八句）

鶴祖傳此道，頭身與手足，四種力和勢，三戰之正法，
頭頂須提正，恰似戴石帽，胸庭要鬆開，吞肩又插甲，
肩如挑千斤，提腸加束氣，欲束能叫應。不丁不八馬，

前後腳對叫，發力全身動，可保身無虞，手動足不進，
足進手不動，無力又無勢，無力難傷人，無勢被人傷，
前足踏落地，掌趾及活動，手足能相應，應手有起力。
雙手昭陽勢，節分頭中尾，頭節要吞肩，中節應沉墜，
尾節龍戲水，內節實如鐵，外節軟如棉，五指如沾泥，
井井同向天，全身齊叫力，以節為門戶，以手為枝葉，
一手顧六門，上中下左右，前後與出入，吞吐共浮沉，
出手利如刀，眼光銳如箭。左手一交關，右手即接應，
右手一交關，左手隨接應，見空應即入，遇門要即過，
子午能變化，氣順不帶火，一氣而行力，接手如鴻毛。
力若不和順，勉強而出者，接手如泰山。

（以上「鶴祖傳道」，五十五句）

白鶴仙師云：傳授真法乎，實亦難言矣。學練行步時，
兩肩需對階，不貪前失後，勿東歪西斜，手節要對膝，
膝中能相隨，節力接身力，頭為身之主，與下部接應，
不可有偏敧，前腿腳骨尖，收後再沉落，與後腳腿頭，
互相齊對推，頭頂與肩中，大椎尾龍骨，丹田共胸前，
各處齊推叫，和順又貫串，處處互接應，行步進退時，
後腳對臂中，下部一提起，上部即束落，動中要帶靜，
靜中也有動，浮中需有沉，沉中也有浮，一動意聚氣，
聚氣不落身，既不能差陰，也不可失陽，學者勤苦練，
論年不論月，習手足相應，節節能和順，一氣之串出，
必有沉推勢，三骨齊串插，推叫全身力，呼吸發勁時，
聲勢威如虎，舉手行步時，五肢必歸中，手足如車輪，
身穩若鐵鑄，手硬似鐵枝，兩足落地時，步步如生根，
身手足和順，與人對接時，似狂風逐浪，然而究其理，
需練硬至軟，軟貴乎練硬，硬又練至化。

（以上「傳授真法」，五十九句）

究論三戰法，至精又至微，動靜與來去，沉身和聚氣，
全身推叫力，此法若不習，只求多手法，求末不求本，
吾能如之何，或有細心者，究習其根本，虛心相與之，
必定無怠也。用勢出力時，勁力能接續，復有活潑機，
似源水不竭，實力與活力，愈出愈精奇，豈不盡善美。
不習前賢技，徒勞終無功，自古已有云：天下無難事，
只怕心不專，心專事必成。凡欲學習者，惡心須氣除，
善忠細心持，戒其狂妄態，抑其浮躁氣，曷見未成者，
多一日曝之，而十日寒之，只徒具虛名，斷無有實致，
出手上脹死，下不能接應，上部脹死力，下部必空虛，
筋骨一相反，不能收入脅，手足不接應，如車輛無輪，
自身不能保，焉能取他人，易學而難精。

（以上「究論三戰」，四十七句）

論交關接手，必先觀地勢，後觀其面目，可知其出力；
觀鼻知動靜；不必觀其手，無需觀形影；勿理三路來。
不論單雙手，膀胱歸中起，三路齊接應。交接認子午，
有橋要斷橋，無橋自生橋，對橋要破橋，引人過橋時，
自己要先過，步步軟而硬，先能顧己身，後才取他人。
用力有出入，出手有剛柔，柔中可生剛，剛中必帶柔，
剛柔能相濟，如探囊取物。若遇力大者，千萬勿硬擋，
對其才口位，先接其力頭，再化其力尾，斷他力頭勢，
即消他力尾，善借他力用，或撩之反角，或角之反撩，
步步取入中，身當聚其勢，無貪前失後，無差陰失陽，

（以上「交關接手」，四十句）

步馬一立在，身力即貫連，身中能接續，骨節能貫串，
方稱為正祖，倘其身不正，三十六骨節，七十二筋氣，
無一齊出力，非吾祖之拳，皆不足論矣。

（以上「正祖之拳」，十一句。本篇分段標題，為編者加註。節自：李

剛,《鶴拳述真》,頁55～56,台北:逸文出版有限公司,2011年9月。)

二、陳氏太極拳

陳氏太極拳為中國武術之一大門派,理法詳實豐富,探究考釋者甚眾。〈拳經總歌〉初見於河南溫縣陳家溝陳氏兩儀堂古拳譜,屬太極拳的原始理論,全文共七言二十二句,如總結古代技擊(踢、打、拿、跌)的一首古拳歌,它闡述了攻擊與防禦的戰略、戰術,故稱得上是太極拳概括性的拳論。這確是一篇具有實用價值和歷史研究價值的古代拳法歌訣。

作者陳王廷(明萬曆28年～清康熙19年/1600年～1680年),又名奏庭,明末清初人,文武兼優,精於器械,功夫深厚,在河南、山東一帶很有聲望。他曾在山東掃蕩群匪,賊聞名不敢逼近。因當時社會動盪,久不得志,他在年老隱居期間,依據祖傳之拳術,博採眾家之精華,結合太極陰陽之理,參考中醫經絡學說及導引、吐納之術,創造了一套具有陰陽結合,剛柔相濟的太極拳。(節自https://kknews.cc/zh-tw/culture/anpxzng.html)

另〈太極拳經譜〉及〈太極拳經論〉兩篇,節自陳鑫著《陳氏太極拳圖說》。作者陳鑫(清道光29年～民國18年/1849年～1929年),字品三,陳仲甡三子,陳氏第十六世,陳氏太極拳第八代傳人,清末歲貢生,近代中國武術史上著名的太極拳理論家。祖父陳有恆,祖叔陳有本,俱以家傳太極拳著名。陳有本創造陳氏新架,陳有恆中年不幸溺亡於洞庭湖,陳鑫父仲甡、叔陳季甡遂改從叔父有本學拳。

陳鑫自幼隨父習武,天資聰慧過人,深諳太極武功之精奧,後遵父命習文,文武兼備。為闡發陳氏世傳之太極拳理,發憤著書立說,其主要著作有:《陳氏家乘》五卷,《安愚軒詩文集》若干卷,《陳氏太極拳圖說》四卷,(原名《陳氏太極拳圖畫講義》,出版時改為是名。)《太極拳引蒙入路》一卷及《三三六拳譜》等,其中以《陳氏太極拳圖說》為代表。該書從1908年動筆,其時,公已年近花甲,到1919年完

成，歷時十二個春秋，書稿成時，已近古稀。十二年中，他對該書傾注了全部精力，不避寒暑，嘔心瀝血，多次修改，親手抄錄而不懈，其抄本有四，每稿洋洋二、三十萬言，其毅力、精神確實感人。該書圖文並茂，拳勢取經絡而通變，拳理師周易而同規，理精法密，顯微闡幽，精樸悉陳，細膩明透，為拳壇理論之豐碑，武林修學之經典。（節自 https://baike.baidu.com/）

（一）拳經總歌（七言二十二句）

縱放屈伸人莫知，諸靠纏繞我皆依。

劈打推壓得進步，搬撂橫採也難敵。

鉤棚逼攬人人曉，閃驚取巧有誰知？

佯輸詐走誰云敗？引誘回衝致勝歸。

滾拴搭掃靈微妙，橫直劈砍奇更奇。

截進遮攔穿心肘，迎風接步紅包捶；

二換掃壓掛面腳，左右邊簪庄跟腿；

截前壓後無縫鎖，聲東擊西要熟識。

上籠下提君須記，進攻退閃莫遲遲。

藏頭蓋面天下有，攢心剁肋世間稀。

教師不識此中理，難將武藝論高低。

（節自沈壽點校考釋《太極拳譜》，頁 302～304，北京：人民體育出版社，1995 年 7 月第 2 版。校記：同上，頁 304～305。〈白話臆測〉詳見 https://baike.baidu.com/item/拳經總歌）

（二）太極拳經譜（四言一百六十句）

太極兩儀，天地陰陽；闔闢動靜，柔之與剛。

屈伸往來，進退存亡；一開一合，有變有常。

虛實兼到，忽見忽藏，健順參半，引進精詳。

或收或放，忽弛忽張，錯綜變化，欲抑先揚。

必先有事，勿助勿忘，真積力久，質而彌光。

盈虛有象，出入無方，神以知來，智以藏往。

賓主分明，中道皇皇，經權互用，補短截長。

神龍變化，疇測汪洋，沿路纏綿，靜運無慌！

肌膚骨節，處處開張，不先不後，迎送相當。

前後左右，上下四旁，轉接靈敏，緩急相將。

高擎低取，如願相償，不滯於跡，不涉於虛。

至誠（即太極之理氣）運動，擒縱由余，天機活潑，浩氣流行。

佯輸詐敗，制勝權衡，順來逆往，令彼莫測。

因時制宜，中藏妙訣，上行下打，斷不可偏。

聲東擊西，左右咸宜，寒往暑來，誰識其端？

千古一日，至理循環。上下相隨，不可空談。

循序漸進，仔細研究，人能受苦，終躋渾然！

至疾至迅，纏繞迴旋，離形得似，何非月圓！

精練已極，極小亦圈，日中則昃，月滿則虧。

敵如詐誘，不可緊追，若逾界限，勢難轉回。

況一失勢，雖悔何追？我守我疆，不卑不亢。

九折羊腸，不可稍讓；如讓他人，人立我跌。

急與爭鋒，能上其下，多佔一分，我據形勝。

一夫當關，萬人失勇。沾連粘隨，會神聚精。

運我虛靈，彌加整重；細膩熨帖，中權後勁。

虛籠詐誘，只為一轉，來脈得勢，轉關何難？

實中有虛，人己相參，虛中有實，孰測機關？

不遮不架，不頂不延（遲也），不軟不硬，不脫不沾。

突如其來，人莫知其所以然（只覺如風摧倒）；

跌翻絕妙，靈境難以言傳！

試一形容，手中有權：

宜輕則輕，斟酌無偏；宜重則重，如虎下山。

引視彼來，進由我去；來宜聽真，去貴神速。

一窺其勢，一覘其隙，有隙可乘，不敢不入；

失此機會，恐難再得！一點靈境，為君指出。

至於身法，原無一定，無定（雖說無定）有定（自有一定），

在人自用；

橫豎顛倒，立坐臥艇，前俯後仰，奇正相生；

迴旋倚側，攢躍皆中（皆有中氣放收宰乎其中），千變萬化，

難繪其形。

氣不離理，一言可罄；開合虛實，即為拳經。

用力日久，豁然貫通；日新不已，自臻神聖。

渾然無跡，妙手空空，若有鬼神，助我虛靈。

豈知我心，只守一敬。

（節自陳鑫，《陳氏太極拳圖說》，頁145～146，台北：真善美出版社，1968年1月再版。校記詳：沈壽點校考釋《太極拳譜》，頁276～283，北京：人民體育出版社，1995年7月第2版。〈白話解〉詳見http://www.kmtjq.com/NewsDetail-684.html）

（三）太極拳經論

自古混沌之後，一劃初開，一陰陽而已。天地此陰陽，萬物亦此陰陽。惟聖人能葆此陰陽。以理馭氣，以氣行理，施之於人倫日用之間，以至仰不愧天，俯不怍人，而為天地之至人。

要手亦是以理為主，以氣行之，其用功與聖賢同。但聖賢所行者全體，此不過全體中之一端耳！烏足貴！

雖然，由一端以恒其功，亦未始不可以即一端而窺其全體。所以，平素要得以敬為主，臨場更得恭敬；平素要先養氣，臨場更要順氣而行；勿使有惰氣參，勿使有逆氣橫。至於用力之久，而一旦機趣橫生，妙理悉現，萬殊一本，豁然貫通焉！不亦快哉！

今之學者，未用功而先期效，稍用力而即期成，其如孔子所謂「先難後獲」何？

問：功夫何以用？

必如孟子所謂：「必有事焉，而勿正，心勿忘，勿助長也。」而後可。理不明，延明師；路不清，訪良友。理明路清而猶未能，再加終日乾乾之功，進而不止，日久自到。

問：得幾時？

小成則三年，大成則九年。至九年之候，可以觀矣！抑至九年之後，自然欲罷不能，蒸蒸日上，終身無住足之地矣！

神手復起，不易吾言矣！躁心者易勉諸。

（節自陳鑫，《陳氏太極拳圖說》，頁148，台北：真善美出版社，1968年1月再版。校記詳：沈壽點校考釋《太極拳譜》，頁302～305，北京：人民體育出版社，1995年7月第2版。〈白話解〉詳見http://www.kmtjq.com/NewsDetail-684.html）

三、網路摘錄

維基百科網站https://zh.wikipedia.org/wiki/ 縱鶴拳有〈拳經〉篇，內容主要為傳承人物介紹，與觀察「鴉、犬、魚、蝦」之動作；再者，張智惟穿鑿附會，於新浪部落「永順武德堂」台中二高系網站https://blog.sina.com.tw張貼〈乙太鶴法譜〉，亦有〈拳經〉篇。此二篇文章，與方世培祖師傳承拳譜，大相逕庭，為之釐正解析如下：

（一）縱鶴拳拳經

拳經

祖曰：「白鶴仙師傳與福寧府北門外，方種公之女方七娘。」教傳永春西門曾四叔，得有十分拳法。教傳永春廿八人，樂傑第一、王打胸弟二、林、蔡、邱、吳、許、康、周、顏、張、辜、李、黃、白諸家，稱為廿八英俊，為鄭李叔乃英俊外一名，獨超群拔萃。白戒與鄭李叔永春教傳鄭寵叔。

　　寵叔傳福州李師，再傳福州福清館口人氏方世培（諱徽石），鶴法至此猛殺，復求輕柔震彈，則盡善盡美矣。偶觀寒鴉顫身雨散，木為之搖，溺犬搖駿，水珠飛濺。臨池審視魚身柔游，蝦臂伸縮，因有所悟，而易鶴法以鬆柔、圓化、摔彈、抖震為形，意氣為體，呼吸為用之拳法。世培為後祖，再傳方永華，唐依鶴、林孔培、蔡道恬、王陵、時譽「八閩五虎將」。五虎將之首，世培之子方永華再傳子方紹翥（阿鳳師），方紹峰（阿峨師）。

承傳

　　方世培的侄兒方永蒼，將縱鶴拳傳與林國仲（字二高）。林國仲廿五歲初拜方紹鋒為師，習拳兩年後，方紹鋒染瘟疫過世，於是上茶山再拜師伯方永蒼為師。方永蒼其子方傳圭，孫方美權，曾孫方德流等，皆未習武，一生得意傳人，知名者僅林國仲一人。林二高在民國十一年（1922年），到台灣雲林發展縱鶴拳，是縱鶴拳可以繼續流傳台灣各地。林國仲終於1968年，享壽84歲。門人遍布全台灣，現今（2009年）在台灣較為知名的傳承有，台北縣林朝火師父，雲林縣林英明師父（二高子），林英明師父深獲台灣縱鶴門人愛戴並推舉為掌門人。（節自 https://zh.wikipedia.org/wiki/）

【解析】

　　1.上段名「拳經」，名實不符。蓋傳統武術拳譜中稱之為「經」者，必是總括該門派實際操練與克敵制勝之理法，而非泛泛敘述空華文詞，及與傳承人物介紹，稱「方永華，唐依鶴、林孔培、蔡道恬、王陵、時譽『八閩五虎將』」。然則往昔1973年，漁夫著〈福建榮（茶）山天竺寺秘技——縱鶴拳〉（《當代武壇》第20期，頁34～37，香港：武俠春秋出版社，1973年8月。）內載「五虎者：一、唐依鶴，二、黃霖（王陵）、三、方永華（次子），四、方永蒼（胞侄），五、蔡道年（恬）。」當時國民政府播遷臺灣，與大陸隔海兩岸分治，傳統武術文獻資料，無法查證。自行刪除林孔培，增入方永蒼藉以提高師承輩分，不實情事，甚為明顯。（詳本書〈福建白鶴拳傳承簡述〉之

「林國仲傳承葛藤」，第46頁至第77頁；及本書〈台灣白鶴拳傳承史略〉之「林國仲虎尾義高」，第88頁至第91頁。）

2.下段名「承傳」，所述有誤：

其一，不承認師父張常球，卻以其名號「二高」用為自己之「字」，網路有人質疑縱鶴拳林國仲字「二高」，是何涵義？卻不見縱鶴拳門生有人回應。（詳本書〈福建白鶴拳傳承簡述〉，第28頁至第78頁；及本書〈台灣白鶴拳傳承史略〉，第79頁至第92頁。）

其二，福建省福州市福清市宗鶴拳協會公開聲明：「方家根本沒有方永蒼這人，有族譜為證。」

（二）乙太鶴法譜拳經

拳經

祖曰：「白鶴仙師傳與福寧府北門外，方種公之女方七娘。」教傳永春西門曾四叔，得有十分拳法。教傳永春廿八人，樂杰第一、王打胸弟二、林、蔡、邱、吳、許、康、周、顏、張、韋、李、黃、白諸家，稱為廿八英俊，為鄭李叔乃英俊外一名，獨超群拔萃。白戒與鄭李叔永春教傳鄭寵叔。

寵叔傳福州李師，再傳福州福清館口人氏方世培（諱徵石），鶴法至此猛殺，復求輕柔震彈，則盡善盡美矣。偶觀寒鴉顫身雨散，木為之搖，溺犬搖駿，水珠飛濺。臨池審視魚身柔游，蝦臂伸縮，因有所悟，而易鶴法以鬆柔、圓化、摔彈、抖震為形，意氣為體，呼吸為用之拳法。

世培為後祖，再傳方永華，陳依鶴、蕭孔培、陳道田、王霖、時譽「八閩五虎將」。五虎將之首，世培之子方永華再傳子方紹翥（阿鳳師），方紹峰（以上抄自縱鶴拳網路），及張常球（二哥），常球為來台初祖，本名諱二哥，常球為後祖世培所贈之名，後有日本人台中廳長技德二因攏絡，而譽二哥武術與德行並美，如新高山（玉山）能高山（雪山）並崎，更稱二高，世以二高拳法稱其術。二高拳法傳大肚陳春成，台中賴田、賴芳帽、賴阿標、楊慶棟、鄭波、林火旺及豐原黃玉，

皆為俊秀，陳春成身型雖小，步捷手緊，更得電光手秘技，享譽武林，後傳大肚蔡秀春，子陳朝榮，梧棲陳炎太，員林賴瑞成，蔡淇茂，林成龍，曹新鍊，各有所長。蔡秀春特出，身型高大，又習仙家道功於歐陽敬予，增拳經白鶴神功簡記一篇、拳柔軟肢一套，秀春再傳子澤民，澤民師全心發展鶴法，再習隱仙派詹德樹道功（以上摘錄自賴仲奎發表於《台灣武林》刊載「鶴法」專題之文章），鶴法至此內外皆備，得有十分拳法，流傳世代，左右旋轉，前後遮攔，上下護固，身勢出力，似枝接葉，皆由一身之變化，三十六骨節之效用。總是腳保身，手打人，有進有退，步步傷人也。若是方家之祖，身體氣勢，筋脈骨節，或盪穴轉輪，反形直骨，注止部位，必先一身五肢歸正，三十六骨節，七十二轉輪，各處行筋，轉運行力，呼吸發出無不聽從矣。弟子　張智惟　丁亥年謹誌（節自https://blog.sina.com.tw）

【解析】

1. 張智惟為蔡澤民之學生，乃「中華縱鶴拳協會」之會員，見《縱鶴拳法》載：「偶觀寒鴉淋雨，天霽，寒鴉立於樹顛抖羽，而樹幹竟為之動搖，雨水隨之飛散。一日，見靈犬落水，起岸，搖身一駿，水珠飛濺。復於池畔，審視魚蝦，見魚身之柔游，蝦臂伸縮之輕速悠閒。於是頓悟輕捷與彈性，有產生無窮力道之功。」（林英明著《縱鶴拳法》頁26～27，台北縣，商流文化事業有限公司，2007年6月。）

張智惟隨聲附和縱鶴拳〈拳經〉之說詞，亦步亦趨，混淆台中二高張常球教傳白鶴拳之理法，所據非蔡秀春教傳之拳譜，實非蔡秀春門下之後代傳人。

2. 摘錄自賴仲奎發表於《台灣武林》刊載之「鶴法」專題之文章（詳本書〈台灣白鶴拳探究篇目〉，第210頁至第214頁），可尋諸篇文章比對，自見出處，誤繕錯訛字，張智惟亦不知更正：

其一、日本人台中廳長「技」德二，正確為「枝」。

其二、「能高山（雪山）」之「能」，正確為「次」；按台灣百岳海拔高度，第一、玉山又名「新高山」（海拔3,952公尺），第二、雪

山又名「次高山」（海拔 3,886 公尺），第三、能高山（海拔 3,262 公尺）。尚有多例，不一一述之。

3.陳春成之「閃電手」與蔡秀春之「白鶴神功、柔軟枝」，其功法與套路，張智惟均不知其真相云何？而自稱「永順武德堂」之傳人，甚為荒誕，乃為之釐清。

陳春成因練「鐵砂掌」，故手指堅硬，所謂「閃電手」，係應敵時，出手敏捷，稍一碰觸，對方頓感麻木，乃以閃電比喻。甚且蔡秀春之「白鶴神功」與「柔軟枝」等等，均非網路貼文種種虛構宣傳說詞。

再者，有關「白鶴神功」，蔡秀春曾告知同門蔡淇茂、林成龍、曹新鍊、張伊蝶等人，及傳少數入室弟子，故張伊蝶將原名《二高白鶴拳柔術秘訣》乙書，改名為《白鶴神功全輯》出版，以其名稱顯著故，知此詳情者，微乎其微。兩者容或不易分辨，今筆之於書，鑿鑿可據，以免後人不知就裏。

4.縱鶴拳〈拳經〉有關永春前期第三代重要傳人，「前五虎」之一，鄭「李」叔之名字有誤，正確為「禮」字。然而張智惟照抄無誤，如坐雲霧，未知更正，不一一詳述其錯訛處。

參、結 論

方世培祖師觀察動物對象為禽鳥類之「鳥、麻雀、雞」，而非林國仲所稱觀察動物對象為「鴉、犬、魚、蝦」，稱「狗縱身」、「蝦縱退」，援引象形仿生之動物，截然不同。方世培祖師傳下「駿身」功法，有拳譜〈論駿身法〉篇為理法依據，兩者差異甚巨，歷歷可見，足以證明林國仲非方世培祖師系統後代傳人，僅是張常球之學生，或曾短暫從方紹峰習拳而已。

今日網路普及，言論解放，各種資料取得容易，令人難以分辨真偽，台中二高張常球系統之後來學生，竟然不知台中二高張常球所傳白鶴拳之特色，與其他鶴拳不同，有張智惟為蔡澤民之學生，乃「中華縱

鶴拳協會」之會員，亦以縱鶴拳〈拳經〉之說詞，引用縱鶴拳所稱觀察「鴉、犬、魚、蝦」為方世培祖師觀察之動物，亦步亦趨，隨聲附和，於2003年8月12日在「武學書館」網站，發表〈武術乃生死之事〉等貼文（稱「永順武德堂鶴拳　武術國術」網址 http://home.cityfamily.com.tw/ether 大哥大：0936×××840），並於新浪部落「永順武德堂」台中二高系網站 http://blog.sina.com.tw，發表諸多文章，混淆台中二高張常球教傳白鶴拳之理法，實非台中二高張常球系統，再傳蔡秀春門下之後來傳人。（詳本書〈贅餘後記〉之「網路閒言」，第256頁至第284頁）

相片1

　　再者，陳春成為台中縣大肚鄉成功村人，日本治台時期從台中二高張常球習白鶴拳技藝精湛，開館授徒，創「大肚武德堂」，弟子眾多，分散各地，以台灣中部沿海鄉鎮為主。首徒蔡秀春為同鄉鄰庄人，1963年開館執業證骨傷科時，業師陳春成健在，尊師重道，故不敢沿用「大肚武德堂」堂號，甚且因「武德堂」甚多，故冠以本籍地名區別，謙稱「永順武德堂」，當年名片特別印上本籍（相片1），表明為台中縣大肚鄉永順村人，以為其個人之堂號。是以子蔡澤民（相片2）、義子邱逸傑、外孫劉鋒源及入室弟子黃瑞棋、陳建志、許規舉、許二虎等諸人，均以「武德堂國術館」執業推拿整復及教拳，從未使用「永順武德堂國術館」之名，今網路有自稱「永順武德堂」者，非蔡秀春之後代傳人，一併敘明釐清。

相片2

卷三
鶴拳探究

第一篇
方世培祖師鶴拳特色

壹、引 言

　　大會主席、各位領導、武林前輩、學者專家、與會嘉賓、女士先生，大家好！

　　晚輩賴仲奎來自台灣台中市，首先感謝方長玉會長的引薦與鼓勵，第一次來福建省福清市，參加福州市2016年第四屆「海青節」暨第七屆海峽兩岸（福清）宗鶴拳武術文化節的武術研討論壇。

貳、傳 承

　　台灣第一位教傳方世培祖師（為行文及演說方便，其餘歷代傳人尊稱均略之）系統白鶴拳為張常球，師事方祖師次子方永華，於1910年（清宣統2年／日本明治43年）間，在福州旗下街，因目睹滿清官吏仗勢欺人，凌辱漢人賣菜女致死，冤屈難伸，張常球義憤填膺，率眾前往據理力爭，反招包圍，發生毆鬥，擊斃滿人，以是清廷通令緝拿，故避難渡海來台，寄居台北建成町（區）同鄉開設之建成美皮行，並設館傳授拳法，為來台第一代，因在兄弟排行第二，眾人以「二哥師」（閩南話）尊稱，同鄉林國仲聞知消息，即於此時拜師學拳。

　　1915年（民國4年／日本大正4年）定居台中市，曾應當時霧峰望族林獻堂之聘為護院，得以結識台中廳長枝德二（日本人），在「武德殿」與其隨扈比武，連戰皆捷，乃賜「武德堂」館名，准許公開傳授白鶴拳法，又將閩南話「二哥」用諧音改稱「二高」。

　　蓋以日本富士山海拔3776公尺，而台灣最高山峰為玉山海拔3952

公尺，其次是雪山海拔3886公尺，均高於日本富士山，故分別名之新高山與次高山，台中廳長枝德二將張常球白鶴拳藝媲美新高山及次高山，此即後人尊稱「台中二高」之由來，弟子遍及全台，枝繁葉茂，蔚為一大拳種，因不尚用力，時人稱為「軟拳」，台灣諺語流傳：「猴拳是紡車輪，白鶴拳若麻薯。」（閩南話）後代門生多以「武德堂」館名，教傳「白鶴拳」。其次，林國仲的後代門人，則改以「二高縱鶴拳」名義授徒。換言之，台中系統以堂號教傳，而虎尾支系以名號授徒。（詳本書〈台灣白鶴拳傳承史略〉，第79頁至第92頁，及〈日本治台時期方世培系統傳人來台行誼略表〉，第104頁至第125頁。）

張常球門生眾多，拳藝精湛者有十位，譽稱「十隻指頭」（閩南話），即十大弟子，其中第二代台中縣大肚鄉成功村陳春成，為唯一至福清總館深造之弟子，再傳第三代同鄉永順村蔡秀春，為首徒，授予傳承拳譜及藥功秘本，並指定入室弟子抄錄拳譜及藥功於蔡秀春處。因家母四叔與蔡秀春為金蘭之交，故晚輩自幼以叔公尊稱，於1967年9月跟隨習拳，1969年8月抄錄《白鶴拳書寶鑒》及《跌打傷科藥方集》等，忝列為第四代，故略悉本門拳訣及藥功之要義。

參、訣要

由於時間的關係，僅選擇「三戰馬步，吊腿伏力。」與「鼻吸口呼，呵（o）呼（ho）吓（hei）咳（kei）。」諸訣要，予以說明：

一、三角馬步，吊腿伏力

「三角馬」步型的改進，據蔡秀春口述：

方世培祖師當年潛居天竺寺時，見池塘上飄有一塊腐爛的木頭，每天早上總會有一隻小鳥停在上面啄食，忙了一陣子，意興闌珊，掉頭飛走。方祖師好奇上前查看，才發現腐木孔隙中，藏有一隻小蟲，引來小鳥啄食；經過一段時日，某天，突然看到小鳥啄到小蟲飛走，方祖師目

睹整個過程，細究其中緣由，竟是小鳥改變啄食的方法，才得以啄到藏在腐木孔隙中的小蟲。

由於小鳥平常是曲著腳，利用頭頸上下運動的方式啄食，因此在極為短暫的時間，小蟲迅疾縮入腐木孔隙中；或是小鳥已銜著小蟲，因小蟲曲捲在腐木孔隙內，故無法將小蟲拉出。然而這次小鳥的腳還是曲著，但已改變身軀各部的姿態，翅膀微張，頸伸長，喙張開，貼著腐木孔隙，靜靜等待；當小蟲的頭冒出腐木孔隙時，上下喙夾住小蟲，頭一抬，胸一挺，雙腳一伸，翅膀一拍，整體協調，小鳥迅速飛起，成功啄到小蟲。這「小鳥啄蟲」的動態姿勢，深印方祖師腦海中，激發演變改進了白鶴拳的步型——三角馬，及發勁方法——吊腿伏力。

「吊腿伏力」與「呼吸注氣」配合，協調一致的肢體動作，發勁快速，力道錦綿不絕，稱為「節力寸勁」，也就是一種暗勁。

「三角馬」步型是兩腳平行，與肩同寬，前腳跟與後腳尖位在橫軸上，兩腳屈曲下蹲，上身自然前傾，體重兩腳五五平分，兩手下垂護襠，從側面看來就像一隻鳥，全神貫注靜立，伺機而動，行拳應敵時，僅只一種「三角馬」步型。

操練「水手」時，當雙腿伸直時，會感覺一股力量由下往上衝，瞬間雙手斜上摔出，手尾自然彈抖，即拳書訣要「腳力通於身，身力通於手。」

一般拳術是以「屈肌」訓練發勁，而方世培祖師改良為雙腿伸直，雙手斜上摔出，全身舒展，以「伸肌」訓練發勁，是一種極為特殊的鍛鍊方式，即拳書所稱「吊腿伏力」。

二、鼻吸口呼，呵（o）呼（ho）吓（hei）咳（ke）

行拳注氣為一種逆腹式呼吸法，其外象是用鼻吸氣時，腹部收縮；以口呼氣時，腹部鼓起。

（一）吸 氣

鼻吸一般無聲音，若練「鳴」字訣，鼻腔震動，發出「缸

（geng）」（閩南音）聲音，有長短兩種：

1.**「長鳴」練法**，習拳母「三戰」的「撲枝」，站三戰馬，雙手前伸約肩寬，高與肩齊，沉肩墜肘，吸長氣縮腹擴胸，雙手收回胸前，雙肘向後拉，空氣由鼻急吸，經過鼻腔、氣管進入肺臟，吸入大量的空氣所產生的壓力，震動鼻腔，而發出的「缸（geng）」聲音。

2.**「短鳴」練法**，練拳招式動作快速，用「長鳴」要領，改為急速的短吸，如練「水手」時，站三戰馬，雙手前伸約肩寬，高與肩齊，沉肩墜肘，當雙手下垂，發出結實「短鳴」的「缸（geng）」聲音，隨即雙手斜上摔出，開口吐氣，手尾自然彈抖。

（二）呼 氣

練拳開口吐氣時，發出「呵（o）呼（ho）吓（hei）咳（ke）」（閩南音）四種之聲音：

1.**「呵」**：「暖呵」發「o」音，是一種緩慢細長的吐氣，如冬天雙手冰冷，雙掌併置於嘴前，開口以氣呵（o）之使暖和，用於請拳、收拳。

2.**「呼」**：「長呼」發「ho」音，為一種長而震動的吐氣，用於撲枝、駿身。

3.**「吓」**：「笑吓」與「怒吓」發「hei」音，係一種可長、可短的吐氣。「笑吓（hei）」用於閉氣後的轉折，即小呼吸的吐短氣。「怒吓（hei）」用於對敵時，使力帶雄殺。吐短氣時要結實，吐長氣時要震動。

4.**「咳」**：「短咳」發「ke」音，咳必有聲，屬於一種呼吸變態，因呼吸器官受刺激而引起；如用於對敵時，閉氣增強速度與勁力的連續動作中，無法持續閉氣時，需吐短氣，以緩和舒暢胸腹的壓力。

肆、頌 詞

以上為晚輩在台灣習白鶴拳的淺薄體會，本篇簡短報告內容，容或

與目前福清所傳宗鶴拳，不無差異之處；實乃流傳百年，歷代鑽研者，別有領悟之得。於此盛會，信口開河，倘有謬誤，敬祈見諒。更期盼經由本次的論壇研討，闡揚方世培祖師鶴拳的理法與功法，教傳於全球各地。頌曰：

一、傳承源流

方祖鶴拳，武壇奇技，象形仿生，觀察精密。
三角馬步，吊腿伏力，頭手身足，貫串整體。

二、呼吸功法

提肛縮腹，口呼鼻吸，呵呼吓咳，行拳注氣。
開胸利膈，深勻綿細，凝精鑄神，鬆緊交替。

三、拳術操練

動靜分明，剛柔相濟，進退旋轉，變化實虛。
乘勢待時，入中標的，駿身彈抖，防身制敵。

四、祈願結語

流傳百年，載諸文集，枝繁葉茂，閩台各地。
今日交流，研討會畢，中外弘揚，宗旨唯一。
　　最後，敬祝大家身體健康！萬事如意！
　　（以上為福清講稿，以下為新增部分。）

伍、特 色

　　台中二高張常球來台教傳方世培祖師之白鶴拳，因第二代十大弟子，大都帶藝拜師，演練拳架套路招式，不無稍異；唯承傳拳譜內容理法一致，據第二代陳春成再傳首徒蔡秀春及幼徒陳炎太教傳口授，歸納

整理與其他鶴拳不同之處，有七點特色，解說如下：

一、三角馬步

如上述。兩腳平行，與肩同寬，前腳跟與後腳尖位在橫軸上，曲腿下蹲，在操練套路或對打時，有二種變化：

（一）左右寬度加大，稱「大三角馬」，身體下坐，橫向躲開對方攻擊。

（二）前後長度加大，稱「椅條馬」（「椅條」閩南語，即長板凳），縱向避開對方攻擊。

二、　吊腿伏力

如上述。練「水手」，雙腿伸直，雙手斜上揱出，全身舒展，以「伸肌」訓練發勁，為一種極特殊的鍛鍊方式。

三、　呼吸發聲

如上述。吸氣及呼氣，配合拳勢發出不同聲音：

（一）吸氣，鼻腔震動，發出「缸（geng）」長短聲音。

（二）呼氣，開口吐氣，發出「呵（o）呼（ho）吓（hei）咳（ke）」四種聲音。

四、雀步躍退

中國至 1949 年，兩岸分治時期之前，尚為農業社會，城市或鄉村，隨時隨地可見禽鳥類之雞及麻雀等。麻雀休息時，兩腳屈曲成「〈」型，掛在樹枝或停在圍牆休息；啄食時，兩腳成「〈」型，一前一後，跳躍地上覓尋食物。在秋季收割稻穀時，最為壯觀，成群在收割稻穀後田地上，跳躍啄食殘留稻穀。

方世培祖師仔細觀察：麻雀兩腳成「〈」型，向前跳躍，輕靈俐落。深思詳究，有所領悟，改為向後躍退，即遇到對方攻擊猛烈，交關

接手時，瞬間迅速後退之「走馬」（閩南話），又稱「雀退」。

五、駿身拳訣

台中二高張常球傳下《白鶴拳書寶鑑》、《白鶴拳要》、《白鶴拳密笈》等拳譜，與阿鳳師方紹翥傳下《鶴拳拳詩》拳譜，均有〈論駿身法〉篇（詳本書〈白鶴拳譜異同〉，第164頁至第190頁），為練「駿身」功法之依據，故阿鳳師方紹翥稱教傳拳法為「駿身鶴法」。

六、鶴拳宗力

方世培祖師傳下拳譜之〈論駿身法〉篇，為練「駿身」功法之依據，所練之力為「宗力」，亦即「駿力」。據《白鶴拳要》之〈論駿力〉篇載：「白鶴拳所練之力，叫『宗力』。宗者，脾胃生化之氣與呼吸之氣相合叫『宗氣』，起手微笑疏通胃氣，全身駿起則大笑，入亦配大笑，入防身，出打人，駿力發出能隨意，須再練各肢手由駿力發出，方稱練成。」

本篇此段為解釋〈論駿身法〉篇內載：「大開胃大通，微開胃微通；起手配微通，入配大通。若用工未到，此法切不可用也。」即福清方家今稱方世培祖師所傳白鶴拳，亦名「宗鶴拳」之由來。

七、象形仿生

方世培祖師以動物行動為觀察之對象，有台中二高張常球傳下《白鶴拳書寶鑑》、《白鶴拳要》、《白鶴拳密笈》等拳譜，其中〈論正直出力〉篇載：「正直出力，人與物俱同，試以物行動而觀之。夫『雞』有時落水，觀其離水之間，頭正、身正直，『兩腳落地，沉身而起，兩翅雙張』，雖有水而不見，其何之故？凡人學習者，可比喻同此法。」

方祖師將永春《白鶴拳家正法》內〈論正直出力〉篇象形仿生：「犬」之「四腿推尋，沉身動搖發力。」修正改為「雞」之「兩腳落地，沉身而起，兩翅雙張。」前者為獸類四腿，後者為禽類兩腳。（詳

本書〈白鶴拳譜異同〉之「論正直法」，第173頁至第175頁。）

陸、分　辨

一、台灣傳承

　　方世培祖師系統傳人來台，始於1910年（清宣統2年／日本明治43年）張常球在台北建成町設館授拳，因在兄弟排行第二，眾人以「二哥師」（閩南話）尊稱。1913年（民國2年／日本大正2年）應台中武魁賴田禮聘，於其府第開館授徒，後人尊稱「台中二高」。

　　其次，1922年（民國11年／日本大正11年）阿鳳師方紹翥應張常球邀請來台遊歷，並介紹前往南部新營教李棟樑、沈伯、林色、周意、邱清涼等五姓門生白鶴拳。

　　再次，林國仲為張常球之學生，1913年（民國2年／日本大正2年）師門長者（或家鄉長輩）去世，張常球回閩奔喪。返台時，林國仲已南下斗六、虎尾，以「二哥」名義設館授徒，因師承「二哥」，故時人以「小二哥」或「小二師」稱之。1914年（民國3年／日本大正3年）因私事得罪日本人，必須離台避禍，得其師張常球之助，返回福州。後來逕稱隨師祖叔方永蒼練拳，並改名號為「虎尾義高」，再改為「虎尾二高」。唯福清市宗鶴拳協會公開聲明：「方家根本沒有方永蒼這人，有族譜為證。」（詳本書〈台灣白鶴拳傳承史略〉，第79頁至第92頁，及〈日本治台時期方世培系統傳人來台行誼略表〉，第104頁至第125頁）

二、仿生禽鳥

　　台中二高張常球與阿鳳師方紹翥，教傳白鶴拳及傳下《白鶴拳譜》計23篇（詳本書〈台灣白鶴拳譜溯源增補記〉之「鉤稽對照」，第132頁至第138頁），為功法與理法兼備齊全之傳承。

　　虎尾義高林國仲教傳縱鶴拳稱：「偶觀寒鴉淋雨，天霽，寒鴉立於樹顛抖羽，而樹幹竟為之動搖，雨水隨之飛散。一日，見靈犬落水，起岸，搖身一駿，水珠飛濺。復於池畔，審視魚蝦，見魚身之柔游，蝦臂伸縮之輕速悠閒。於是頓悟輕捷與彈性，有產生無窮力道之功。」（節自林英明著《縱鶴拳法》頁26～27，台北縣，商流文化事業有限公司，2007年6月）再者，〈拳經〉稱：「偶觀寒鴉顫身雨散，木為之搖，溺犬搖駿，水珠飛濺。臨池審視魚身柔游，蝦臂伸縮，因有所悟……」（節自網路https://zh.wikipedia.org/wiki/）為觀察「鴉、犬、魚、蝦」之動作，稱「狗縱身」、「蝦縱退」，其彈抖之勁稱「縱身」。

　　按林國仲教傳縱鶴拳之名稱，係據林琴南輯《技擊餘聞》內〈方先生〉篇，所稱「法曰縱鶴」而來。方世培祖師傳下拳譜，僅入室弟子抄錄，其中有〈論駿身法〉篇，非外人可知，故林琴南將福州方言「駿」誤寫成諧音之「縱」字，林國仲援引稱縱鶴拳，而使不知情者延用至今（詳本書〈台灣白鶴拳傳承史略〉，第79頁至第92頁）。

　　再則，林國仲教傳彈抖之勁稱「縱身」，傳下《縱鶴拳論》僅13篇（詳本書〈台灣白鶴拳譜溯源增補記〉之「鉤稽對照」，第132頁至第138頁），無〈論駿身法〉篇及〈論正直出力〉篇，故不知方世培祖師已將駿身仿生，獸類四腿之「犬」，修正為禽類兩腳之「雞」。

柒、結 論

　　中國武術是中國傳統文化的重要一環，據統計目前有「源流有序，拳理明晰，風格獨特，自成體系」的拳種達129種。郭希汾的《中國體育史》中，提到中國武術門派眾多是由於南北地理、氣候、人的不同而造成的。北方人身材高大，北方氣候嚴寒造成北派拳術氣勢雄勁，大開大合。南方多水，南方人身材矮小，拳術也比較細膩。（節自https://zh.wikipedia.org/wiki/中國武術）各類拳種均有自己的步型，一般至少都包括弓步、馬步、虛步、仆步、歇步等五種主要步型（節自《中

國武術百科全書》頁183，北京，中國大百科全書出版社，1998年10月）。而福州鶴拳有飛鶴、鳴鶴、宿鶴（又名宗鶴）、食鶴（即朝鶴，又名癖鶴）等四種不同拳種，基本步型計有平行步、三角步、單跪步、前丁步、雙扣步、丁步、弓步、雙弓步、馬步、虛步等十種，（胡金煥、孫崇雄、阮寶翔合著《鶴拳》頁19～27，福建人民出版社發行，1998年1月）各拳種分別採用自己所需要的步型，操練拳法。

方世培祖師改良傳統武術，觀察動物對象為禽鳥類之「鳥、麻雀、雞」，而非林國仲所稱觀察動物對象為「鴉、犬、魚、蝦」，稱「狗縱身」、「蝦縱退」，援引象形仿生之動物，截然不同，如下：

其一、方世培祖師觀察「麻雀」兩腳向前跳躍，輕靈俐落，改為向後躍退，故稱「雀退」；並非林國仲教傳縱鶴拳，所稱「蝦縱退」。

其二、方世培祖師傳下「駿身」功法，有拳譜〈論駿身法〉篇為理法依據，以「雞」為喻，實非林國仲所稱以「狗」為喻之「狗縱身」。

綜析兩者差異甚巨，歷歷可見，足以證明林國仲非方世培祖師系統後來之傳人，僅是張常球之學生，或曾短暫從方紹峰習拳而已。（詳本書〈日本治台時期方世培系統傳人來台行誼略表〉，第104頁至第125頁；及〈白鶴拳譜異同〉之「網路摘錄」，第185頁至第190頁）

本文為2016年10月27日至30日參加福清市第七屆海峽兩岸（福清）宗鶴拳武術文化節，於武術研討論壇時發表，今重加段落標題，以醒眉目，方便閱讀。

今新增「特色」、「分辨」、「結論」三段，由方世培祖師鶴拳的七點特色，鼇清縱鶴拳林國仲所傳理法，確非方世培祖師傳承之理法，足以證明林國仲非方世培祖師系統之後代傳人。

2019年8月25日於武德學堂　賴仲奎　謹識

第二篇
白鶴拳逆呼吸站樁功

壹、研討簡釋

一、承先————————————→啟後
二、繼往————————————→開來
　　（尊師重道、同中有異）　　　（文化創新、存同求異）

說明：

1. 白鶴拳第二代前輩，多為帶藝拜師，故演練招式略有差異，第三代操練時，第二代前輩一看，稱道：「此人為某某師兄所教徒弟。」即「同中有異」。

2. 今日交流聯誼為第二代前輩各系統之後人，套路拳架必然不一，所謂研討，即「存同求異」。

貳、鶴拳源流

一、永春鶴拳：吞、吐、浮、沉、剛、柔、橫、直————技擊
二、福州鶴拳：吞、吐、浮、沉、飛、鳴、宿、食————象形

參、傳承略述 （為節省篇幅，前輩稱謂均略之。）

一、永春系統：方七娘祖師…………→李師（佚名）———→方世培
二、福州系統：方世培——→方永華（嫡子）——→張常球（又稱：二

哥。來台後，譽稱：二高、台中二高）。

三、台灣系統：張常球──►教傳

1. 血緣親人：張伊蝶（嫡子）

2. 台灣徒弟：陳春成、賴田、賴芳帽、賴阿標、楊慶棟、鄭波、黃玉……林火旺（幼徒）等多人，功夫精湛者譽稱「十隻指頭」（十大弟子），均以堂號授徒，即「武德堂」國術館。俟因後代傳人眾多，各地均有武德堂，為方便區分有冠以人名者，如林元龍之「武德堂元龍國術館」；有冠以地名者，如陳春成之「大肚武德堂」，暨蔡秀春之「永順武德堂」。（蔡秀春為台中縣大肚鄉永順村人，師父陳春成係同鄉台中縣大肚鄉成功村人，尊重師父，故不敢稱「大肚武德堂」，而冠以村名稱「永順武德堂」。）

3. 福州徒弟：林國仲（又稱：小二哥、小二師、虎尾義高）自字「二高」，改稱「虎尾二高」，並將拳名改為「縱鶴拳」，又名「二高縱鶴拳」。

說明：

1. 爬梳歷史，論資排輩，呈現真相，以杜訛傳。

2. 張常球曾任霧峰林獻堂之護院，得以結識台中廳長枝德二（日本人），因武術精湛，特予召見，並賜館名為「武德堂」，准許公開傳授，又將閩南話「二哥」改為「二高」，其意為與台灣新高山玉山、次高山雪山媲美，即後來所稱之「台中二高」。

3. 縱鶴門稱：「林國仲30歲（或稱25歲）入茶山，拜方世培祖師之侄子方永蒼為師。」後稱：「拜方紹峰為師，因英年早逝，再拜方永蒼為師。」實情為林國仲因私事得罪日本人，得其師張常球之助，離台避禍，返回福州。

4. 林國仲避而不談師事張常球之實情，卻因師父張常球之名號「二高」響亮，卻取師父張常球之名號，自字「二高」。

5. 2016年10月27日至30日在福清市，舉行「第七屆海峽兩岸（福清）宗鶴拳武術文化節」，暨「第四屆融臺青少年武術文化交

流」活動時，方祖後人方長玉會長告知：「方家無方永蒼此
人。」

四、陳門一脈：陳春成──→教傳

1.血緣親人：陳朝榮（嫡子）、再傳陳秀禎（孫女），確無他人。

2.入室弟子：蔡秀春（首徒）、賴瑞成、蔡淇茂、林成龍、曹新鍊
……陳炎太（幼徒）等多人。

說明：

陳門入室弟子必保存有下列拳譜與藥書手抄本，以為傳承身分之證
明。

1.拳譜：

《白鶴拳書寶鑒》──陳春成傳蔡秀春。

《陳門白鶴拳要》──陳春成傳陳炎太。

《鶴祖遺傳拳頭書》──陳春成傳曹新鍊，前卷拳譜，後卷藥功。

2.藥書：

《白蓮寺傳授方》──陳春成傳蔡秀春，1947年仲冬再筆。

《英烈堂陳教師秘方》──陳春成傳蔡秀春，1933年仲夏抄。

《集英團經驗方類集》──陳春成傳蔡秀春，1950年初春抄。

五、功法探究：

1.拳術：陳春成師傳──→蔡秀春

2.道功：歐陽敬予神父──→蔡秀春

3.研發：蔡秀春將陳春成師傳所傳白鶴拳，暨歐陽敬予神父口授道
功，兩者融合，名「白鶴神功」，即三角馬「站樁功」結合「逆
呼吸」之特殊功法，站樁時間以1小時為基礎；另創「柔軟枝」
套路，擇徒而授，知者甚少。

再者，余於70年代，參訪林一民道長得聞道功訣要，暨親聆南少
林夏伯壎老師講授武學原理，併將所學稟陳蔡秀春叔公，擷取道藏精
華，就站樁之肢體動作，配合順逆呼吸法，依手勢不同，增訂「下按
式」及「外撐式」平馬基本功二式，為練「白鶴神功」之前行。

肆、呼吸生理

一、平時呼吸

是由胸式呼吸和腹式呼吸兼具合併進行，詳如下表：

部　位	吸　氣	呼　氣	備　註
胸　骨	上　舉	下　垂	
肋　骨	下　舉	下　垂	
橫膈膜	下　降	上　升	
胸　腔	增　大	縮　小	
腹　腔	鬆　弛	收　縮	

二、逆腹式呼吸

簡稱「逆呼吸」，吸氣時用鼻慢慢吸入，橫膈膜上升，將腹部收縮；呼氣時用口緩緩呼出，並鼓起腹部的呼吸法，詳如下表：

部　位	吸　氣	呼　氣	備　註
胸　骨	上　舉	下　垂	
肋　骨	下　舉	下　垂	
橫膈膜	上　升	下　降	
胸　腔	增　大	縮　小	
腹　腔	上腹部收縮	上腹部鬆弛	上腹部：心窩至肚臍
	下腹部收縮	下腹部鼓起	下腹部：肚臍至恥骨

三、傳統醫學

人體內之橫膈膜，將胸腔與腹腔的氣，分為上下二層，上層是指胸

腔肺部的氣，經肺部張弛動作，由外面吸進來的，叫做「後天之氣」；下層是指腹腔丹田的氣，自母體產出後就賦有的，叫做「先天之氣」。

四、武術鍛鍊

白鶴拳呼吸鍛鍊採取逆腹式呼吸法，意念觀想和肢體動作互相配合運作，同時順著呼氣與吸氣，以意念引導本身的真氣下降和上升。呼氣時上層的「後天之氣」由肺部吐出，同時下層的「先天之氣」隨而降入丹田；吸氣時上層的「後天之氣」由外面納入，同時下層的「先天之氣」反由丹田逼上，和「後天之氣」混合，亦即白鶴拳譜所稱之「二氣交蒸」，就是「先天」和「後天」二氣已溝通混合為一，這種深呼吸功夫，即是「逆呼吸」。

伍、呼吸功法

傳統各門派呼吸功法因應不同需求或目的，而有多種變化呼吸的方法，用來調整人體內部器官機能，去除病灶，增強體魄，甚至行拳練功，對打應敵。

《白鶴拳書寶鑒》內載〈明勢之法〉篇：「吞吐浮沉君須記，飛鳴宿食定心神。」再者，〈論沉身注氣呼吸發力〉篇：「鶴祖云：『凡人學習者，須任呼吸之聲有四種。』又古人曰：『欲能者，須記呼、呵、吓、咳有四種之氣勢，不可出力而失之。』」

茲分別列舉，簡述如下：

一、 呼吸變化

1. 口鼻：①鼻入鼻出。②鼻入口出。③口入鼻出。④口入口出。
2. 長短：①長吸長呼。②長吸短呼。③短吸長呼。④短吸短呼。
3. 律動：①一吸一呼。②一吸數呼。③數吸一呼。④數吸數呼。
4. 緩急：①緩吸緩呼。②緩吸急呼。③急吸緩呼。④急吸急呼。

　　上述四項，各具四目，再互相交錯，即每一目與其他三項之十二目交錯配合，則又起不同變化，種種變化太過複雜，不再煩絮。

二、閉氣變化

　　1. 吸、閉、呼。
　　2. 吸、呼、閉。
　　3. 吸、閉、呼、閉。
　　練習閉氣法，必須嚴密封閉口鼻，閉氣時間則因各種功法而異，可長可短，不得有絲毫罅漏。上述三種閉氣法，再與「呼吸變化」之「口鼻、長短、律動、緩急」四項，各具四目變化，互相交錯，用以行拳練功，對打應敵，變化過於複雜，實難一一贅述。

陸、站樁功法

　　白鶴神功之站樁功法，以1小時為基礎，因手勢不同，且馬步有平馬與三角馬之別，平馬基本功為「下按式」及「外撐式」等二式。

一、　下按式

順呼吸法，以呼氣為主鍛鍊。
1. **調整體重：**
　　兩腳平分，與肩同寬，自然站立，體重平均兩腳掌，目視前方或閉目養神。
2. **調整雙臂：**
　　沉肩，曲肘，懸腕，舒指，掌心下按；雙臂調整正確，則掌心微微發熱。
3. **調整脊椎：**
　　收下顎使頸直，屈膝蹲下，膝不可超過腳尖，將尾閭骨往前推使腰直，使百會與會陰成一直線，整體骨架調整正確，則全身有充

氣感覺。

4. 調整呼吸：

自然呼吸不刻意延長呼吸時間，意念專注呼氣，不管吸氣，日久則呼吸綿長。

二、 外撐式

逆呼吸法，以吸氣為主鍛鍊。（功法略）

柒、鳴聲示範

蔡秀春叔公所傳白鶴拳「飛、鳴、宿、食」之「鳴」聲，呼氣有「呼、呵、吓、咳」四種不同方法，暫且不論。而吸氣略舉下列三式，示範說明：

套　路	招　式	口　鼻	長　短	律　動	緩　急	備　註
三　戰	撲　枝	鼻入口出	長吸長呼	一吸一呼	急吸緩呼	
二　步	水　手	鼻入口出	短吸長呼	一吸一呼	急吸緩呼	
柔軟枝	盤圓手	鼻入鼻出	長吸長呼	一吸一呼	緩吸緩呼	

捌、祈願結語

當今科技發達，武器精密，手無縛雞之力者，即可持槍射擊傷人，亦非我等練武之肉身所能抵擋，試就下列三項檢視，從新定位：

一、武術歷史演變

1. 蠻力搏擊
2. 群戰實力
3. 個人技巧

4. 神氣運使

二、現代習武分類

1. 傳承文化
2. 謀生技能
3. 格鬥搏擊
4. 體育競賽
5. 養生保健
6. 上網練功

三、傳統武學探討

1. 價值觀念──→追求目標
2. 思惟模式──→研究方法

總而言之，現代習武者，若非「職業格鬥搏擊」選手，愚見定位為「自我養生保健」，與「突發事件應對」。最後，謝謝主辦單位安排此次研討會，讓大家齊聚一堂，目睹各系統不同風貌，必然對「台中二高」白鶴拳未來的發展，有極大的助益。同時，謝謝各位老師、貴賓、學員與會，共襄盛舉。敬請不吝指教！

　　本文為 2017 年 10 月 29 日參加台灣武道文化交流協會，舉辦「台灣鶴拳文化交流聯誼研討會」時發表，今增補資料，並重新編排段落，層次分明，方便閱讀。

2019 年 8 月 8 日於武德學堂　賴仲奎　謹識

第三篇　台灣白鶴拳探究篇目

《台灣武林》刊載文章：

壹、鶴法專題文章

一、第4期〈閩南拳術「白鶴拳訣」臆測〉，2000年12月。

今增補文獻資料，定名〈白鶴拳訣「論氣力法」臆測〉，編入本書卷二「拳譜論述」中（詳本書第147頁至第163頁）。

二、第10期〈「白鶴神功」探討兼談台灣武術演變〉及〈白鶴拳張常球祖師一脈「永順武德堂」蔡澤民老師介紹〉，2002年6月。

三、第14期〈步型篇〉，2003年6月。

四、第21期〈「福州白鶴拳譜」與「永春白鶴拳譜」相關目錄對照簡釋〉，2005年3月。繼於2015年間，依之增訂文稿，定名〈台灣白鶴拳譜溯源增補記〉，發表於是年11月7日在永春舉辦第十四屆亞洲藝術節世界（永春）白鶴拳大會，收錄於《白鶴展翅天下永春》（頁333～346，廈門市鷺江出版社，2015年10月）。今再次增補文獻資料，編入本書卷二「拳譜論述」中（詳本書第128頁至第146頁）。

五、2004國際鶴法學術研討會〈五行手〉，2004年10月。

六、第23期〈2004國際鶴法學術研討會紀行〉，2005年3月。

　　附表一、武德學堂珍藏「醫書手抄本」目錄。

　　附表二、廈門源美堂珍藏「醫書手抄本」目錄。

七、第24期，〈美國武師來台尋根──洪文學老師側記〉，2005年5月。

八、Mook 3，〈呼吸篇〉，2006年11月。

九、2009國際鶴法學術研討會〈養生篇〉，2010年2月。

附表一、武德學堂珍藏「醫書手抄本」目錄

編號	書　　名	公元紀年	本國年代	日本年代	輯錄者	備　　考
01	張氏祖傳跌打損傷心度口教	1861年	清咸豐辛酉11年		張蒼松	
02	保元堂醫方	1864年	清同治甲子3年		樊益壽	附符籙
03	醫方集要（傷科）	1874年	清同治甲戌13年		佚　名	
04	幼科推拿藥書	1893年	清光緒癸巳19年		謝量元	附符籙
05	藥性湯頭	1905年	清光緒乙巳31年		梁鳳池	
06	跌打入門秘訣	1906年	清光緒丙午32年		釗　賢	
07	藥書鐵打損傷	1915年	民國4年		謝少春	
08	廖先生藥號(2冊)	1932年	民國21年	昭和7年	佚　名	台中縣龍井鄉
09	經驗秘方	1932年	民國21年	昭和7年	楊　基	台中縣清水鎮
10	絳雪丹書(血症論)	1933年	民國22年		佚　名	上海萬和堂藏本
11	醫徵寶鏡（陰陽瘡科）	1934年	民國23年		余卓雲	
12	秘傳跌打損傷藥方	1934年	民國23年		佚　名	楊基藏本
13	醫案備考（2冊）	1936年	民國25年		佚　名	錄1899年至1936年醫案
14	醫法要訣	1939年	民國28年		岑清腴	
15	痧症全書	1939年	民國28年		李菊村	
16	跌打傷科藥方	1944年	民國33年		佚　名	

說明：

　　一、武德學堂賴仲奎先生習白鶴拳多年，於《台灣武林》雜誌發表探討白鶴拳論文多篇，文思細膩，脈絡清晰；珍藏「醫書手抄本」百餘本，計有內科、外科、傷科、婦科、幼科及針灸科等，內容廣泛，甚為珍貴。

　　二、本次展出係賴仲奎先生選擇具有「歷史意義」者，慨允借予展覽，特點：

　　1.古本手抄醫書多未書寫抄錄年月日期，今陳列各手抄本均有書明年代，並按清朝咸豐、同治、光緒及民國之時序整理排列，方便比對。

2. 清朝時期手抄本有6本，編號01.《張氏祖傳跌打損傷心度口教》醫書，係清咸豐辛酉11年（1861年）手抄本，至今（2004年）相隔143年；而時間超過百年手抄本，計有4本；紙張業已部份風化，實為無價之寶，深具歷史價值。

3. 編號08.《廖先生藥號》及編號09.《經驗秘方》為日據時代手抄本，封面書有「昭和」年代；而《廖先生藥號》為藥行常用驗方，不述明所治病症，僅編號使用，較為少見。

附表二、廈門源美堂珍藏「醫書手抄本」目錄

編號	書　名	規　格	年　代	輯錄者	備　考
01	傷科秘鈔	6公分＊7公分	1.民國早期手抄本。		袖珍本
02	經驗良方	12公分＊9公分	2.民國38年（1949年）攜帶來台，實際抄錄年代不詳。	洪仲秋	袖珍本
03	傷寒證治	12公分＊17公分			朱筆抄錄
04	外科秘方	12公分＊18公分			附符籙
05	跌打穴傷秘方	18公分＊27公分			附辨驗症治法秘訣

說明：

一、廈門「源美堂」洪仲秋先生其先祖世代為醫，幼承家學並精五祖拳，民國38年（1949年）奉父命來台考察中藥市場，適逢戰亂，海峽兩岸交通斷絕，無法返回故里，遂落籍南投市開設「源美蔘藥行」，行醫濟世，間亦課徒授拳。

二、洪仲秋先生當年隨身攜有「醫書手抄本」多冊來台，惜民國88年（1999年）921大地震，南投地區頓成殘山賸水，珍藏醫書埋於破壁頹垣中，經其哲嗣洪國欽先生極力挖掘，幸得保存數本。

三、本次展出係洪國欽先生選擇較為完整者，慨允借予展覽，特點：

1. 極為少見「袖珍本」之手抄醫書。

2. 用「朱筆」手抄之醫書。

3. 《跌打穴傷秘方》穴道圖與武德學堂賴仲奎先生珍藏《醫方集要》穴道圖大部份相同，而藥方各異，前本藥方並有歌訣，方便背誦。

貳、 武術相關文章

一、第5期〈習拳不得善終論〉，2001年3月。

二、第16期〈簡介「舞禽戲」兼談「白鶴導引」〉，2003年12月。

三、第30期〈內蒙陰把槍來台傳承記——悼念前屏東師範學院教授 王爾昌宗師〉，2006年5月。

參、內容更正說明

始自2000年12月《台灣武林》第4期以「鶴法」為專題，廣徵文稿，緣是翻閱庋藏昔年先叔公蔡秀春長者教傳白鶴拳筆記，擇要整理，定名「台灣白鶴拳探究」發表一系列文章，刊載多期，計九篇；另有武術相關文章三篇，共計十二篇，詳如上；自發表後，多人相續轉載於書籍及網路，屢屢引用，唯未註明出處，其中錯訛，亦不知更正，簡列三字如下表：

編號	錯　訛	更　正	備　註
1	台中廳長「技」德二	枝	
2	二高：新高山(玉山)與「能」高山(雪山)	次	
3	套路：二十四「世」盤	式	網路：二十四「細」盤 二十四「器械」盤

今增補文獻資料，將〈閩南拳術「白鶴拳訣」臆測〉正名為〈白鶴拳訣「論氣力法」臆測〉，及〈「福州白鶴拳譜」與「永春白鶴拳譜」相關目錄對照簡釋〉正名為〈台灣白鶴拳譜溯源增補記〉，先就此二篇選入本書《台灣白鶴拳傳承錄》中；其餘十篇，則另行彙編，重新修訂，名《台灣白鶴拳探究集》予以出版。

　　曩者，撰述諸篇文章中，標明作者、冠以「永順武德堂」堂號者，僅2004年10月國際鶴法學術研討會〈五行手〉乙篇，蓋此堂號為先叔公蔡秀春長者名片表明本籍為「台中縣大肚鄉永順村文昌路三八四號」，故冠以「永順」地名，乃其個人用來區別眾多之「武德堂」，易於識別，並非自成另一系統，自抬身價，有別於諸位教傳白鶴拳老師。（詳本書〈白鶴拳譜異同〉之「結論」，第189頁至第190頁。）余究明原委後，均以「武德學堂」為堂號，陸續於《台灣武林》發表探究「台灣白鶴拳」文章。

　　何謂「學」？1973年間，先叔公蔡秀春長者嘗言：「白鶴拳自清朝初期，方七娘祖師創拳，由福建永春傳入福州；繼而清末民初，由福州傳入台灣，然而民國38年（1949年）兩岸隔離後，無法推本溯源，《白鶴拳書寶鑑》甚多『要訣』隱晦難解；1960年曾參訪歐陽敬予神父，釋「呼吸法」之疑惑。日後，汝需懇切訪求明師指點學習，刻苦鍛鍊，方克有成。」余本此義延伸為「學然後知不足，敏以求之者也。」故名「武德學堂」，併記之。

2019年7月11日於武德學堂　賴仲奎　謹識

巻四
掇遺合璧

第一篇　白鶴拳學

壹、緒　言

　　曩者，1971年5月劉故、蘇昱彰合著《白鶴門食鶴拳》，為台灣鶴拳第一本武術書籍，由台北華聯出版社出版，乃當時台灣武術界一大盛事。先叔公蔡秀春長者得閱此書後，深思多日，有意將畢生所學白鶴拳領悟心得，彙整出書，名《白鶴拳學》（相片1）；因余1969年8月抄錄《白鶴拳書寶鑑》研閱，遇疑難處，輒執以請益，並筆記備忘錄，故

相片1

指定余負責編撰，蔡澤民（子）與邱逸傑（義子）演式照相，工作分配畢，檢閱筆記，草擬大綱。

1971年至1973年服役期間，下部隊即擔任陸軍營部文書職務，若得閒暇即著手《白鶴拳學》之「凡例」、「目次」撰寫，與《白鶴拳勢譜》整理。

1974年退伍後，將《白鶴拳學》之「凡例」、「目次」，與單練套路7套、對練套路5套之〈白鶴拳勢譜表〉等，敬呈先叔公蔡秀春長者審閱，並得認可。爭奈余誤入歧途，塵事羈絆，未竟全功，出書迢迢無期；所幸先叔公蔡秀春長者重金援助，折攝交加，余悔過自新，題賃屋「懺悔廬」；何期不幸，於1986年趣寂，無由再聆教誨，撫今追昔，百感交集。

2004年4月新編《白鶴拳學》「目次」，增「第三、卷仿生原理」與「第五、卷武術藥功」，內容更為詳盡。再者，進行其餘套路之〈白鶴拳勢譜表〉登錄，甚多招式名稱，閩南語口授時，聽其音、知其義而不識其字，建檔工作，躓頓難行。蓋《白鶴拳書寶鑑》拳訣要義，與《白鶴拳勢譜》招式名稱，均使用當時福建方言土語口授與記載，需用「河洛語」（閩南語）讀誦，方知其義；乃尋《彙音寶鑑》與《國語台語綜合字典》等書，一招一式，找尋妥適名稱，積少成多，窮年累月，方克於成。

武術為中華傳統文化之一，有幸習得台中二高張常球宗師一脈之白鶴拳，有生之年，必定編撰完成《白鶴拳學》公開出書，此為我國非物質文化遺產，並非一人之私產，曷敢藉以謀取個人名利，所以圓先叔公蔡秀春長者遺願，報答傳授白鶴拳之深恩也。

（2019年7月27日　賴仲奎於武德學堂）

貳、凡例八則

一、本書僅述白鶴拳法，不旁及其他門派，非囿於門戶之見，所以

免無謂之諍也！

二、本書僅述拳術架式及呼吸二氣，不敢妄談他種境界並各種練功法，如內功之成就或鐵沙掌、五毒掌之威力，所以避談玄說妙之譏也！

三、本書所載拳術以健身為主，其餘功用次之。

四、本書乃為習拳筆記備忘錄，擇要整理而成；非謂依此模仿，即可學成無誤，需求名師講授也。

五、本書所攝拳勢照片標準如後：

（一）背景地面上有橫線二條，使易於識別拳勢之高低。

（二）演式時以正面、左右側面、背面、左右前四十五度角、左右後四十五度角，八個方向分別攝影，均於各照片旁註明之，使易於識別拳勢之架勢。

六、本書之編配，拳理與拳法並重，拳理計〈鶴拳八大功〉及拳訣二篇，拳法計套路四套，對打二套，其餘且俟異日整理公之同好。

七、本書仿內典之科判，以天干代「編、章、節、項、目」等，便於查閱。

八、本書忽促付梓，魯魚亥豕，在所難免，祈諸識者，有以正之。

參、正 文

甲一　源流

乙一　釋名

拳之有名，猶人之有名，所以別異同，識人我。拳有以地名者，如少林拳；有以人名者，如太祖拳；有以形名者，如螳螂拳；有以意名者，如太極拳；有以義名者，如鐵線拳；種種非一，不下百餘。

鶴，品類繁多，白鶴為最，古稱靈禽，克享遐齡，蓋以鶴之精足、氣靜、神寧故。「精、氣、神」仍人之三寶，故宜用鶴拳練之，練此拳以緩急適中，快慢相間，動靜分明，使氣不犯氣，使力不費力為得宜，學參此法，須擬精鑄神，舒臂運氣，久練精熟，自可神氣相合，心手相

印、非言語可以形容，必勤恆練始能領悟，「白鶴拳」之名，取其形與義也。

乙二　永春創拳

《白鶴拳書寶鑑》之〈論源流拳法〉篇：「**祖白鶴仙師傳與福寧府北門外，方種公之女方氏七娘，教傳永春州西門外曾四叔，得有十分之拳法。教傳永春二十八人，樂杰第一，王打胸（另本「興」字）第二，林、蔡、邱、吳、許、康、周、顏、張、李、黃、白戒，內有二十八人，此諸家稱為二十八英俊。唯鄭禮叔乃英俊外一名，此諸家在永春州教傳，白戒與鄭禮叔傳授鄭寵叔……**」（詳本書〈白鶴拳譜異同〉之「論源流拳法」，第166頁至第171頁。）

　　　　（始祖）　　（第二代）（第三代）（第四代）　　（數傳）
白鶴仙師──▶方氏七娘──▶曾四叔──▶鄭禮叔──▶鄭寵叔……▶李師(佚名)

乙三　福州傳承

台灣第一代張常球宗師言：「此白鶴拳非同他派，乃福州白鶴拳之飛鶴拳系統方世培祖師依其西席李師（佚名）臨終前所授拳書，獨居山中，日夜操練，偶觀水中腐木，小鳥棲其上，啄食腐木縫隙小蟲，悟『吊腿伏力』之法所創。」（詳本書〈方世培祖師拳法特色〉，第192頁至第201頁。）

張常球師祖從方世培祖師之子方永華而習，來台後，定居台中，人稱「台中二高」，授徒極廣，台中縣大肚鄉成功村陳春成師父從其習拳多年，得其傳，課徒亦眾。（詳本書〈台灣白鶴拳傳承史略〉之「張常球台中二高」，第83頁至第86頁。）

福州系統

　　　　　　　　　（第一代）　　　（第二代）　　　（第三代）
李師（佚名）───▶方世培───▶方永華（子）───▶張常球

台灣系統

（來台第一代）　（第二代）　（第三代）
張常球─────▶陳春成──▶蔡秀春

甲二　功用

乙一　修身

習拳首在修身：學養不足，縱得其傳，挾恃其技，徒以害世，只名武夫，必也如拳書引孟子之言：「養浩然之氣。」習定靜之功，所謂泰山崩於前而色不變，猛虎躍於後而心不亂，麋鹿興於左而目不瞬。修練成威武不能屈，富貴不能淫，貧賤不能移之士。

乙二　健身

習拳次在健身：朝暮定課，伸展手足，調以呼吸，自可收健身之效，無足慮也！然有欲驚世駭俗者，不明諸法，貪功躐進，雖其力倍於常人，亦不敢苟同。日後，恐或身手畸形，抑病魔纏身。

乙三　防身

習拳三在防身：操練日久，架式純熟，既明修身之道，又諳健身之法，斷無興事生非之理，動武乃不得已之為也！係應宵小之輩被動自衛也！

乙四　應敵

習拳四在應敵：應敵者，有深仇大恨，不顧個己生死，主動殺敵也！如對日抗戰時期，盛行一時之大刀隊，奮勇殺敵，保家衛國。

甲三　教徒需知

乙一　品德

師之教徒需視其品，蓋授之非人濟弱不足，害世有餘，可以「三自」為準，即自律、自尊、自謙三者，人能自律，不至結怨於小人；人能自尊，不至獻媚以求人；人能自謙，不至炫耀而惑人。尤應知者，自律非自縛，處處行不得也！自尊非自大，處處勝於人也！自謙非自卑，處處不如人也！正反觀之，庶幾可得矣！

乙二　身材

人有高矮而力有大小，約而別之，矮小者身手靈活速度快，高大者馬步穩健出拳重，得其身材適中，兼具靈活、穩健二者，速度快並出拳

重之士，罕覯其人矣！

乙三　方法

身材既有差別，初授其藝，矮小者務必自守是度，高大者何妨攻人為先；及其至也，攻守何曾有先後之別，攻即是守，守即是攻。

甲四　習拳要件

乙一　天性

習拳要以「天性」為根，苟無天性，不過一時熱度，終鮮堅持到底，操練拳法，酸筋痛骨，寒暑不易，經層層障礙，非有堅忍不拔之志，無不半途而廢。蓋有天性，即於任何時地，亦自有鍛鍊之法，精誠所至，始能克諸難關，而得成就。

乙二　師緣

吾人求學，希得一飽學之士而從之，而學武術，尤貴具有精博之師傅引導，前者不過間接誤人之子弟；而武術教傳無方，學者身心直接受其影響，出手動腳，破綻自出，遺笑大方，事關身命安全，此未得良師指導之故！是以練習之初，先識己之個性身材，須妥請師傅，認定一門，謂性烈者可習剛硬拳法類，好靜者可習柔和拳法類，矮小者近於靈巧敏捷，高大者近於穩重剛健，然亦非定論。俟一門精通後，方可旁務，不然，必一無專長也。

乙三　勤恆

百種弊病，皆從懶生，懶則馳緩，而趣功不敏，一處懈，則百處懈矣！況習拳乎？

《白鶴拳書寶鑑》之〈論源流拳法〉篇：「凡欲學習者，能細心研究，勤練日積，而謂徒勞罔功，不能受接前賢，此天下所希聞，古今以來，所未有者也！」

再者，〈論源流拳法〉篇：「若夫一日曝之，十日寒之，徒練虛名，而無實學。………然天下無難者，只怕心不專必不成。」

故習拳者，惟有腳踏實地，循序漸進，篤實下學，夫「勤」能生

明，故懈怠必戒，不問收穫，僅問耕耘，有「恆」者事竟成，熬過種種難關，勤奮精進，自有亨通之日。

乙四　求闕

諺云：「文無第一，武無第二。」我人學武，稍有造詣，或難免傲然自足，目空一切，輕視他人，惟吾國疆域之廣，門派甚夥，既成門派，當有其精妙神微之處，何得以己是而非人之是乎？口爭無稽之事乎？故宜「求闕」，高而致危，滿而致溢，常存惕勵之心，進德修業，虛懷為度，自無妄造凶戾之事。

（以上為部分文稿，以下僅節錄目次。）

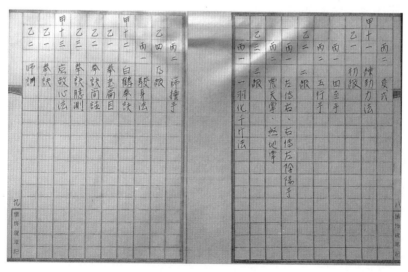

相片2

譜表1：三戰

招數	招式	進退旋轉	過角過門	馬　步	吊腿坐馬	方向	備註
01	請　拳	×	×	平　　馬	坐、吊、坐	南	
02	摔手盤手	退	過角	右三角馬	坐馬	南	
03	撲　肢	×	×	右三角馬	吊腿	南	
04	大鵬展翅	×	×	右三角馬	坐、吊、坐	南	陰拳
05	化　肢	×	×	右三角馬	坐馬	南	
06	大鵬展翅	×	×	右三角馬	坐、吊、坐	南	陽拳
07	化　肢	×	×	右三角馬	坐馬	南	
08	猛虎出林	進	×	右三角馬	坐馬	南	一進
09～13	（第9式至第13式依序同第3式至第7式）					南	
14	猛虎出林	進	×	右三角馬	坐馬	南	二進
15～19	（第15式至第19式依序同第3式至第7式）					南	
20	猛虎出林	進	×	右三角馬	坐馬	南	三進
21～25	（第21式至第25式依序同第3式至第7式）					南	
26	收　拳	×	×	平　　馬	坐馬	南	
說明	1.練拳方向訂為前南、後北、左東、右西，方便文字記載及言語敘述。 2.練套路需右式、左式交替鍛鍊，切不可只練右式，失去人體結構之對稱平衡。 3.每一招式需右式、左式交替單獨練習，以臻自然。 4.呼吸以鼻吸口呼為主。 5.「化肢」又稱「化枝」，「肢、枝」閩音相同，亦名「朝陽手」。 6.本套路第2式「摔手盤手」步法為向後退，另一種為向前進。此乃對打時，自己觀察兩人之遠近距離，若距離近，則後退搭手；距離遠，則前進搭手。						

　　丙二　二步

　　　丁一　簡釋

　　　丁二　拳勢

　　　　戊一　拳勢譜表

　　　　戊二　拳路圖線

肆、新編目次

第一卷　源流傳承

第一章　永春白鶴拳（詳本書〈福建白鶴拳傳承簡述〉之「永春鶴拳

傳承系統」，第28頁至第35頁。）

第二章　福州白鶴拳（詳本書〈福建白鶴拳傳承簡述〉之「福州鶴拳
傳承系統」，第35頁至第39頁。）

第三章　台灣白鶴拳（詳本書〈福建白鶴拳傳承簡述〉之「台灣鶴拳
傳承系統」，第40頁至第77頁。；及〈台灣白鶴拳傳承史
略〉，第79頁至第92頁。）

一、台中二高系統

二、阿鳳師系統

三、祖師神位

第二卷　鶴拳理論

第一章　諸家版本（詳本書〈台灣白鶴拳譜溯源增補記〉，第128頁
至第146頁。）

一、福建傳承

二、台灣傳承

第二章　鶴拳寶鑑

一、穴道

（一）抄本

（二）增補

二、拳訣

（一）抄本（詳本書〈白鶴拳譜異同〉之「基本功訣」，第
164頁至第176頁。）

（二）增補

第三卷　仿生原理

第一章　白鶴生態

一、認知概述

（一）形態特徵

（二）地理分佈

（三）文化內涵

第四卷　拳法套路（詳本文《白鶴拳勢譜》譜表：三戰，第225頁。）

　第一章　套路名稱

　　一、基礎套路（詳本文《白鶴拳勢譜》，未公開。）

　　二、進階套路

　　三、節力套路

　　四、移位套路

　　五、對打套路

　第二章　基本知識

　　一、體部識別

　　二、手型

　　　（一）拳

　　　（二）掌

　　　（三）爪

　　　（四）指

　　三、步型

　　　（一）基本步型

　　　（二）變化步型

　　四、進退法

　　　（一）前進步法

　　　（二）後退步法

　　五、轉身法

　　　（一）過馬

　　　（二）過門

　　　（三）過角（吃角）

　　六、方位方向

　　　（一）拳勢方位

　　　（二）動作方向

　　七、呼吸運氣（詳本書〈白鶴拳訣「論氣力法」臆測〉，第147頁

第二篇
點穴穴位研究

壹、前言

穴道即穴位，中國傳統醫學在人體五臟六腑的「正經」經有十二條，加上身體正面中央的「任脈」、背面中央的「督脈」，統稱「十四經」，在其上所排列穴道，共有三百六十五處。醫家用針來調理臟腑陰陽表裡之氣以治病，而練武者選擇若干要害部位，於生死搏鬥中，直接攻擊穴道，輕則減損對方攻防能力，重則導致對方昏厥，或瞬間死亡。

相傳武術點穴一法，神奇莫測，然近世漸已絕沒，罕睹其人；既有此人，亦必秘而不宣，甚而不傳。蓋師傳難得天資敏慧且忠厚之徒，以是知者鮮矣！失其真有其因也！今人未曾見識故，信者自信，疑者自疑。

余年少習白鶴拳，蒙先叔公 蔡秀春長者不棄，授以《跌打傷科藥方集》乙冊，1969年8月抄錄研閱，內有數頁係〈金岩寺應善和尚遺傳點打血穴論〉，乃依此手抄本而詳究之，為真有此事耶？抑無有此事耶？

貳、文獻書籍

一、武醫抄本

（一）《跌打傷科藥方集》原著者不詳，推測約晚清南少林傳人。
其中〈金岩寺應善和尚遺傳點打血穴論〉篇，原文如下：

「大論時刻有所行，論其妥非如常。仙人所傳苟且而易醫也，讀者宜所按時施藥，順時治之，庶必有吉矣。若無依時，雖有良方之藥，任攻至靈，亦難至此路之血也。上書論醫法，下論點打部位血脈利害生死定訣，學者細心研究，庶免誤人命也。」（相片1、圖1）後接〈一年十二個月血路〉與〈十二時行血〉，詳「參、點穴穴位」。

二、參考書籍

（一）靈空禪師著《點穴秘訣》，臺北，平平出版社，1965年7月出版。

（二）黃漢勛、陳海儔合編《跌打骨科學》，高雄，大眾書局，1972年9月再版。

（三）黃維三著《鍼灸科學》，臺北，文致出版社，1963年9月再版。

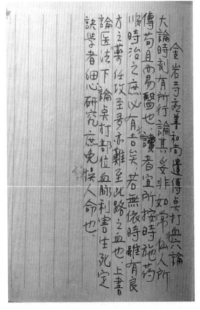

相片1

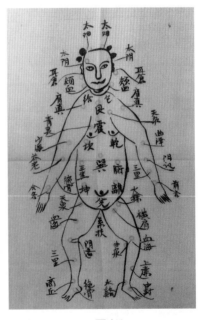

圖1

（四）《新醫藥週刊》第468期〈漫談「子午流注開穴時間之證例」（一）〉，臺北，新醫藥週刊社，1964年8月5日發行。

（五）《新醫藥週刊》第469期〈漫談「子午流注開穴時間之證例」（二）〉，臺北，新醫藥週刊社，1964年8月12日發行。

（六）1927年冬月永祥和尚手抄，德虔珍藏《少林拳譜》第六冊頁25─44，〈治點傷三十六致命穴秘方〉，北京，人民體育出版社，2010年5月第1版。

參、點穴穴位

一、說 明

（一）本文〈一年十二個月血路〉（簡稱：〈月〉）與〈十二時行血〉（簡稱：〈時〉），均依〈十二時辰行血歌〉與〈十二時神對照表〉而定，節錄自《跌打傷科藥方集》手抄本。其中穴位有差別者，即以（　）註明之。

（二）往昔前輩輾轉抄錄，間有錯訛字、脫落字之處，讀者可尋「肆、穴位考正」與「伍、略解其源」，相互參考對照。

二、正 文

（一）十二時辰行血歌

　　　肺寅大卯胃辰宮，脾巳心午小未中；

　　　膀申腎酉心包戌，亥三子膽丑肝通。

（二）十二時神對照表

　　　如下（圖2）：

　　　第一圈：十二地支

　　　第二圈：十二臟腑

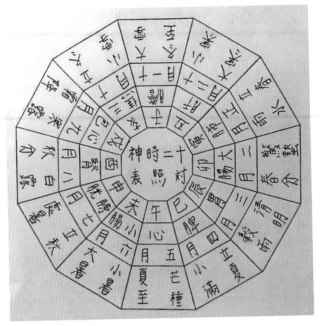

圖2

第三圈：十二月份（夏正）

第四圈：廿四節氣

（三）一年十二個月血路

正月寅宮，血行歸肺：

穴在右乳下兩肋，透背後右邊（〈時〉無：右邊）亦是寸半皆致命。

二月卯宮，血行歸大腸：

穴在臍（〈時〉有：左）邊二寸，背後十六骨寸半害命。

三月辰宮，血行歸胃：

穴在臍（〈時〉有：上）四寸，背後十二骨下皆致命。

四月巳宮，血行歸脾：

穴在（〈時〉有：左）脇十一骨（〈時〉無：十一骨），背後（〈時〉有：十一骨下）右寸半乃害命之傷。

五月午宮，血行歸心：

穴在雄骨下，背後五骨乃毒傷大害命。

六月未宮，血行歸小腸：

穴在臍右（〈時〉為：左）邊，背後十八骨下右（〈時〉為：左）寸半亦致命。

七月申宮，血行歸膀胱：

穴在臍下五寸半，背後十九骨下左寸半亦是害命。

八月酉宮，血行歸腎：

穴在左京門下間，背後十四骨下左寸半毒命。

九月戌宮，血行歸心包絡：

穴在前乳（〈時〉無：前乳）直上三寸半、左腋（〈時〉有：下三寸），背後四骨左寸半（〈時〉無：此句）毒傷害命。

十月亥宮，血行歸三焦：

穴在左乳上三肋間，背後十三骨下（〈時〉有：右）寸半毒傷害命。

十一月子宮，血行歸膽：

穴在右（〈時〉有：脇）乳下寸半，背後十骨下（〈時〉有：左寸半）二穴皆致命。

十二月丑宮，血行歸肝：

穴在左乳下寸半（〈時〉有：兩肋），背後九骨（〈時〉有：左寸半）皆致命之處。

（四）十二時行血

寅時血歸肺：

位在右乳下兩肋，背下（〈月〉有：右邊）寸半背後。

卯時血歸大腸：

位在臍左（〈月〉無：左）邊二寸，背後十六骨寸半。

辰時血歸胃：

位在臍上（〈月〉無：上）四寸，背後十二骨下。

巳時血歸脾：

位在左（〈月〉無：左）脇（〈月〉有：十一骨），背後十一骨下（〈月〉無：十一骨下）右寸半。

午時血歸心：

位在雄骨下，背後五骨。

未時血歸小腸：

位在臍左（〈月〉為：右）邊，背後十八骨下左（〈月〉為：右）寸半。

申時血歸膀胱：

位在臍下五寸半，背後十九骨下左寸半。

酉時血歸腎：

位在左京門下間，背後十四骨下左寸半。

戌時血歸心包絡：

位在（〈月〉有：前乳）直上三寸半、左腋下三寸（〈月〉無：下三寸），（〈月〉有：背後四骨左寸半）。

亥時血歸三焦：

位在左乳三肋間，背後十三骨下右（〈月〉無：右）寸半。

子時血歸膽：

位在右脇（〈月〉無：脇）乳下寸半，背後十骨下左寸半（〈月〉無：左寸半）。

丑時血歸肝：

位在左乳下兩肋（〈月〉為：寸半），背後九骨左寸半（〈月〉無：左寸半）。

肆、穴位考正

手抄本唯明諸穴尺寸若干，且有錯訛字、脫落字，今按地支、臟腑、穴名、「八卦」、穴位、所屬經脈之序，從新謄正，為省篇幅，不

在贅述其中差別，可參閱「伍、略解其源」；而穴位詳細解剖，可查諸中醫經穴書籍。

一、背 部

（一）依俞穴而定

寅：肺，肺俞，三椎下兩旁；

卯：大腸，大腸俞，十六椎下兩旁；

辰：胃，胃俞，十二椎下兩旁；

巳：脾，脾俞，十一椎下兩旁；

午：心，心俞，五椎下兩旁；

未：小腸，小腸俞，十八椎下兩旁；

申：膀胱，膀胱俞，十九椎下兩旁；

酉：腎，腎俞，十四椎下兩旁；

戌：心包絡，厥陰俞，四椎下兩旁；

亥：三焦，三焦俞，十三椎下兩旁；

子：膽，膽俞，十椎下兩旁；

丑：肝，肝俞，九椎下兩旁；

諸穴去脊各一寸五分，俱屬足太陽膀胱經。

二、側腹部

（一）依募穴而定

巳：脾，章門，第十一季肋骨端、臍上二寸，旁開六寸，屬足厥陰肝經。

酉：腎，京門，第十二季肋骨端、臍上五分，旁開九寸，屬足少陽膽經。

（二）其 他

子：膽，腹哀，乳頭直下第九肋骨附著部之下約一寸之處，去中行三寸半，屬足太陰脾經。

三、胸腹部

（一）依募穴而定

卯：腸，天樞為「坤」，臍右旁二寸，屬足陽明胃經。

辰：胃，中脘為「震」，臍上四寸，屬任脈。

午：心，巨闕，心蔽骨下一寸五分、臍上六寸，屬任脈。

申：膀胱，中極為「兌」，臍下四寸，屬任脈。

（二）依八卦部位而定

寅：肺，乳根為「坎」，右乳中下一寸六分、去中行四寸，屬足陽明胃經。

卯：大腸，天樞為「坤」，臍右旁二寸，屬足陽明胃經。

辰：胃，中脘為「震」，臍上四寸，屬任脈。

未：小腸，天樞為「離」，臍左旁二寸，屬足陽明胃經。

申：膀胱，中極為「兌」，臍下四寸，屬任脈。

丑：肝，乳根為「乾」，左旁乳中穴下一寸六分、去中行四寸，屬足陽明胃經。

（三）其 他

戌：心包絡，天池，左腋下三寸第四肋骨與第五肋骨間，乳頭外方一寸，屬本經。

亥：三焦，膺窗，在胸部、乳頭直上第三肋骨與第四肋骨間，去中行四寸，屬足陽明胃經。

伍、 略解其源

一、十二地支分配十二經

（一）一年十二個月血路

　　吾國古曆有三：「夏正、殷正、周正。」即夏以正月為歲

首，殷以夏曆十二月、周以夏曆十一月為歲首，夏正謂夏時
之正月也。《史記·曆書》：「夏正以正月，殷正以十二
月，周正以十一月。」（司馬遷，《史記》頁1285，台
北：明倫出版社，1972年9月再版。）按後世惟秦及漢初，
曾一度以夏十月為正月；自武帝時，即改用夏正，歷代因
之，至民國改用陽曆，其制始廢。唯民間農耕漁業，及節慶
如春節、端午節、中秋節、重陽節等，仍沿用夏正迄今。

夏正：「正月建寅。」以寅屬天文月之正月、卯屬二月、辰
屬三月、巳屬四月、午屬五月、未屬六月、申屬七月、酉屬
八月、戌屬九月、亥屬十月、子屬十一月、丑屬十二月。

（二）十二時行血

出《子午流注》等書，以十二時分配十二經：寅時屬肺經、
卯時屬大腸經、辰時屬胃經、巳時屬脾經、午時屬心經、未
時屬小腸經、申時屬膀胱經、酉時屬腎經、戌時屬心包經、
亥時屬三焦經、子時屬膽經、丑時屬肝經。

二、諸穴概說

（一）依俞穴而定

俞猶輸也，俞穴乃臟腑之氣，由內臟轉至皮部之處，皆在背
部。

（二）依募穴而定

募有募集之意，募穴乃臟腑之氣所結聚之處，皆在胸腹部。
人之五臟六腑各有一俞一募，其穴或在本經（與本臟腑相連
屬之經脈），或在他經，內當該臟腑所居之部位。

（三）依八卦部位而定

八卦係人身胸腹部之八處重點部位，為臟腑之氣所藏，或為
生理解剖位置，擊之則傷重，甚而斃命，此見於手抄本中
（各門派武醫藥功書籍均述及），今由右而左，由上而下解

析之：

1.**右行**：「坎」，乳根為肺。「坤」，天樞為大腸。

2.**中行**：「艮」，紫宮為心（心包絡）。「震」，中脘為胃。
「巽」，水分即闌門。（小腸下口接大腸上口處。臍上一寸，
屬任脈，大小腸二氣相匯之穴。）「兌」，中極為膀胱。

3.**左行**：「乾」，乳根為肝。「離」，天樞為小腸。

乳根、天樞為臟腑之氣所藏，《內經》：「肝生於左，肺藏
於右。」及「肝藏血，肺主氣。」故武醫稱：「左傷血，右
傷氣。」大腸與肺相表裏，故在右邊；五行木生火，小腸為
火，肝為木，故在左邊。「肝左肺右」係受「五行學說」與
自然現象結合後，「肝木肺金，肝東肺西」之影響，雖與西
醫實驗生理學說有異，然而此為古代前賢，從臨床中對病理
作用，觀察出之一種中醫生理學說。

紫宮、中脘、水分（闌門）、中極均為生理解剖位置，內當
該臟腑所居之部位。

（四）其 他

天池：深部為肺藏，左為心臟。

膺窗：內部為肺藏，左接心臟。右又稱「上氣穴」，左又稱「上血
海穴」。

腹哀：足太陰脾經、陰維脈（奇經八脈在生理功能上，能統率諸
經，有潴留氣血，調節十二經脈之作用）之會穴，此處氣血
相交，又名「氣血囊」。

陸、疑 難

上述諸穴屬經脈，除任脈為單穴，如紫宮、巨闕、中脘、中極諸
穴，行身之中行外，餘諸經脈均為雙穴，左右各一，然則何以點穴之穴
位有擇左、擇右、左右俱可三者之別？

可解者：有依生理解剖位置，內當該臟腑所居之部位，如天池穴深部左為心臟。有依臟腑之氣所藏、八卦部位而定，如乳根穴左右各一，以左屬肝右屬肺；天樞穴左右各一，以左屬小腸，與肝五行相生故，以右屬大腸，與肺相表裏故，忖度如是。

唯其餘背部之俞穴，何以有擇左、擇右、左右俱可三者之別？如側腹部之章門穴〈月〉為左右俱可，而〈時〉擇左？京門穴擇左？如胸腹部之膺窗穴擇左？腹哀穴擇右？著實令人存疑費解。

柒、旁　徵

吾國傳統武術各門派均有點穴一法，而穴位或同或異，莫衷一是。今節錄《少林拳譜》內載〈治點傷三十六致命穴祕方〉之「穴名、穴位、打傷病狀」等，而治傷祕方略之（相片2），以供參考研究，如下：

01. 頭額前穴：

頭額前穴屬心經，主血，損傷後最怕風，打重見血不止者，血出見風發腫者，三、五日或六、七日死，不見風不腫者不死。……（祕方）。

02. 眉心穴：

兩眉之間為眉心穴，打重者，頭大如斗，三日死。……（祕方），若不服藥者，不腫不死，浮腫出血者必死。

03. 太陽穴：

頭額兩邊為太陽穴，打重者，七日死或半月死；損耳目，其血凝成膿者不死；不可見風，見風發腫而死。……（祕方）。

04. 枕骨穴：

頭腦後為枕骨穴，管十二經，又名督

相片2

脈，為一身之主，不可損傷。打重者，腦骨髓傷，多者七日死，少者五日死，極重者或一日死。……（秘方），不服藥雖癒，後腦疼痛不止。

05. 藏血穴：

近耳後屬肝、膽經，為厥陰穴，打重者，損其血，見風又損其氣，浮腫者，十四日必死。其治方同點傷「藏血穴」（手抄誤繕，疑為「枕骨穴」。賴注）治方相同。

06. 華蓋穴：

心口以上為華蓋穴，屬心經。若被直拳打重者，人事不省，如迷心竅者，不治必死；此乃傷胃氣，致心胃氣血不能行走，……（秘方），若不斷根，三十六日必死。

07. 黑虎偷心穴：

心口中名黑虎偷心穴，屬心經。被上擦下拳打重傷者，兩眼昏花，人事不省，……（秘方），如不服藥，一百二十日必死。

08. 巨闕穴：

心口下一寸五分為巨闕穴，為心之幕。被打重者，人事不省，……（秘方），如不癒，一百二十日死。

09. 水分穴：

臍上一寸為水分穴，屬小腸、胃二經。被打重者，如不服藥，二十八日死。……（秘方）。

10. 氣海穴：

臍下一寸五分正中，為氣海穴。被打重者，九日死。……（秘方），如不服藥，四十八日死。

11. 關元穴：

臍下三寸正中，為關元穴。點傷重者，五日死。……（秘方），若不服藥，二十四日死。

12. 中極穴：

臍下四寸正中，為中極穴。傷重者，大小便不通，十二日必死。……（秘方），如不服藥，一百零八日死。

13. 左膺窗穴：

左乳上一寸六分，為左膺窗穴，屬肝經。打重者，十二日死。……（秘方），若不服藥，四十八日死。

14. 右膺窗穴：

右乳上一寸六分，為右膺窗穴，屬肺經。若被金鎗所傷，重者，一百六日死。……（秘方）。

15. 左乳根穴：

左乳下一寸六分，為左乳根穴，屬肝經。若被拳打重者，吐血則死。……（秘方），如不服藥，二十四日死。

16. 右乳根穴：

右乳下一寸六分，為右乳根穴，屬肺經。若被拳打重者，九日死，或兩鼻出血必死。……（秘方），若不斷根，一年必死。

17. 一計害三賢穴：

左右乳下同時受傷者，名為一計害三賢，三夾者死矣，此心、肝、肺三經傷也，重者七日死。……（秘方），若不斷根者，五十四日死。

18. 左期門穴：

左乳下一寸六分，旁開一寸，為左期門穴，屬肝經。若被拳打重者，三十八日死。……（秘方）。

19. 右期門穴：

右乳下一寸六分，旁開一寸，為右期門穴，屬肺經。若被拳打重者，三十六日死。……（秘方），若不斷根，五十四日必死。。

20. 鳩尾穴：

胸骨下端正中，為鳩尾穴，屬心、胃經。被拳打重者，吐血而死。……（秘方），若疼痛或吐血不止，三日內必死。

21. 左幽門穴：

巨闕穴下左旁開五分，為左幽門穴，屬肝經。被拳打重者，一日死。……（秘方），如不服藥，其傷必發，一百二十日死。

22. 右幽門穴：

巨闕穴下右旁開五分，為右幽門穴，屬肺經。若被點傷，其治法同治左幽門穴傷相同。

23. 左商曲穴：

左肋近臍處為血門，名左商曲穴，若被點打重者，六個月內死。……（秘方），若不服藥，一年內必死。

24. 右商曲穴：

右肋近臍處為氣門，名右商曲穴，若被點打重者，五個月內死。……（秘方），若不服藥，一百二十日死。

25. 左章門穴：

左肋梢骨盡處，軟肉旁邊為血囊，名左章門穴，被打重者，十二日死。……（秘方），若不服藥，一年而死。

26. 右章門穴：

右肋梢骨盡處，軟肉旁邊為氣囊，名右章門穴，被打重者，一百二十日死。……（秘方），若不服藥，二百四十日必死。

27. 左腹結穴：

左肋梢骨下一分為血囊，名左腹結穴，被打重者，四十二日死。……（秘方），若不服藥，三個月死。

28. 右腹結穴：

右肋梢骨下一分為氣囊，名右腹結穴，被打重者，六十日死。……（秘方），若不服藥，一年死。

29. 命門穴：

從脊背由上往下數第十四筋骨下（十四腰椎下中間），為命門穴，被打重者，立即暈倒，一日半不醒而死。……（秘方）。

30. 氣海俞穴：

腎俞下兩旁，為氣海俞穴，屬腎經。被打重者，三十五日死。……（秘方）。

31. 鶴口穴：

尾閭骨下兩腿骨盡處中間，為鶴口穴。被打重者，一年死。……（秘方）。

32. 海底穴：

糞門前陰囊後，為海底穴。被打重者，七日死。……（秘方）。

33. 湧泉穴：

兩足心為湧泉穴。傷者，十個月而死。……（秘方）。

34. 腎俞穴：

第十四脊椎骨節下，兩旁各開個一寸五分，為腎俞穴，屬腎經，左右共兩穴。若被打重者，吐血痰，十四個月而死。……（秘方）。若不服藥，過歲而死。

35. 左志室穴：

第十四脊椎骨下，旁開三寸，為志室穴，屬腎經，左右共兩穴。若被打重者，三日死，常發笑而亡。……（秘方）。

36. 右志室穴：

同上。

上述穴名有誤者，依中醫經穴學更正其中二穴，原抄本第八「鉅厥穴」更正為「巨闕穴」，第二十穴「鉅闕穴」更正為「鳩尾穴」。

少林寺傳三十六致命穴，與金岩寺應善和尚遺傳點打血穴，兩者經比對後，相同者僅「巨闕穴、中極穴、膺窗穴、乳根穴、章門穴、腎俞穴」等六穴，因師承不同，故穴位有異，然其餘諸穴，均為要害部位，若被打傷，切勿輕忽，等閒視之，速用藥物救治為是。

捌、結　語

十二經納地支，每二小時為一時辰，即自三點至五點為寅時屬肺經、五點至七點為卯時大腸經……廿一點至廿三點為亥屬三焦經、廿三點至翌日一點為子屬膽經、一點至三點為丑屬肝經，此為每一經生理最

旺盛之時期（每一器官均有它的基律與時間之特性）。

點穴根據「子午流注」十二時辰及經氣所開穴位，用指力點在所開穴位上，使氣血無法流通而昏厥（使用子午針法則能增強與調整經氣流行，作用相反），此種論述，難以現代醫學解釋，雖近似談玄說妙，然往昔前輩有譜傳下，寧可信其有，不敢信其無。唯練此技，手指須有功夫，身法敏捷，始能得心應手，否則點不著穴也。

點穴不外「識穴真的，按時襲擊，限時取命」而已；上述諸穴若非重要器官，便是要害部位，即無按時點拿，使受術者於某時日限期斃命之事；若拳打腳踢，亦足以大傷氣血，可不慎哉！然內外功夫到家者，能指洞牛腹，運掌碎石，人體血肉之軀，倘為其一擊，寧有不肉糜骨碎，當時立斃者，則或不受此限也！

囊昔修練傳統武術者，於冷兵器時代，或征戰邊陲，力抗外寇入侵；或保衛家園，防禦宵小盜賊；每一臨陣，死生瞬間，自宜速戰速決，故其出手之重，所謂一招致命者，點穴之法也。實與今日體壇之套路表演與自由搏擊，大相逕庭，讀者不可不察。

1974年春，參加台中市鍼灸學會「鍼灸醫學研究班」第四期講習，5月15日結業，由是略悉經穴之學，乃依手抄《跌打傷科藥方集》之〈金岩寺應善和尚遺傳點打血穴論〉乙篇，就其本末，初稿1974年10月3日草就，原名〈點穴之研究〉，經先叔公蔡秀春長者審閱後，以賴古存筆名，發表於是年12月15日，台中市鍼灸學會成立十五周年發行之《針灸世界》紀念特刊。

今重新檢閱舊稿，略事修訂，新增少林寺〈治點傷三十六致命穴秘方〉之穴位而成，定名〈點穴穴位研究〉。蓋點穴之穴位，即身體要害部位，習武者不可不知，拳打腳踢之間，所以免失誤傷人之過也。本文僅供參考之用，讀者幸有以教正，翹盼之至。

2019年7月16日於武德學堂　賴仲奎　謹識

第三篇

台灣武學文獻概述

壹、前言

　　武術在中國歷朝向來是保家衛國的軍事用途，為了維護專制皇權和國家統一，在冷兵器時代，官方向來不鼓勵民間習武，武學典籍最佼佼者，為明代戚繼光（1528年～1588年／明嘉靖戊子7年～明萬曆戊子16年）著《紀效新書》、《練兵紀實》、《練兵雜記》，及明代程宗猷（1561年～？年／明嘉靖辛酉40年～？年）著《耕餘剩技》等書。用來訓練士兵以切身生死厲害關鍵，啟發引導自覺練武防身，並與殺敵立功緊密結合。

　　清末國勢衰弱，歐美列強虎視眈眈，侵略中國，有識之士倡導「強國強種」，是以武術在特定歷史條件下，發生極大變化。1911年辛亥革命成功，民國成立後，武術蓬勃發展，研究逐步開展，持續深入探索，至20世紀30年代，傳統武術老師不再墨守成規，各武術門派拳術兵器著作，及武術傳承史學論著，先後問世出版，如陳鑫著《陳氏太極拳圖說》，及萬籟聲著《武術匯宗》等，武術典籍公開出版，發行數量逐漸增多，練武人士廣博閱覽群書後，不免見異思遷，再也難以專精一門拳藝，至40年代，武術前輩已有「昔人功夫好，今人理論好」之嘆。

貳、武學典籍傳播

　　台灣傳統武術演變有五個時期，武學典籍傳播亦隨之增多，概述如

下：

一、明鄭開台時期（1662年～1683年）

明末遺老矢志反清復明，民族意識尖銳矛盾，民間秘密結社組織，練拳習武為其特色之一。鄭成功據守台灣為反清復明基地，施行屯兵於農政策，以訓練軍士防身殺敵與兩軍對陣為主。然而鄭氏政權滅亡，納入清朝版圖後，當時鄭家軍士被遣返原籍。因鄭氏政權距今已三百餘年，代遠年湮，故可考兵法、拳譜等武學典籍，相當罕見。

二、清廷治台時期（1684年～1894年）

清朝時期先後移民來台的漢人，基本上是福建省的福州府、興化府、永春州、泉州府、漳州府、龍巖州、汀洲府，及廣東省的潮州府、惠州府、嘉應州等十州府為主，而移民以福建泉州最多，漳州次之，而廣東客家人因語言風俗自成一格，故在當時將移民分成漳、泉、客民三大類。

自移民來台後，在新天地墾荒建立新家園，向少再次舉族遷徙，因官府力量有限之下，為保障生存，除透過神明祭祀為媒介，形成以居住地域為範圍的大小祭祀圈之地緣組織外；也透過血緣關係，形成各種類型的宗族組織，彼此團結合作。祭祀圈形成的地緣組織與血緣關係形成的宗族組織，是人民為安身立命組成的，是移民在新天地建立新社會的一些依靠。而民變與械鬥，反映政府與人民，以及群體與群體間之矛盾與衝突。

民變如朱一貴事件、林爽文事件等，主要因吏治敗壞與會黨勢大（祭祀圈之地緣組織與血緣關係之宗族組織）。而械鬥如閩粵械鬥、漳泉械鬥等，主要因政治控制力薄弱，而移民為求自保，同鄉聚居的情形相當普遍，彼此互相奧援也變得較容易。造成群體間之衝突，應以經濟因素之糾紛為直接因素，官方無力仲裁，造成群體間惡性循環之衝突。（節自張勝彥等編著《台灣開發史》，頁145～151，台北縣：國立空

中大學，2002年2月。）

　　由是可知先民遷徙來台，因生存實際需求，故武風鼎盛，福建之太祖拳、羅漢拳、金鷹拳等，及廣東之流民拳（**客家拳**）各拳種隨之來台。至今尚有武術團體各種陣頭，每於年度佳節慶典表演傳統武術，拳術單練對打、長短兵器列隊穿插操練，而其武學典籍則為各拳種拳譜手抄本，歷代覆抄承傳，向少公開（**另行彙編公開出版**）。

三、日本據台時期（1895年～1945年）

　　日本統治台灣後，在思想方面，盡可能的阻止臺灣人有故國之思；為壓制台灣民間抗日運動，嚴禁民眾學習原有武術，設立「武德殿」，極力推展日本柔道及劍道，進行全面日本化。

　　福州白鶴拳方世培祖師傳子方永華，再傳張常球於1910年（清宣統2年、日本明治43年）來台教傳，弟子遍及全台，稱所傳「白鶴拳」屬於「飛、鳴、宿、食」四種鶴拳之「飛鶴」，傳下拳譜有《白鶴拳書寶鑑》、《白鶴拳要》、《白鶴拳密笈》手抄本等。因張常球在台北、台中地區傳授白鶴拳時，並未教任何長短兵器。曾與台中廳長枝德二（**日本人**）隨扈，在「武德殿」比試柔道，連戰皆捷，乃賜「武德堂」館名，准許公開傳授。實則日本軍警配備步槍及武士刀，極易制服赤手空拳練傳統武術者，所謂特准公開於台灣教傳白鶴拳，實乃懷柔手段，用來籠絡民心。（**詳本書《日本治台時期方世培系統傳人來台行誼略表》，第104頁至第125頁。**）

　　其次，方世培祖師之孫阿鳳師方紹翥1922年（民國11年、日本大正11年）來台遊歷，經台中二高張常球之推介，應南部新營、鹽水地區，李棟樑等五姓家族禮聘，傳授「駿鶴鶴法」，言其所傳白鶴拳屬於「飛鶴」與「宿鶴」，「宿鶴」又稱「宗鶴」，傳下拳譜有《鶴拳拳詩》手抄本。（**詳本書《台灣白鶴拳傳承史略》，第79頁至第92頁。**）

四、國府遷台時期（1946 年～1986 年）

1662 年至 1945 年年間，台灣保存下來的武學文獻數量有限，且各門派視為秘本，向不外傳。1946 年第二次世界大戰結束，抗戰勝利，舉國同歡，台灣光復。

1949 年國民政府遷台，隨行文武百官、奇人異士、佛道學者、平民百姓等，大規模戰後移民潮，傳入北方武術八極拳、螳螂拳、太極拳、形意拳、八卦掌、彈腿等各拳種，帶來大量的文物，民間出版社刊行很多佛教經典、仙學道藏及武術叢書，其中較專業出版社有下列數家：

（一）　真善美出版社

出版佛、道、武、醫書籍，主要是近代仙學著述，設址台北市，現已歇業。如陳泮嶺著《中華國術太極拳教材》，1963 年 2 月初版；雷嘯天著《龍形八卦游身掌》，1979 年 5 月初版。

（二）　自由出版社

出版佛、道、武、醫書籍，主要是古籍道藏，設址台北市。如雷嘯天著《中國武術學概要》，1963 年 10 月初版；黃柏年著《龍形八卦掌》（原書大陸出版，戊辰 1928 年 4 月自序），1964 年 7 月再版。

（三）　老古出版社

出版佛、道、武、醫書籍，主要是南懷瑾著述，設址台北市。如貢噶上師傳述，1977 年南懷瑾示範《密宗修氣瑜珈拳法》，1989 年出版。

（四）　華聯出版社

出版武術叢書，先是翻印大陸民初的著作，再是發行近人的編著。設址台北市，即今五洲出版社。如韓慶堂著《警察應用技能》，1969 年 7 月出版。

（五）　華源出版社

出版武術專類書籍，翻印大陸民初的著作，義士書局印行。設址台

中市，現已歇業。如個庵著《少林內功秘傳》，1964年12月出版；清虛禪師著《練氣行功秘訣》，1964年12月出版。（參閱《台灣武林》第10期，頁105～108，賴仲奎著〈「白鶴神功」探討兼談台灣武術演變〉，台北：逸文出版有限公司，2002年6月。）

再者，80年代影印機普遍使用之後，持有手抄老拳譜者，間有影印贈送同道摯友，因而逐漸輾轉流通，以是公開於世。

五、兩岸交流時期（1987年～　　）

從1966年5月開始的文化大革命，使中國政治、經濟、社會均遭到破壞性的影響，武術事業也受到嚴重摧殘。10年文化大革命結束以後，中國體育事業經過撥亂反正，得到迅速恢復，武術也開始出現新的局面。

1977、1978年先後在內蒙古、湖南湘潭舉行全國武術比賽，1979年1月國家體委發出《關於發掘整理武術遺產的通知》，組成了武術調查團到13個省市，進行較為廣泛的考察。5月圍繞挖掘整理，在南寧舉行全國武術觀摩交流大會。

1979年《關於發掘整理武術遺產的通知》下發以後，各地體委和武協為搶救武術遺產，對本地區的武術進行了調查研究和挖掘整理工作。（節自《中國武術百科全書》之〈中華人民共和國武術〉，頁81～82，中國大百科全書出版社，1998年10月。）

迄於今日，首先是北京人民體育出版社發行了大量挖掘整理的傳統武術書籍，續之有山西科學技術出版社等多家出版社，印行民初老拳譜叢書及近人編著的武術書籍。

1987年，台灣政府開放返回大陸探親，有武術界人士返鄉省親時，攜帶「古拳譜」影印本贈送同道。唯日後，有輾轉獲得再次影印本之大陸武術界人士，反而聲稱藏有秘本或孤本，高價兜售於台灣武術出版社。

此期間，台灣亦有新成立出版武術書籍的專業公司：

（一） 大展出版社有限公司

1980年5月成立，設址台北市。取得大陸北京人民體育出版社及山西科學技術出版社等多家出版社授權，將簡體字版武術書籍，以繁體字在台發行。

（二） 逸文出版有限公司

《台灣武林季刊》2000年春季創刊，並出版武術書籍，及代為流通大陸、香港出版之武術書籍，設址台北市。

參、結 語

武術「功法」傳統教學以口傳身教為主，而流傳下來「理法」大都為寶貴的「經驗」傳承文件記錄，蘊含豐富精深的東方哲學思想，與佛門道家、軍事兵法、中華醫學、導引養生、倫理道德、文藝美學、雜技戲曲等傳統各種文化具有相互聯繫關係。

20世紀近代中國與西方文化接觸，邁入現代科學發達新時代，傳統武術整體直覺經驗的思維方式，所形成獨特的理論與技術完整體系，必然面臨汲取現代科學中，發展現代體育運動的學科，諸如運動生理學、運動心理學、運動解剖學、運動生物力學、人體科學等相結合，加以重新詮釋的課題。

現代體育運動學科各種書籍，作為大學院校體育教材，業已大量出版發行，容易取得閱讀，不足為慮。而目前台灣保存傳統武學文獻，具特殊條件有二：

其一、保存南方武術典籍：清廷治台時期（1684年～1894年）及日本據台時期（1895年～1945年）先民遷徙來台，福建之太祖拳、羅漢拳、金鷹拳、白鶴拳等，及廣東之流民拳（客家拳）各拳種之拳譜藥功手抄本，各門派視為秘本，大多尚未公開印行，僅有少數影印贈送同道摯友，彼此互相討論研究。

其二、保存北方武術典籍：國府遷台時期（1946年～1986年）

1949年國民政府遷台，帶來大量的文物，兩岸分治後，1966年至1976年的文化大革命，武術事業遭受嚴重破壞。此期間傳入台灣的北方武術八極拳、螳螂拳、太極拳、形意拳、八卦掌、彈腿等各拳種武術書籍，大都曾公開再版發行，廣為流通。如姜容樵《形意雜式捶、八式拳》、陳微明《太極拳講義、問答》等前輩著述書籍；及近代採用科學方法研究傳統武術論著，廣泛收集民間武術資料，查錄史學文獻，對牽強附會，謬說神話，進行批判釐清，如唐豪《少林武當考》、徐震《太極拳發微》等前輩著述書籍。甚至1928年成立南京中央國術館後，胡遺生輯《字門正宗》，送請中央國術館審定，於1933年4月上海作者書社出版；該絕版書，80年代時，曾由教育部體育司再版印行。

台灣處於特殊歷史背景及地理環境下，傳統武術之發展與研究，理應蒐集民間保存各拳種未曾公開之拳譜，分門別類，重新整理，詳加考據，結合現代體育科學，對武術理論進行整體系統研究，必可彌補大陸武術界所不足之處，使之更為完善，對促進傳統武術發展，適應時代潮流，將有巨大的推動作用。

附卷
贅餘後記

網路閒話

壹、引言

在網路普及以前，公開發表的門檻非常高，必須在正式的會議和印刷的出版品當中進行，所以不是一般人都能夠參與的。那個時候，人身攻擊、發人隱私、濫用情緒性詞彙等，粗鄙的言行出現的機會並不是很多。網路的普及是有史以來，最大的言論解放，徹底去除公開發表的門檻，連市井之間的謾罵，以及各種不入流的粗鄙言行，全都搬上網路，供全人類流覽。這些粗鄙的言行，很多是侵害他人的權利、違背法令的，各大網站的網管每每疲於奔命，必須不斷底刪除這些貼文，這裡才刪除，又在別的地方貼出來。真觀（作者）曾經試圖維持個人網頁的清淨，最後也發現徒勞無功。

所以，如果你要在網路上發言，你必須練就一身金鐘罩、鐵布衫的功夫，不怕人家惡言攻擊，才能在網路當中存活下來；你還要有一雙火眼金睛，看穿網路這個迷魂陣，才能在一堆不負責任的言論當中，篩選出有用的資料。雖然你可能只是一個小人物，卻不能小看自己，因為我們就是活在一個牽一髮動全身的因緣體系當中，你的每一個行動，都會影響大環境，國家社會，乃至整個世界的共業。

對你自己而言，保持清醒的頭腦，以理性的態度和科學的方法抉擇法義，這其實就是觀行（觀察或觀見事理）。觀行可以將無明（不明白道理）轉變為明，在智慧增長的同時，你也就分證（隨著一分之斷惑而多得一分之證悟）解脫。只要你能真實地解脫，就算別人都認為你是錯的，也不會妨礙你的解脫功德，因為這是自受用（修行福德智慧功德圓滿時，所顯現自己受用內證法樂）境界，任何人都無法奪取。當你在抉

擇法與非法的時候，其實你就是裁判，你的裁判正確與否，會影響到佛法（正法）住世的時間，更會影響到你的解脫與否。這麼嚴重的事情，當然只能靠你自己，任何人都無法為你代勞。（節自《弘法資訊》總號第269期，頁14，呂真觀講述〈修行人面對法義的爭論，應該怎麼辦？〉，弘法資訊月刊，2017年11月。）

思辨能力不足的人有哪些特徵呢？

一、人云亦云。

二、濫用情緒性的詞彙。

三、崇拜權威。

四、觀察不仔細，經常略過論證的過程，直接看結論。

五、邏輯思維有缺陷。

六、厭惡別人的看法與自己相左。

七、理解能力不足。

八、只聽一方的說詞。

九、不願意面對不利的證據。

十、習慣說過頭話，經常亂下結論。

思辨能力很強的人，可以可以依自己的心性，遠離這些辯論，或做一個中立的旁觀者（相當於裁判的地位）。如果你選擇旁觀，一定要把「不隨便下結論，直到你能夠排除一切合理的懷疑為止」當成戒律，嚴格底遵守。因為這是追求真理最重要的方法，是笛卡爾（1596年～1650年，17世紀法國著名哲學家，名言「我思故我在」，或譯為「思考是唯一確定的存在」，是西方現代哲學的奠基人）等世間智者的共識，只要是嚴謹的學者，必然都同意這個方法原則。孔子也說：「多聞闕疑，慎言有餘，則寡尤；多見闕殆，慎行其餘，則寡悔。」胡亂下結論會招來怨尤，讓自己追悔莫及，網路上已經有不少線前的教訓，聰明的人不會重蹈覆轍。（節自《弘法資訊》總號第269期，頁13，呂真觀講述〈修行人面對法義的爭論，應該怎麼辦？〉，弘法資訊月刊，2017年11月。）

貳、論 譚

首先，有中華縱鶴拳協會之成員，針對一項議題的辯論，原本討論主題，只是為追求真相，了解實情。然而在網路發言中，常有對方偏離主題，就不相干問題死纏爛打，說出離譜荒唐謾罵言詞，內容粗鄙不堪。

此時，究該如何處理？若繼續辯論，則徒增煩惱；或者不再理會，遠離塵囂。而高素質旁觀者，明知對方無理取鬧，參與發言，也無法改變其信口雌黃、淆亂聽聞的謬悠言詞；故多次論辯後，對方依然不入流的粗鄙言行，日久，便無人問津，不了了之。

其次，有貼文虛構傳承系統長輩神話，廣為宣傳，並以傳人自居，而網路看熱鬧者居多，點閱人數飆高，由是自我感覺良好者。

在武術網路言論中，常見有上列「人云亦云、濫用情緒性的詞彙、崇拜權威、邏輯思維有缺陷、厭惡別人的看法與自己相左、只聽一方的說詞、不願意面對不利的證據」等貼文，看到的是不清淨、不真實的鶴拳網頁。茲分「謾罵言詞」與「虛構神話」二項，詳加解析。

一、謾罵言詞

源自2000年間，《台灣武林》季刊選定以「鶴法」為專題報導，兩岸三地徵稿，持續三年之久；余因緣際會，乃就年少所習張常球台中二高系統白鶴拳，一愚淺見，歷次撰文投稿，是年12月第4期刊載〈閩南拳術「白鶴拳訣」臆測〉。（今重新檢閱，略事增刪，定名〈白鶴拳訣「論氣力法」臆測〉，詳本書第147頁至第163頁。）

再者，2002年6月第10期刊載〈「白鶴神功」探討兼談台灣武術演變〉及〈白鶴拳張常球祖師一脈「永順武德堂」蔡澤民老師介紹〉二篇文章後，有中華縱鶴拳協會嘉義市委員楊青在該會會員張智惟（蔡澤民的學生）網站發表抨擊、誣蔑文章多篇，因而與之公開對談，亦曾上

「武學書館」網站之留言板；然而濫用情緒性詞彙，甚至「侮辱他人先祖、男女生殖器官、特殊性關係」等粗鄙的言行，一再出現，令人匪夷所思，今分「楊青與旁觀者暨張智惟公開函」、「與楊青及致前輩同道公開函」、「剖析真相」三目記述，如下：

（一）楊青與旁觀者暨張智惟公開函

楊青alex-yang（big yang）於2002年8月間，在Yahoo之「白鶴拳法　武術國術」http://home.cityfamily.com.tw站主張智惟（eteher乙太）網站張貼之標題：「超你祖酢的賴仲奎」計有相關回應文章23篇，摘錄其中10篇，有後文回答前文者，多處重複，為省篇幅均略之，均以括號楷書註明，今按編號、張貼者、時間、內容，轉載如下：

01. 楊青alex-yang（big yang）　2002/8/6

咄～～～～～～～

賴仲奎你這老潑才

有見識給我滴溜出來

值此公肆處

我跟你對個你清我白

若還龜處

莫怪我說你幾句辭兒

〝摧林ㄚ碢笄把紅〞

〝灕犖轇碑大刻闌〞

〝雞㩮何處是兒家〞

〝豬插雞含癩頭兒〞（編按：閩南語男女生殖器官等粗鄙言詞）

02. 旁觀者m8801503（sokasay）　2002/8/8

原文件中提到：

〉（重複01.楊青alex-yang（big yang）文）

〉

雖然不知你們倆發生什麼不愉快之事

但個人認為alex-yang在此漫罵之言

實屬不適之舉

big yang兄肚裡撐船有海涵之量

犯不著在無遠弗界的網路世界如此這般

另

乙太兄（張智惟）您是版主

有權對各篇文章最後處理

望您能做一適當處理

好歹賴老也算前輩

更與您有些許淵源

您見識多廣交友遍及五湖四海

應該也不願見到自己人遭此待遇吧

03. 楊青alex-yang（big yang）　2002/8/8

原文件中提到：

〉〉（重複01.楊青alex-yang（big yang）文）

〉（重複02.旁觀者m8801503（sokasay）文）

〉

免來這套

尊你是個生客

勿來淌此渾水

躲一旁慢慢看去

再多口舌

別怪我一並算入

去看以往發言

這賴子分明龜縮

理直不怕人屈

就我祖宗來也管不得這事兒

乙太是此處之尊

早呈詳情與他

搞不清狀況的你

誰是前輩？

我看你是淺輩喇！

啥漫罵？三曉都不明瞭你直指我漫罵？

我不叫他出來說個一清二楚

就不算 alex-yang

老掌門（林英明）修養好

叮幾句就告我別往口上去勿惹事端

我偏不放這始做惡者去

有辦法來咬我丫

來試試看我賣誰人賬丫

04. 楊青 alex-yang（big yang）　2002/8/8

原文件中提到：

＞＞＞（重複 01.楊青 alex-yang（big yang）文）

＞＞（重複 02.旁觀者 m8801503（sokasay）文）

＞（重複 03.楊青 alex-yang（big yang）文）

＞

我已縱他多次

勿怪我殺重

05. 張智惟 ether（乙太）　2002/8/11

原文件中提到：

＞＞（重複 01.楊青 alex-yang（big yang）文）

＞（重複 02.旁觀者 m8801503（sokasay）文）

〉

此事賴師叔已會知

敝人任版主未曾刪除留言

謝謝您的愛護

也歡迎您繼續關心本站

乙太

06. 楊青 alex-yang（big yang） 2002/8/12

原文件中提到：

〉〉〉（重複01.楊青 alex-yang（big yang）文）

〉〉（重複02.旁觀者 m8801503（sokasay）文）

〉（重複05.張智惟 ether（乙太）文）

〉

多謝道長海涵

07. 張智惟 ether（乙太） 2002/8/18

原文件中提到：

〉（重複01.楊青 alex-yang（big yang）文）

〉

楊大哥，敝人代賴師叔留言：

楊兄您好：

　賴某於《台灣武林》發表之文章，皆秉之於所得文獻，然自知尚未臻完美，是以在文末皆希望能有同道大德加以指瑕斧正，楊兄若有所賜教，是賴某進步的助力，但不知文章中有何不妥之處？希望楊兄能不厭其煩一一指陳所失，以利改進，謝謝！

08. 楊青 alex-yang（big yang） 2002/8/18

〉（重複07.張智惟 ether（乙太）文）

〉
請他自己約個時間上來這兒談
正想請教他來源出處
讓他自己講吧

09. 張智惟 ether（乙太）　　2002/8/25
原文件中提到：
〉〉（重複 07.張智惟 ether（乙太）文）
〉（重複 08.楊青 alex-yang（big yang）文）
〉
楊青兄你好：
　　賴某年少時從先叔公蔡秀春先生習白鶴拳，後因塵事羈絆，荒疏拳藝廿餘年。
　　爾來，發表於《台灣武林》第 4 期之〈閩南拳術「白鶴拳訣」臆測〉、第 10 期之〈「白鶴神功」探討兼談台灣武術演變〉與〈白鶴拳張常球祖師一脈「永順武德堂」蔡澤民老師〉等三篇文章，兄台並未就文內謬誤之處，予以告知，尚請於網站上明示，俾便從學術論點，加以探討。

　　　　　　　　　　　　　　　　　　仲奎敬上　　2002.08.24

10. 楊青 alex-yang（big yang）　　2002/8/26
〉（重複 09.張智惟 ether（乙太）文）
〉
首先請教你可清楚你之所學是何種鶴？

（二）與楊青及致前輩同道公開函
　　楊青與旁觀者於 2002 年 8 月份，在張智惟（ether 乙太）網站發表言論，楊青並未針對各項議題辯論，僅是髒話連篇而已。此期間，余方

始學習上網，延至9月改在「武學書館」網站，自行上網公開回應，轉載如下：

01. 與楊青（alexyang）兄公開對談白鶴拳之一

楊青兄：你好！

賴某習「白鶴拳」之過程經歷，俱見於《台灣武林》第4期與第10期拙作諸文中，本係市井之徒；而兄台熱心「縱鶴拳」，不遺餘力，殊堪敬佩！身任「中華民國縱鶴拳協會」之「嘉義市委員」，自是名實相符；惟觀兄台於各網站張貼諸篇文章，博識多聞，別出心裁；未審究為代 貴協會全權發言？其次僅就個人一己之高見卓行？抑或兩者兼而有之？可否示知，方便對談。

今兄台屢以賴某所習何種鶴拳相詰？並「武學書館」留言板，亦有兄台質疑賴某抄載《白鶴拳書寶鑑》，需尊重原作者乙事；豈兄台言詞犀利，追根究底者，為一、清朝初年、方七娘祖師所創造之「白鶴拳」，與清末民初、方世培祖師再演進之「縱鶴拳」，兩者之間毫無任何關連耶？

二、秘傳《白鶴拳書寶鑑》抄本之原作者即為林國仲宗師歟？若非此門派之傳人，則不得任意抄錄轉載乎？

尚祈兄台引經據典，一一舉證，匡我不逮。

再者，兄台於前函：「僅上『武學書館』網站之留言板」乙節，回應稱：「應該聲明可任任何人轉貼才對。」此議甚妙，所言極是！賴某卻之禮失，理當從善如流，願有緣見聞者將「對談全文」，輾轉張貼各網站，公諸武林前輩同道，是耶？非耶？自有評論；真歟？假歟？自見青史。

爾後，賴某自行摸索上網，回應時間拖延，勢所必然，尚請海涵。

賴仲奎敬上　2002.09.16

02. 與楊青（alexyang）兄公開對談白鶴拳之二

楊青兄：你好！

網站諸篇文章，兄台質疑，賴某實應；賴某反問，兄台虛答；並未就問題癥結，條述議論；所言徒逞口舌，調三斡四；直如雲山罩霧，了無實義；究非援疑質理、問難求知之道也。

茲今對談爭端，造自兄台，咄咄逼人，賴某勢非得已而應之，結果云何？為兄台有功於「中華民國縱鶴拳協會」耶？抑賴某愧對於先叔公蔡秀春先生乎？不得而知。乃白板黑字，張貼網站，文字責任，各自完全承擔，兄台同意與否？切勿支吾含混，尚請明確示知。

頃閱《縱鶴拳源流拳論稿案》內載 林國仲宗師示眾：「勿驕、勿貪、勿懶、勿色」之訓詞；然兄台睥睨一切，目空四海，網站信口開河，談高說低，「勿驕」之祖訓，不亦遠乎？再者，兄台張貼文章譽稱：「老掌門修養好！」唯兄台身任「中華民國縱鶴拳協會」之「嘉義市委員」，網站公然張貼「侮蔑謗言」與「影射諷詞」諸文章，果真「中華民國縱鶴拳協會」林英明理事長為兄台所景仰進而效法之師父，不亦惑乎？

賴仲奎敬上　　2002.09.20

03. 與楊青（alexyang）兄公開對談白鶴拳之三

兄台言瞭於口，事昧於心，對談首句即云：「賴某習白鶴拳。」莫非明知故問？豈不無的放矢！曷為乎？

對談文章，兄台稱：「張常球與林國仲曾是師兄弟。」此言差矣！白鶴拳演進改良之方世培祖師（後文諸位前賢，為行文方便，均以先生尊稱），一門三代，父傳、子承、孫繼，方永華先生為第二代，阿鳳師（方紹耆先生）、阿峨師（方紹峰先生）、阿妞師（方傳模先生）等昆仲為第三代，聲譽閩台。張常球先生師事方永華先生為第三代，林國仲先生師事方紹峰先生為第四代（詳《力與美》第4期第108頁，79年8月10日出版），則張常球先生之輩份高於林國仲先生一代，並非同輩，必也正名乎！

兄台又稱：「至於《白鶴拳書寶鑑》是你在當經典，老仙都知道那

是怎麼回事的啦！」唯貴協會前身「中華民國國術會二高縱鶴拳委員會」編印之《縱鶴拳源流拳論稿案》內載拳訣僅13篇，………（詳本書〈台灣白鶴拳譜溯源增補記〉之「鉤稽對照」，第132頁至第138頁。）

04. 與楊青（alexyang）兄公開對談白鶴拳之四

楊青兄：你好！

綜觀回應文章，兄台均未一一舉證，敘述由來：

一、張常球先生師事方永華先生是傳承歷史，而林國仲先生師事方紹峰先生是林英明先生發表於《力與美》第4期。若張常球先生曾師事阿傲師，究為方世培祖師嫡孫阿鳳師、阿峨師、阿妞師等昆仲之何位？兄台自應舉證述其緣由，詳其始末，宜專文發表於雜誌，導正傳承歷史謬誤之處，一新眾人眼目。否則、豈不憑空捏造？

二、兄台稱：「《白鶴拳書寶鑑》出於誰手都搞不清楚？」此秘笈賴某僅知為手抄本，並未明載原作者為何人，或由何人結集而成。兄台既有第一手資料，自可舉證述明作者，遠近傳承，切勿欲語還休，亦宜專文發表於雜誌，不必限於一隅之網路。（詳本書〈台灣白鶴拳譜溯源增補記〉，第128頁至第146頁。）

三、蔡澤民先生所教白鶴拳是否有誤？張智惟（ether乙太）兄為蔡澤民先生之學生，且與兄台熟稔，還請與張智惟兄切磋研究。

　　　　　　　　　　　　　　　　　　　賴仲奎敬上　　2002.10.07

05. 致前輩同道公開函

諸位前輩同道：大家好！

敝人在此版《與楊青（alexyang）兄公開對談白鶴拳》，本欲遠離張智惟（ether乙太）兄之「白鶴拳法 武術國術」http：//home.cityfami-ly.com.tw網站，楊青兄張貼「侮蔑謗言」與「影射諷詞」諸文章，期能就論題舉證詳述「理性對談」，然則楊青兄舌劍唇槍，「玉臺章話」連

篇，令人瞠目不知所對，偏離原論題遠矣！

　　近日敝人電子信箱亦有不名人士寄來台語發音侮蔑函件，實不無遺憾！甚至累及有些前輩同道遭受辱侮蔑，敝人深感抱歉！專此奉聞，即頌大安。

　　　　　　　　　　　　　　　賴仲奎敬啟　2002.10.07

（三）剖析真相

　　自2002年8月間，中華縱鶴拳協會嘉義市委員楊青在網站，一再濫用情緒性詞彙，不斷惡言抨擊；若有旁觀者參與，亦以粗鄙言行回應。實問虛答，流言混語，是年10月7日致楊青公開函，及致前輩同道公開函後，即結束此次辯論。

　　有關楊青在網路發言髒話連篇，睥睨一切，每每使用「侮辱他人先祖、生殖器官、特殊性關係」等粗鄙的言行，是否因尚未有被侮辱者，正式向法院提出告訴，故無懼刑法第309條公然侮辱罪，及刑法第310條誹謗罪之徒刑與罰金，亦甚佩服其賈勇，口出穢言，視林國仲示眾「勿驕、勿貪、勿懶、勿色」之祖訓如無物，不亦怪哉！

　　唯綜觀楊青言論，係以縱鶴拳林國仲為方世培祖師系統在台唯一嫡傳後代弟子自居，而質疑重點問題有二，解析如下：

1. 張常球與林國仲在方世培祖師系統之輩分，何者為高？誰人為低？

【解析】

　　張常球與林國仲為同鄉，福建閩侯人。林國仲早歲即已來台謀生，1910年（清宣統2年/明治43年），張常球避難來台，住台北建成町設館授拳時，林國仲隨即前往拜師學藝，張常球為林國仲之師父。然而不承認師父張常球，卻以其師「二高」名號用為自己之「字」，網路有旁觀者質疑縱鶴拳林國仲字「二高」，是何涵義？卻不見回應。林國仲為張常球之學生，因得罪日本人，無法立足台灣，得張常球之助，返回福

州避難。

　　爾後，林國仲自稱：「拜方祖師侄子方永蒼為師學拳。」並非實情，因福建省福州市福清市宗鶴拳協會公開聲明：「方家根本沒有方永蒼這人，有族譜為證。」

　　詳本書下列三篇文章：

　　（1）〈福建白鶴拳傳承簡述〉之「林國仲傳承葛藤」及「白鶴拳祖師神位」，本書第46頁至第78頁。

　　（2）〈台灣白鶴拳傳承史略〉，本書第79頁至第103頁。

　　（3）〈日本治台時期方世培系統傳人來台行誼略表〉，本書第104頁至第125頁。

　　2.縱鶴拳楊青一再質疑《白鶴拳書寶鑑》之出處，以「白鶴拳」之拳名有誤，而「縱鶴拳」為正確。

　　【解析】

　　福清方世培祖師傳子方永華，再傳台中二高張常球，來台教傳「白鶴拳」，稱屬於「飛、鳴、宿、食」四種之「飛鶴拳」，傳下《白鶴拳書寶鑑》、《白鶴拳要》、《白鶴拳密笈》等及藥書多冊；再者，孫阿鳳師方紹翥來台教傳「白鶴拳」，稱屬於「飛、鳴、宿、食」四種之「飛鶴拳」與「宿鶴拳」，又稱「駿身鶴法」傳下《鶴拳拳詩》及藥書等多冊，方紹翥來台傳授白鶴拳時，方世培祖師已去世，故將其先祖名諱敬列祀奉。拜師供奉祖師神位中間「白鶴先師」（即「白鶴仙師」），左邊「方氏七娘」，右邊「方徽石授」（詳本書〈福建白鶴拳傳承簡述〉之「飛鶴拳與宿鶴拳」祖師神位，第78頁），足以證明福州白鶴拳源自永春白鶴拳，創拳始祖為方七娘祖師。

　　而林國仲自稱教傳「縱鶴拳」，傳下《縱鶴拳論》，門人稱「縱鶴始祖」，若方世培祖師教傳為縱鶴拳，則「縱鶴始祖」應是方世培祖師，而不是林國仲，以莠亂苗；其傳下《縱鶴拳論》之篇目，少於《白鶴拳書寶鑑》、《白鶴拳要》、《白鶴拳密笈》、《鶴拳拳詩》等多

篇，藉方永蒼之名以提高師承輩分，不實情事，甚為明顯，並非方世培祖師系統門下之入室弟子。斑斑可考，真相大白，歷歷有徵，無庸置疑。

詳本書下列四篇文章：

（1）〈福建白鶴拳傳承簡述〉之林國仲「師承解析」，本書第58頁至第74頁。

（2）〈台灣白鶴拳傳承史略〉，本書第79頁至第103頁。

（3）〈台灣白鶴拳譜溯源增補記〉，本書第128頁至第146頁。

（4）〈白鶴拳譜異同〉，本書第164頁至第190頁。

二、虛構神話

台灣網路有「永順武德堂鶴拳　武術國術」網址 http://home.city-family.com.tw/ether 宗旨「鶴拳原理探討，中國拳法交流。」另有「永順武德堂（台中二高系）／台灣白鶴拳分享天地」網站 http://blog.sina.com.tw/white_crane_fist/ 聲稱：「永順武德堂紀錄關於白鶴拳／White Crane Fist 的相關資料，歡迎武術同好一起來分享交流，如有不足之處，請多包涵！我們的蔡澤民（老師）目前有收學生並教授台中二高系（張常球祖師）白鶴拳。」

其發表有關「蔡秀春參訪歐陽敬予神父」之文章，首先，為摘錄《台灣武林》刊載「鶴法」專題報導之文章，唯未註明原文出處。其次，標題：「我所知道的凌空勁」，作者屬名「小安然」。前者為蔡秀春口述，賴仲奎筆錄。後者為蔡澤民的學生編造神話故事，另一學生聞悉，發表於網路，如武俠小說情節，放言高論，大謬不然。轉載如下：

（一）　歐陽神父參訪記

蔡秀春「參訪歐陽敬予神父」原文見《台灣武林》第10期，賴仲奎著〈「白鶴神功」探討兼談台灣武術演變〉乙文，以下節自「永順武德堂」網站，括號（　）內為編註或更正錯訛之字。如下：

1960 年蔡秀春先生 57 歲時，有同門師弟成龍先生彰化縣員林人為天主教徒，承其介紹約同云（門）施（師）兄弟數人至台北縣中和鄉天主教堂拜訪歐陽敬予神父，請益拳法，並演練三戰套路，經詢問是否可運氣傷人，蔡秀春先生搖頭應不會，乎（忽）見神父舉手輕輕揮擺，而門窗沙沙震響；在（再）隨手輕揮桌上銅製品直飛蔡秀春先生的身（胸）前，急舉而擋，並被其氣勁震離座位，（無此事，自行增入。）神父笑稱：「好！好！反應快。」並帶眾人至室外空第（地），將一鐵棍插於地上，手掌隔鐵棍尺許，慢慢把鐵棍插於地中（下），復把鐵棍隔空吸（帶）出地中，經過這三次驚奇的表演，眾人錯愕不已。歐陽敬予神父問到：「白鶴拳母三戰，是一套氣功拳法，練成可運氣隔空傷（打）人，是否（是不是）口訣已經失傳（呢）？」（眾人搖頭不知，）乃詳為述說吐納導引之法，蔡秀春先生返家練習（習練）後，窮究《白鶴拳書寶鑑》，擷拳書精要著有〈白鶴神功簡記〉乙篇。詳參歐陽敬予神父所傳立式作（做）法，不以意禁之，聽其自動而能拳擊，創編「柔軟肢（枝）」技（拳）法（套路）並告之（知）少數同門師兄弟，以及傳授門下弟子。（節自 http://blog.sina.com.tw/white_crane_fist/article.php?entryid=604325）

（二）編造神話故事

我所知道的凌空勁　小安然

分類：鶴拳譁謔

2009/04/01 08:41

當我師父（蔡澤民）還年輕的時候，那時候正是青壯年時期，白天做很繁重的工作，到了晚上還很努力的練習白鶴拳，精力旺盛，一天練四、五個小時是很正常的事，從那時候起，我師父的白鶴拳就已經紮下了很深厚的根基。

有一天在練習的時候，我師父的師父，也就是我們的師公（蔡秀春），坐在旁邊看著這些徒弟們練習白鶴拳，若有所思的樣子，突然搖

了搖頭，嘆了一口氣，這時候我師父在旁邊看了覺得奇怪，很好奇的問：「師父啊師父，你在嘆什麼氣啊。」師公抬起了頭，對我師父說：「咱們鶴拳這樣子練是沒有什麼成就的，還是有無法突破的地方。」師父一聽，忙問：「怎麼會呢，上次師父您不是一個人就挑了隔壁庄的道館，二十多個人一下子就被您打倒在地了，咱們鶴拳不是最厲害的拳嗎，難道還有什麼拳比鶴拳還要強嗎，我不相信。」（絕無此事）師公就說：「唉，這個世界很大，我們鶴拳在這附近幾個村庄來說，已經是難逢敵手了，但人外有人，天外有天，一時之間我也說不太清楚，改天我帶你們師兄弟們去看看就知道了。」（絕無此事）

　　經師公的說明，原來那時候台北有一位神父，前陣子曾來中部傳道，名字叫做「歐陽敬予」，人稱歐陽神父，有極高的內家修養，但他非常謙虛，不輕易外露，所以知道的也不多，那時候師公有幸見過一面。（蔡秀春僅參訪歐陽神父一次，從未帶蔡澤民等二十多人第二次參訪。）師公心想：「好吧，你們年輕人多看看世面也是很好的，多多增廣見聞也是不錯，回來後再練鶴拳才懂得多下苦功夫。」因為那時候台灣的生活條件還不是很好，沒幾個人有電話，於是師公就去電信局拍了個電報到北部給歐陽神父，約定了某日某時想去拜訪，約好了之後，我師父就和師公一行二十多人（只有同門師兄弟四人前往參訪，蔡澤民未參加）浩浩蕩蕩地去北部了，由於那時候交通不便，經過輾轉的路途，二、三天（實際情形當天往返）之後，終於到了歐陽神父住的地方了。（目的地明顯台北縣中和鄉天主教堂，不須二、三天時間才找到。）

　　見面之後，我師父（蔡澤民）覺得很失望，因為從歐陽師父身上看不到什麼練武人有的虎臂熊腰，看起來和普通人差不多，我師父心想：「這傢伙也沒有什麼特別的嘛，名叫歐陽敬予，敬予敬予，這名字什麼『東方不敗』、『獨孤求敗』一樣，好大的口氣啊，難不成要所有的人都要尊敬他，好吧，既然師父那麼看重他，待會就看看有什麼東西好了。」（瞎編故事）一番客套之後，師公（蔡秀春）說明了來意，希望歐陽神父能露一手來給這些徒弟們瞧瞧，神父一聽，笑著搖搖手說：

「我練的也沒有什麼特別的啦。」就這麼輕描淡寫的手揮了幾下，據師父說，那牆上的窗戶就這麼鏗鏘鏗鏘地搖起來了，就像颱大風一樣地振動著，在場的師兄弟都嚇了一跳，心想：「怎麼有這麼厲害的功夫，簡直就是隔空取物啊，像這樣還怎麼貼近他的身體來做近身短打呢。」

師公看了忙說：「神父神父啊，您練得真是不錯啊。」神父笑著說：「哪裡哪裡，這一點雕蟲小技，自己玩玩罷了，其實不算什麼。」說著說著，手像扇子那樣又這麼搖了幾下，歐陽神父那時坐在一張太師椅上，和我師公正是隔著一條長桌子，但隨著他的手扇了幾下，桌上那碗公大的黃銅製煙灰缸（天主教徒戒菸，教堂內各處均無菸灰缸）突然間疾衝向我師公，我師公嚇了一跳，馬上一個反射動作，二隻手運上了勁，趕快向前一撐，在肚子前把煙灰缸擋住了，但那煙灰缸的衝力實在太大了，雖然被我師公擋住了，但後勁仍在，我師公整個人就隨著椅子往後倒，好在那時候我師父的師兄弟們一行二十多人就站在師公後面，趕快把我師公撐住，才沒有往後倒在地上（瞎編故事），否則當場就難看了。

這時我師公放下了煙灰缸，起身拱手說：「神父啊，今天來拜訪您，真是讓我們大開眼界了。」神父笑著說：「哪裡哪裡，自個兒玩玩罷了，既然你們一趟來台北也是不容易，那麼就容我再現醜一下，你們可別笑話呢。」

於是一行人就起身往神父的後花園裡去了，神父從牆邊拿了一枝挖土的大鏟子，（實際是建築工具鐵棍，長約150公分，一頭尖，一頭扁。）比現在我們用來和水泥的那種鏟子還要大一些，手掌五指張開，手心按著把手，也看不出是哪裡有在運勁，只見那鏟子就這麼地整支沒入泥土中了，那人們來來往往走過的泥土道路（實際是教堂內空地花圃）是蠻結實的，但對於那鏟子來說卻沒有什麼困難地就沒入，硬泥土如同爛泥巴一樣，師父一行人看得都呆了，想到這勁道竟是這麼強，不曉得這是剛勁還是柔勁。

但神奇的還在後頭，只見歐陽神父接著把手提了起來，仍是手掌張

開,手心貼著大鏈子的把手,只見就像磁石把繡花針吸出棉花一般,鏈子竟被歐陽神父的手吸出了地面,一陣驚訝之後,前去的師兄弟們暴以熱烈的掌聲。

將鏈子放定之後,歐陽神父說:「你們既然也是練拳的,不如表演幾招讓我開開眼界吧。」於是幾位白鶴拳的師兄弟就展現了幾套白鶴的功夫交流交流(瞎編故事)。歐陽神父看了之後,摸著下巴,不住地點頭說:「嗯嗯,你們這功夫也練得蠻好的呢,白鶴拳算來也是內家氣功的大宗,大家味道都掌握得蠻好的,不過既然是內家的打法,在下這個外行人也略知一、二,如果還不嫌棄的話,就讓在下把自個兒的見解和你們作個交流吧。」

師父說,那次和歐陽神父的會面,至今想起來還是覺得蠻不可思議的,尤其是那不必和對方動手,就能制敵於不能近身時,那就是內家修養的東西,那次見面,歐陽神父給了許多內修方面的建議,像發勁的呼吸法,大家回來後,經過仔細地思考後,師公就作了一些調整和改良,從那時候起本門的白鶴拳境界更提高到了層次。

後來,在一次因緣際會之下,師父經由一位練蛇拳(蔡澤民未練蛇拳)的人那邊學得到內家修養,可見台灣有內家修養的人還不只一位,只是有些「明師」隱姓埋名,很少人知道罷了。在經過幾年內家修養之後,師父的功力大增,師父自己跟我們說,因為有這個內修,他的功力比沒有內修的人是多了二到三倍之多,不過我師父不喜歡出鋒頭,很少和別人試手或是在別人前展現功力。師父說,上禮拜有位久不見面的師兄來拜訪,按輩份我們要叫他師伯,因為大家是師兄弟,久不見面,而且我師父用功也蠻勤的,回憶起當年學拳的那段時光,二個人就切磋了一下當年練的東西,師伯一看,眼睛頓時發亮,不住地讚嘆師父的功夫,那次見面,我的一位師兄也在場,他可以證明這件事,可見我們練拳的,不能一味地追求外家的功夫,有時候如果有內家的修養,更是能讓功力大增。

關於內修的功夫,我師兄也看過我師父(蔡澤民)展現過幾次,數

十年前師父就達到了小藥（絕無此事，「小藥」修練有成之特徵，詳「剖析真相」3-6第279頁至第280頁）初成的境界，那時候我師兄曾看過師父（蔡澤民）也是這麼手輕輕揮了幾下，三公尺外的樹也是搖動不已（絕無此事），這幾年的境界更是不曉得高到了什麼地方去了，不過師父更少表演了，因為修這內功是要清心寡慾的，師父更是不求虛名，所以更少表現給別人看了，但在指導我們的時候，師父還是會露一手，抖彈震摔是那樣的鬆，尤其振身更是一絕。不過師父說最近他也較少在往更深的地方去練，因為這修練內家功夫，就像築基一樣，從腳上重新脫胎換骨，就像整個人再造一般，師父已經練到剩心包絡的地方，在道家修仙道的來說，心主藏神，如果一分心的話就不容易成功，因為師父最近又多了二位孫子要照顧，還要逗二個小朋友玩，所以師父打算將來有空閒的時候再好好地修練，不過師父的這個程度已經讓我們難以望期項背了，因為即使內家功夫沒有再深入，但鶴拳的功夫師父還是整天在練，那已經是不得了了。要練往更高的境界需要清心，不能花太多心思在外務上，師兄說其實最近師父已經很少收徒弟了（另有原因），免得分心，幾年來沒收多少學生，一想到我能夠拜在不出名的「明師」之下修練，實在是三生有幸。

　　所以我認為學功夫一定要有深厚的內涵作為基礎，而不能純以表面外門功夫來訓練，那時候問師兄，（不知是蔡澤民的那位學生？）什麼時候我才能練到像師父那樣的境界呢，師兄笑著說：「其實師父已經把一些重要的東西融入了白鶴拳的練習裡面了，等你練久了就會知道了。」我想想也是有道理，雖然師父很少示人他的功夫，不過據我觀察，其他地方不曉得修得如何，但隱隱約約感覺到師父（蔡澤民）已經有他心通（絕無此事）的功夫了，似乎能知道我們這些學生的心思，那天一位師兄也說，他有時候自己在練本門白鶴的時候，突然會覺得自己力量特別的強，似乎不是自己身上發出來的，而是冥冥之中借到了天地之間的能量，而且有時候不知不覺中也會有預知的能力（瞎編故事）。雖然我的入門時間還是尚淺，不過練了這麼幾天下來，時間不是很長，

但已經感到了自己身上有了一些改變，身法更沉穩更鬆了，但我想這可不是外家的功夫磨出來的，因為說實在的我已經有二個月沒有蹲樁拉筋了。

凌空勁的東西我師兄不久前曾說給我聽，因為他之前曾和別人對打過，對方頭上戴著護具，就是面前有鋼護面的那種頭套，師兄一拳就往對方臉上打去，護具和臉部還有快二寸的距離，那人鼻頭就深深地被傷到了，（不知是蔡澤民的那位學生有凌空勁？）那帶有血跡的頭套我還看過，醫生說那是給利器割傷的，但由頭套可知那不是被鋼條割到的，那時候師兄只是這麼一拳下去就有這樣的威力了，我在猜想這可能是白鶴內功修練出來的東西，我見識尚淺，不曉得這是不是就是大家所談的凌空勁，不過那時師兄的確是凌空之下重傷對方的。

因為最近談到了寸勁、凌空勁的東西，所以我才談到了歐陽神父隔空打物的這個故事，我不曉得其他門派有沒有這些東西，畢竟人外有人、天外有天，我也很想去看看其他各門的東西是如何，我想一定也有不可小覷的地方，不過師兄說，到處看看也是不錯，不過還是要以本門的為主，不然看到別人有什麼就想學什麼，到頭來什麼也沒學到，只是學到別人的毛皮。但我看來看去，有些人還是在練那些表演用的東西，真要用的話，能不能使出來也是問題，我有位師兄就曾說，學校社團國術社練出來的他都不怕，因為全國大專盃或其他表演性質的活動，已把國術的內涵導向藝術表演了，他真正擔心的是那種練傳統武功的人，這種人不會去參加學校國術社學表演性質的東西，這種人是在外頭打出自己一片天的，而能夠打得死人的才是真功夫，只是這個社會已經不允許這樣子了。

所以我說練拳就要有練到真功夫，所謂真功夫，教的人要知道，也要肯教，想想看，劉師爺（劉雲樵）從七歲跟隨李書文，練到十八、九歲才和李書文去各地遊歷，想想看，這十年裡面倒底是練了什麼東西呢，怎麼要花這麼久的時間去熬，回過頭來看看，現在學校學出來的八極拳最多也不過四年，所學的東西是經過濃縮後的精華，還是有少了

哪些東西呢，這是值得思考的問題。

其實，能夠叫得出名號，在江湖上有點名堂的門派，必定有真功夫在裡面，不論八極、八卦、螳螂、太極，或是其他我叫不出名字的也好，只有能打，能實戰的拳才不會被時間淘汰，才能生存下來，那為什麼現在還是有些人學了幾年下來還只能表演呢，我想原因很多，個人資質或努力程度有關，有些東西失傳或是沒有學到也是原因，或有的人故意藏私也有，或有的人只知道墨守成規，不知在現有自身武術中再思考，再改良，或吸收別派之特長來補己之短也是，很多不好的習慣造成武學式微了，國術表演化的結果成了樣版武術，很好看，但也讓外國人笑我們是花拳繡腿，更讓別人認為國術打不過跆拳、空手道，結果反造成了許多國術社難以經營的窘況。練國術的人都希望全國興起一陣練武的風氣，街頭巷尾隨隨便便就看到有人在練國術，不論是八極、太極、螳螂、白鶴也好，而不再只是看到年輕人在打籃球，國術是咱們中國人的東西，你籃球再打得怎麼好，外國人一提到籃球還是只想到麥克喬丹，中國人再怎麼踢足球，還是不能克服腿短或先天體能的事實，根本踢不進世界盃足球賽，只有練國術，才能讓外國人瞧得起我們，一提起成龍、李小龍、李連杰，哪個外國人不豎起大拇指連聲說：「Good、Good」，就算是提到史帝芬席格，他們也會想到「Chinese kongfu」，練國術的人一多，全民國術的日子就不遠了，只怕咱們自己迷失了在花拳繡腿的樣版武術表演套路裡面，到最後即使國術像學土風舞那般被廣為推行，國術也已淪為和土風舞同等級了。

國術是能打能實戰的，只要大家真正有學到東西，練得出來，國術的地位不會像今天這麼憋腳。

最後講點輕鬆的吧，我的師兄說，（不知是蔡澤民的那位學生？）他已經領悟到練國術如何練出仁者的慈悲心了，那就是使出最狠毒的絕招，把對方打得滿地找牙，讓他抱著頭跪在地上向你討饒，他那可憐的樣子，就能讓你的慈悲心油然而生了。

回應1人

凌空勁的故事講得很生動，只是神話了點⋯⋯⋯

畢竟年代久遠又沒實証，只能當故事聽聽⋯⋯⋯

鄙人覺得若要振興古武，全民健身健保就不會加費，不會倒，一些老師傅們是不是可以考慮露兩手，吸引更多人學習，那怕是強身防身也好，對國家社會也是好事⋯⋯⋯

豬肉榮在　新浪部落　於 2010/05/01 12:03 AM 回應（節自 http://blog.sina.com.tw/white_crane_fist/article.php?entryid=604424）

（三）剖析真相

台灣「永順武德堂」網站，發表蔡秀春承傳白鶴拳相關資料，或漁獵剽取，或穿鑿附會，種種不一。唯恐見聞者，習非勝是，乃窮原究委，為之解析，如下：

1.「永順武德堂（台中二高系）／台灣白鶴拳分享天地」網站貼文有關「武德堂、台中二高張常球、陳春成、蔡秀春、蔡澤民」等傳承簡介，蔡秀春教傳「《白鶴拳勢譜》套路及對打套路分類名稱、練勁力法之初高級分類、《白鶴拳書寶鑑》目錄、《白蓮寺傳授方》藥書」等資料，均未註明出處，乃節錄賴仲奎發表於《台灣武林》之「鶴法」專題報導諸篇文章，具詳本書〈台灣白鶴拳探究篇目〉，第210頁至第214頁，讀者可自行查閱，不一一列舉。

2. 蔡秀春「參訪歐陽敬予神父」原文出處，見台北逸文出版有限公司，2002年6月出版《台灣武林》第10期，頁122～123，賴仲奎著〈「白鶴神功」探討兼談台灣武術演變〉，今括號內楷書為錯訛字、脫落字、添加句。貼文自行增入「並被其氣勁震離座位」句，絕無此事，造謠惑眾。

3. 小安然發表「我所知道的凌空勁」，不知是蔡澤民的那位學生編

造神話，張大其事，小安然聞知，在「永順武德堂」網站貼文發表後，僅只旁觀者豬肉榮1人在新浪部落回應「只是神話了點………只能當故事聽聽………」，擇要條述如下：

3-1　本文稱謂「師公」為蔡秀春，「師父」為蔡澤民，均以括號楷書加註，而所謂「師兄」，則不知小安然是聽聞蔡澤民的那位學生，編造天花亂墜的神話故事。與《台灣武林》第10期「參訪歐陽敬予神父」原文，大謬不然，兩者同見於設立「永順武德堂（台中二高系）／台灣白鶴拳分享天地」網站，甚為詭異，究於師承是褒？是貶？抑語不驚人誓不休，做為自我宣傳。

3-2　絕無本文蔡秀春「一個人就單挑了隔壁庄的道館，二十多個人一下子就被打倒在地」之事。

【解析】

（1）蔡秀春住台中縣大肚鄉永順村，隔壁庄即陳春成台中縣大肚鄉成功村，何來徒弟踢師傅道館，與自己師兄弟或是同鄉親友二十多個人打架毆鬥的情事。（詳本書〈自序〉乙文）

（2）蔡秀春1969年間，閱讀新聞社會版毆鬥事件，曾言：「以前一人要打五、六個人，現在變成五、六個人打一人，學甚麼拳頭！」從未提及自己打倒二十多個人之往事。一人赤手空拳一下子打倒二十多個人，是武術小說或電影誇張情節。若一人手拿刀劍，打倒無兵器的二十多個人，現實社會打架毆鬥，極有可能發生，但會出現死傷殘廢事件，即被司法機關拘留偵辦判刑。

3-3　絕無本文「師公就去電信局拍了個電報到北部給歐陽神父，約定了某日某時想去拜訪，約好了之後，我師父就和師公一行二十多人浩浩蕩蕩地去北部了，由於那時候交通不便，經過輾轉的路途，二、三天之後，終於到了歐陽神父住的地方」之事。

【解析】

（1）蔡秀春同門師兄林成龍為天主教徒，彰化縣員林鎮人。歐陽敬予神父早年來台，曾在員林天主教堂傳教，傳道功予教徒林成龍，後

調至中和天主教堂傳教。林成龍修練道功事，曾語知同門蔡秀春師兄等數人。

（2）民國49年（1960年）間，台灣已有鐵路火車及公路客運，南北交通便利。既已拍電報給歐陽神父，必然知道住址，為何經過二、三天後，方才找到歐陽神父住的地方。再者，歐陽敬予神父為神職人員，居住在天主教會指派各地區之天主教堂，不是隱居山林中，不為人知之地。

（3）經林成龍聯絡歐陽神父後，邀蔡秀春、蔡淇茂、曹新鍊同門師兄弟共四人，包租一台計程車，由彰化縣員林前往台北縣（今新北市）中和天主教堂參訪，當天往返，僅此一次。從未帶蔡澤民等一行二十多人，前往北部參訪歐陽神父之事。

3-4　絕無本文「歐陽神父那時坐在一張太師椅上，和我師公正是隔著一條長桌子，但隨著他的手扇了幾下，桌上那碗公大的黃銅製煙灰缸，突然間疾衝向我師公，我師公嚇了一跳，馬上一個反射動作，二隻手運上了勁，趕快向前一撐，在肚子前把煙灰缸擋住了，但那煙灰缸的衝力實在太大了，雖然被我師公擋住了，但後勁仍在，我師公整個人就隨著椅子往後倒，好在那時候我師父的師兄弟們一行二十多人就站在師公後面，趕快把我師公撐住，才沒有往後倒在地上，否則當場就難看了。」之事。

【解析】

（1）天主教徒戒菸，教堂內無菸灰缸。

（2）蔡秀春隻手擋住飛來銅藝品，無「整個人就隨著椅子往後倒」，亦無「我師父的師兄弟們一行二十多人就站在師公後面，趕快把我師公撐住。」僅蔡秀春等四人參訪歐陽神父而已。

3-5　絕無本文「歐陽神父說：『你們既然也是練拳的，不如表演幾招讓我開開眼界吧。』於是幾位白鶴拳的師兄弟，就展現了幾套白鶴的功夫交流交流」之事。

【解析】

（1）僅蔡秀春等四人參訪歐陽神父而已，無蔡澤民「幾位白鶴拳的師兄弟，就展現了幾套白鶴的功夫。」

（2）事實是蔡秀春應歐陽神父之請，現場演練「三戰」後，歐陽神父言：「白鶴拳母三戰，是一套氣功拳法，練成可運氣隔空打人，是不是口訣已經失傳呢？」

3-6　絕無本文「關於內修的功夫，我師兄也看過我師父展現過幾次，數十年前師父就達到了小藥初成的境界，那時候我師兄曾看過師父也是這麼手輕輕揮了幾下，三公尺外的樹也是搖動不已」之事。

【解析】

（1）本文之師父為蔡澤民，「數十年前師父就達到了小藥初成的境界」，乃無中生有，信口開河，此事極易分辨。所謂「小藥」即「在神炁交會久而丹田火發，產生赤子一般，上沖下突之時，即不是神，又不是炁，然能制七情六欲使之不生，故喻為藥，以其藥力尚微，不克療生死之苦，故又謂之小藥，然此藥為後天結丹之用，無形無質而實有，是後天之真鉛，棄癸棄壬而得，以無中生有也。」體真子曰：「小周天時，以元炁為小藥；大周天時，以元神為大藥。」（載源長編，李樂俅校，《仙學辭典》，頁34，台北，台灣台北監獄印刷工場印刷，1962年10月。）

按「七情六欲」是泛指人類的情感及欲望，七情為《禮記·禮運》：「何謂人情？喜、怒、哀、懼、愛、惡、欲，七者，弗學而能。」乃就人類對外界人、事、物認知的心理感受，分為喜、怒、哀、懼、愛、惡、欲等七種，不必學習的自然反應。而六欲係《呂氏春秋·貴生》：「所謂全生者，六欲皆得其宜者。」東漢儒家注釋：「六欲，生、死、耳、目、口、鼻也。」指人類的生理需求或慾望，求生、畏死、眼視、耳聽、口食、鼻聞等六種，蓋生存活動以情識為主導，故觀美色起淫念，聽邪音心浮躁，貪口欲開殺戒，聞香味思飲食，等等各種慾望，不用他人教導，與生俱來就會。

是以修練道功「小藥」有成後，身心同步質變。生理上逐漸開始變化，陽具收縮，如兒童模樣，稱「馬陰藏相」，節慾不好色；食慾食量，逐漸減少，不喜葷腥，自然素食；身體排泄量、流汗量減少，體力充沛，不易疲勞。心理上亦起變化，由繁華而樸實，不再貪名好利，離俗超凡，心境豁達。

（2）再者，蔡澤民「師父也是這麼手輕輕揮了幾下，三公尺外的樹也是搖動不已。」

事實，蔡澤民不會「凌空勁」，果真如網路貼文宣傳，則早已慕名拜師學藝者，絡繹於途，門庭若市。難怪旁觀者豬肉榮在「新浪部落」於2010年5月1日，回應：「凌空勁的故事講得很生動，只是神話了點………只能當故事聽聽………」

3-7　絕無本文「據我觀察，其他地方不曉得修得如何，但隱隱約約感覺到師父已經有他心通的功夫了，似乎能知道我們這些學生的心思，那天一位師兄也說，他有時候自己在練本門白鶴的時候，突然會覺得自己力量特別的強，似乎不是自己身上發出來的，而是冥冥之中借到了天地之間的能量，而且有時候不知不覺中也會有預知的能力。」之事。

【解析】

（1）蔡澤民「師父已經有他心通的功夫」。僅按佛教聲聞、緣覺、菩薩三乘聖者，修行所得神通有六種稱「六通」，即「天眼通、天耳通、他心通、宿命通、神足通、漏盡通。」而「他心通」即能知他人心中念想的神通，蔡澤民絕無此種特異功能。

（2）再者，本文「一位師兄也說，他有時候自己在練本門白鶴的時候，突然會覺得自己力量特別的強，似乎不是自己身上發出來的，而是冥冥之中借到了天地之間的能量，而且有時候不知不覺中也會有預知的能力。」不知是蔡澤民的那位學生胡言亂語，也達到蔡澤民有「他心通」的境界。編造故事如同近代武俠小說，天馬行空的情節。

（3）蔡秀春不會「凌空勁」，沒有「他心通」；教傳白鶴拳只是

「拳架套路、招式應用、發勁功法、站樁呼吸、拳譜解說」而已，教導徒弟學生為人處事，知曉「人情義理」，不可「為非作歹」。

3-8　本文「凌空勁的東西我師兄不久前曾說給我聽，因為他之前曾和別人對打過，對方頭上戴著護具，就是面前有鋼護面的那種頭套，師兄一拳就往對方臉上打去，護具和臉部還有快二寸的距離，那人鼻頭就深深地被傷到了，那帶有血跡的頭套我還看過，醫生說那是給利器割傷的，但由頭套可知那不是被鋼條割到的，那時候師兄只是這麼一拳下去就有這樣的威力了，我在猜想這可能是白鶴內功修練出來的東西。」

【解析】

（1）蔡秀春教傳白鶴拳有「站樁呼吸」功法，名「白鶴神功」，所謂「神功」之稱，即《少林拳術秘訣》第十三章〈神功說〉，（尊我齋主人，《少林拳術秘訣》，頁119～125，台北：華聯出版社，1969年。）蓋崇其術勤習後，可達靈妙難測之境界，為一「名詞」；然則蔡澤民及其學生，竟擁有「隔空傷人」的本領，如同近代武俠小說所描述的「凌空勁」，變成「動詞」。

（2）再者，本文「凌空勁的東西我師兄不久前曾說給我聽，因為他之前曾和別人對打過，對方頭上戴著護具，就是面前有鋼護面的那種頭套，師兄一拳就往對方臉上打去，護具和臉部還有快二寸的距離，那人鼻頭就深深地被傷到了。」蔡秀春及蔡澤民不會「凌空勁」，蔡澤民的學生有「凌空勁」那位師兄，應可自創門派，不必頂著「武德堂」或「永順武德堂」的堂號，自我宣傳。如同已故國際武壇及影界的一代巨星李小龍（1941年～1973年），年輕時在香港讀書，課餘跟隨葉問學「詠春拳」，也曾練過廣東的「洪拳」等，到美國後創立「截拳道」，而揚名國際。

3-9　本文「我的師兄說，他已經領悟到練國術如何練出仁者的慈悲心了，那就是使出最狠毒的絕招，把對方打得滿地找牙，讓他抱著頭跪在地上向你討饒，他那可憐的樣子，就能讓你的慈悲心油然而生了。」

【解析】

（1）本文作者小安然所稱蔡澤民的學生，有「他心通」、「凌空勁」那位師兄，看到對方被打敗求饒可憐的樣子，就能練出仁者的慈悲心，實在詭異的觀念，心胸充滿狠毒殘暴的意念。有違《白鶴拳書寶鑑》之〈傳授真法〉篇：「凡欲學習之人，惡心須改為善心，心中細細抑其躁氣，戒其狂妄，不可不恥，不若人患人之己知也。」之祖師遺教。

（2）蔡秀春教導徒弟學生，要知曉「人情義理」。這位蔡澤民的學生，觀念與蔡秀春教導不同，確非「武德堂」或「永順武德堂」蔡秀春門下的傳人，應予釐清。（詳本書〈自序〉乙文，第13頁至第16頁）

參、結　語

近年來，因為網際網路的發達，各種言論資料暴增，以武術網頁而言，常見就上述各時期出版眾多書籍雜誌中，予以摘錄片段轉貼，惟未註明出處，形同漁獵剽取，據為己有者；或將祖師事跡張大其事，聳人聽聞者，比比皆是。發心探賾索隱，研鑽勿替者，將傳承理法能詳徵博引，瞭如指掌，及操練功法能洞燭幽微，明若觀火，畢竟極為少數。

目前網路對鶴拳的某項議題論辯，有些人會離開該項主題，荒唐離譜的講話，無理取鬧的態度，旁生不相干的問題死纏爛打，似是而非的廢說連篇，甚且發言內容粗鄙不堪。

處此情況之下，須有能力將接受到的言論資料，彙整判斷其真偽。然而，要將大量充斥在網路中的言論資料，全部加以理解，並正確分析，對一般人而言是十分困難的，所以會有人隨著那種偽知識起舞，若經錯誤言論資料洗腦的人，就會被牽著鼻子走。唯有保持清醒頭腦，提升思辨能力，以理性態度和科學方法，去探討研究，謹慎抉擇是非對錯，才不會偏離事實的真相。

緣自 2002 年 8 月，在網路與中華縱鶴拳協會嘉義市委員楊青公開對談，因其並未針對各項議題提出論辯，僅只連篇謾罵，言詞荒謬絕倫，故於 9 月結束後，即不再上網，蓋九九歸原，毫無增長知識，徒費工夫而已。

殆及 2017 年 10 月 29 日參加台灣武道文化交流協會，舉辦「台灣鶴拳文化交流聯誼研討會」，乃依先叔公蔡秀春長者傳授功法，發表〈白鶴拳逆呼吸站樁功〉乙篇，踵事增華。

事前，因久違「鶴拳網頁」十餘年，乃上網探索兩岸三地鶴拳武壇情況，於「永順武德堂」網站，獲悉有心人編造先叔公蔡秀春長者具有「凌空勁」及「他心通」神話，流言蜚語，造謠惑眾之至。此乃撰述本文之動機，屬辭比事，釐清實情，以免荒誕不經之神話故事，貽誤後來有志習武者，可不慎哉！

再者，網路若有自稱為余之學生者，均非實情，一併敘明，可免日後擾攘紛紜之弊。

2019 年 9 月 23 日於武德學堂　賴仲奎　謹識

───────── 【武德文叢　新書預告】 ─────────

《台灣白鶴拳譜匯宗》

本書大綱如下：

卷首為「原傳鶴法訣要」，節自李剛著《鶴法述真》，計五言二百五十五句，依序為「源流傳承、方家正傳、鶴祖傳道、傳授真法、究論三戰、交關接手、正祖之拳」之歌訣，而永春、漳州、福州、台灣兩岸三地傳承保存《白鶴拳譜》手抄本，其中有多篇拳訣，均據此篇加以演繹，尊為〈白鶴拳經〉。

卷上為「近代白鶴拳譜」，以福州鶴拳方世培祖師一脈流傳於台灣之拳譜為主，重新編校，並增錄台灣諸位前輩習白鶴拳之心得數篇。

卷下為「清代白鶴拳譜」，以明末清初閩省各地遷徙來台各門派拳師，流傳於台灣諸多正骨傷科藥工手抄本中，間有抄錄歷代先賢之師承永春白鶴拳譜者，均依原抄本重新謄錄標點，蒐集成卷。

卷附為「各部練功集錦」，白鶴拳譜中未述及者，如練功須先治臟、練心、練眼、練耳、練鼻、練斂陰功、練沙包功等。

本書可呈現祖師方七娘創拳，自清初迄今二百餘年，有關白鶴拳「理法」之真相，同源異流，傳入台灣，幸而保存至今，彌足珍貴，其中必有異於大陸者，故名《台灣白鶴拳譜匯宗》，今公諸於世，可供有志者探討研究其演化過程，及互相關係。

─── 【武德文叢　新書預告】 ───

《台灣白鶴拳探究集》

　　本書為發表於《台灣武林》之文章，另行編目，重新修訂，增補資料，結集出版，列舉如下：

一、鶴法專題文章

1、第10期〈「白鶴神功」探討兼談台灣武術演變〉及〈白鶴拳張常球祖師一脈「永順武德堂」蔡澤民老師介紹〉，2002年6月。

2、第14期〈步型篇〉，2003年6月。

3、2004國際鶴法學術研討會〈五行手〉，2004年10月。

4、第23期〈2004國際鶴法學術研討會紀行〉，2005年3月。

5、Mook 3，〈呼吸篇〉，2006年11月。

6、2009國際鶴法學術研究討會〈養生篇〉，2010年2月。

二、武術相關文章

1、第5期〈習拳不得善終論〉，2001年3月。

2、第16期〈簡介「舞禽戲」兼談「白鶴導引」〉，2003年12月。

3、第24期，〈美國武師來台尋根──洪文學老師側記〉，2005年5月。

4、第30期〈內蒙陰把槍來台傳承記──悼念前屏東師範學院教授　王爾昌宗師〉，2006年5月。

歡迎至本公司購買書籍

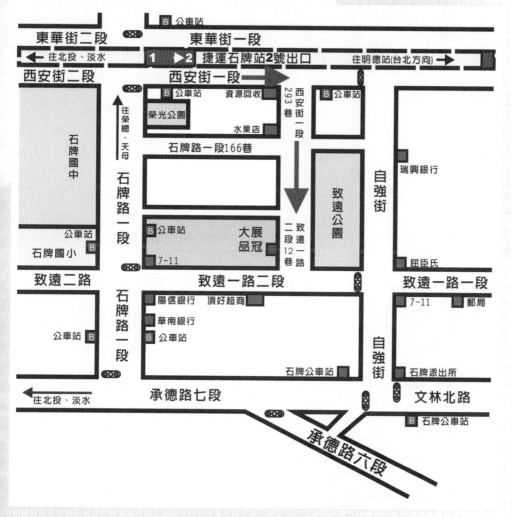

建議路線

1. 搭乘捷運‧公車

　　淡水線石牌捷運站下車，由石牌捷運站2號出口出站(出站後靠右邊)，沿著捷運高架往台北方向走(往明德站方向)，其街名為西安街，約走100公尺(勿超過紅綠燈)，由西安街一段293巷進來(巷口有一公車站牌，站名為自強街口)，本公司位於致遠公園對面。搭公車者請於石牌站(石牌派出所)下車，走進自強街，遇致遠路口左轉，右手邊第一條巷子即為本社位置。

2. 自行開車或騎車

　　由承德路接石牌路，看到陽信銀行右轉，此條即為致遠一路二段，在遇到自強街(紅綠燈)前的巷子(致遠公園)左轉，即可看到本公司招牌。

國家圖書館出版品預行編目資料

台灣白鶴拳傳承錄／賴仲奎　編著
——初版，——臺北市，大展，2020〔民109.09〕
面；21公分 ——（武德文叢；1）
ISBN 978－986－346－310－8（平裝）

1. 拳術

528.97　　　　　　　　　　　　　109009928

台灣白鶴拳傳承錄

編 著 者／賴 仲 奎

責任編輯／艾 力 克

發 行 人／蔡 森 明

出 版 者／大展出版社有限公司

社　　　址／台北市北投區（石牌）致遠一路2段12巷1號

電　　　話／（02）28236031・28236033・28233123

傳　　　眞／（02）28272069

郵政劃撥／01669551

網　　　址／www.dah-jaan.com.tw

E - mail ／service@dah-jaan.com.tw

登 記 證／局版臺業字第2171號

承 印 者／傳興印刷有限公司

裝　　　訂／佳昇興業有限公司

排 版 者／弘益電腦排版有限公司

初版1刷／2020年（民109）9月

定　價／380元

大展好書　好書大展
品嘗好書　冠群可期

大展好書　好書大展

品嘗好書　冠群可期